上图 / 在11军当文艺兵的钟山（前排右一）

下图左 / 在哈军工读书的钟山

下图中 / 在国防部第五研究院工作的钟山

下图右 / 获得“首都劳动奖章”和“五一劳动奖章”的钟山

上图 / 钟山（右一）与国务委员宋健（右二）在“红旗-7”颁奖庆祝会上

中图 / 1993年，钟山（前排左一）在“红旗-7”获国家科技进步奖特等奖颁奖庆祝会上做报告

下图 / 钟山（前排左二）参加“红旗-7”荣获国家科技进步奖特等奖颁奖庆祝会

上图 / 钟山（中）与国防科工委副主任谢光（左）在试验现场

中图 / 钟山（左）与航天工业部副部长程连昌（右）在试验靶场

下图 / 1988年，钟山（前排左一）陪同陆、海、空三军首长参观型号试验靶场

上图 / 钟山在型号设备舱中检查工作

中图 / 钟山参加海上试验归来

下图 / 钟山（左二）与院领导在珠海航展上

上图 / 钟山（右三）率团出访

中图 / 钟山与整装待发的武器装备

下图 / 钟山在成都信息工程学院授课

上图 / 奥运安保科技系统总设计师钟山（左）和总指挥全春来（右）

中图 / 钟山（左二）和黄培康院士（左一）专程慰问奥运安保项目技术保障人员

下图 / 2008年9月19日，钟山（中）在奥运安保工程总结表彰会上讲话

上图 / 钟山在“智慧城市”研讨会上做报告

中图 / 中国航天科工集团公司和二院领导祝贺钟山80寿辰

下图 / 钟山（左二）在80寿辰宴会上与哈军工校友合影

上图 / 伉俪情深

下图 / 全家福

钟山院士传记

Academician Zhong Shan's Biography

《中国航天院士传记丛书》总编委会 组织编写

周武 侯萍梅 李路 李善春 著

中国宇航出版社
·北京·

图书在版编目(CIP)数据

钟山院士传记 / 周武等著 ;《中国航天院士传记丛书》总编委会组织编写. --北京 : 中国宇航出版社, 2015.6
(中国航天院士传记丛书)
ISBN 978-7-5159-0961-5

Ⅰ. ①钟… Ⅱ. ①周… ②中… Ⅲ. ①钟山—传记 Ⅳ. ①K826.16

中国版本图书馆 CIP 数据核字(2015)第 146738 号

责任编辑 易 新
责任校对 王 妍 装帧设计 文道思

出版发行 中国宇航出版社
社 址 北京市阜成路 8 号 邮 编 100830
(010)60286808 (010)68768548
网 址 www.caphbook.com
经 销 新华书店
发行部 (010)60286888 (010)68371900
(010)60286887 (010)60286804(传真)
零售店 读者服务部
(010)68371105
承 印 三河市君旺印务有限公司

版 次 2015 年 6 月第 1 版
2015 年 6 月第 1 次印刷
规 格 787×960
开 本 1/16
印 张 21.5 彩 插 8 面
字 数 300 千字
书 号 ISBN 978-7-5159-0961-5
定 价 68.00 元

《中国航天院士传记丛书》总编委会名单

编审委员会

主　　任　许达哲　高红卫

副 主 任　雷凡培　曹建国

委　　员　李金生　方向明　袁　洁　李　跃　包为民

编撰委员会

总 主 编　许达哲　高红卫

副总主编　李　跃　包为民

委　　员　（按姓氏笔画排列）

于世元　马礼谦　王亚文　邓宁丰　朱芝松

朱忠元　任玉琨　孙玉斌　李　明　李　锋

陈学钏　张连成　周晓飞　侯　晓　贾　可

梁小虹　谭永华

总编委会办公室

主　　任　周晓飞　朱忠元　邓宁丰

成　　员　（按姓氏笔画排列）

丁雅清　于　宁　于　希　王来成　李卫东

杨利伟　辛大广　张铁钧　范占英　唐　燕

徐　睿　戴品华

《钟山院士传记》
编审委员会名单

序　一
Preface I

中国航天事业自1956年创建以来，已经走过50多年的发展历程。在党中央、国务院、中央军委的亲切关怀和英明领导下，中国航天人团结一心、顽强拼搏、勇于创新、无私奉献，不仅取得了以“两弹一星”、载人航天工程和月球探测工程为代表的辉煌成就，孕育形成了航天传统精神、“两弹一星”精神和载人航天精神，也造就了一支技术精湛、作风优良的航天人才队伍。

航天系统的中国科学院院士和中国工程院院士就是这支队伍的杰出代表。中国航天科技集团公司和中国航天科工集团公司先后有50多位科学家和航天工程专家当选为两院院士。其中，有7位院士获得过“两弹一星”功勋奖章，2位院士获得过国家最高科学技术奖。他们不仅是航天成就的主要创造者，也是航天精神的重要孕育者和忠实践行者。

中国航天事业是在新中国成立不久，工业实力、科技实力、综合国力都很薄弱，帝国主义严密封锁，苏联撕毁协定、撤走专家的情况下发展起来的。以航天院士为代表的中国航天人，自力更生，艰苦奋斗，奋发图强，顽强拼搏，在一穷二白的基础上，独立自主地创建起了中国的航天事业。

航天型号研制是复杂的系统工程，涉及很多领域，需要众人参与，必须大力协同、集智攻关才能完成。以航天院士为代表的中国航天人，在航天工程研制实践中，齐心协力，密切配合，实现了一次又一次技术突破，铸造了一项又一项辉煌成就。他们为祖国的航天事业作出了巨大贡献，却淡泊名利，不计得失，将个人利益置之度外。

航天事业属于尖端技术领域，难度大、风险高、技术复杂，在发展历程中碰到过很多难题，经历过各种坎坷，甚至遭受过重大失利。以航天院士为代表的中国航天人，在困难和失败面前不动摇、不退缩，树立百折不挠、锲而不舍、脚踏实地、严谨务实的工作作风，不断攻坚克难、勇攀高峰，取得了一个又一个胜利，树立了一座又一座丰碑。

今天，在由航天大国向航天强国迈进的征程中，航天院士的科学思想、创新意识、坚定信念和爱国情怀是全体航天人宝贵的精神财富。中国航天科技集团公司和中国航天科工集团公司决定出版《中国航天院士传记丛书》，不仅是为了宣传航天院士的科研成就，总结航天院士的成长规律，更是为了传承航天院士的宝贵精神，使之生生不息、薪火相传，为“续航天梦、筑强军梦、圆中国梦”的伟大实践提供精神动力和思想源泉。

2014 年 1 月

序　二
Preface Ⅱ

中国航天事业创建半个多世纪以来，培养和塑造了一大批功勋卓著、德高望重的中国科学院院士和中国工程院院士。他们具有坚定的理想信念和强烈的爱国情怀，理论功底深厚，技术水平高超，善于引领科学发展和技术创新，在中国航天事业发展的关键时期发挥了重要作用，为中国航天事业取得辉煌成就、孕育航天精神作出了突出贡献。

为了全面、系统地总结航天院士的成长规律，把航天院士的科学思想和创新方法记录下来、传承下去，为中国航天事业积累精神财富，为航天强国建设提供有益借鉴，中国航天科技集团公司和中国航天科工集团公司研究决定，组织编写一套《中国航天院士传记丛书》（以下简称《丛书》）。

党的十八大描绘了坚持中国特色社会主义道路、全面建成小康社会、实现中华民族伟大复兴的宏伟蓝图，同时也为加强国防和军队现代化建设、推进我国由航天大国向航天强国迈进指明了方向。在中国航天事业“续航天梦、筑强军梦、圆中国梦”的新形势下，出版这套《丛书》，具有重大的现实意义和深远的历史意义。

记载航天历史。航天院士是中国航天事业的宝贵财富，他们的成长历程反映了航天事业的发展轨迹。这套《丛书》不仅是航天院士个人的传记，也从不同侧面记载了中国航天从技术到管理、从思想到精神的真实历史。

弘扬航天文化。宣传航天院士，就是站在科学的高度，向社会各界全面宣传航天事业，弘扬航天文化，使其成为中华民族文化宝库的重要组成部分，增强中华民族的自信心、自豪感和凝聚力，提升国家的软实力。

传承航天精神。航天精神是包括航天院士在内的几代航天人，在中国航天事业发展历程中，不断积累、提炼、传承而逐渐形成的，是民族精神、时代精神与航天实践相结合的产物，是中国航天事业之魂。《丛书》全面反映了航天院士的学术成就、科学作风和思想品格，有助于航天精神薪火相传。

培育航天人才。中国航天事业已经完成了新老交替，一代航天新人正在茁壮成长。《丛书》是泽被后世的人才工程，对于培育航天人才、发展航天事业、铸造新的辉煌将产生积极的促进作用。

总之，《丛书》是一套具有航天特色的爱国主义教材，是不可多得的精神食粮。相信这套《丛书》的出版发行，必将吸引更多的年轻人热爱航天、投身航天、奉献航天，以饱满的热情和昂扬的斗志再攀高峰，使中国航天事业后继有人，蓬勃发展，续写辉煌。

高红卫

2014 年 1 月

目　录

Contents

引 子

那是个令人激动的早晨，一夜秋雨将盛装的天安门广场洗刷得格外绚丽。1999 年 10 月 1 日，在新中国成立 50 周年之际，站在天安门观礼台东临一台的钟山，有一种特别的自豪感。他作为两种参阅导弹的总设计师，被邀请观看世纪大阅兵。

10 时整。中华人民共和国成立 50 周年庆典开

“红旗 -7”地空导弹参加50周年国庆阅兵

始！这一天，世界被震撼了。当世纪大阅兵的铁流气势磅礴地走过天安门前时，与之相伴、呼啸而来的是空中雄鹰梯队。蓝天上，三军航空兵比翼齐飞；地面上，陆、海、空三军并肩前行，25 个重装备方阵以排山倒海之势通过天安门前。

重装备方阵中的空军地空导弹和海军舰空导弹，均是中国防空导弹领域更新换代的型号，格外引人注目。当这些新一代防空导弹即将通过天安门前接受党和国家领导人的检阅时，钟山激动地站起来，目不转睛地盯着导弹方队缓缓地从天安门前驶过。

钟山与自己主持研制的地空导弹

看着这些为之倾注了十几年心血的海空利剑，钟山泪如泉涌，思绪纷飞。他仿佛回到了硝烟弥漫的故乡成都，回到了哈军工开学典礼的大礼堂前，回到了飞沙走石的导弹靶场，回到了惊涛骇浪的试验海域……

钟山

钟山院士传记

Academician Zhong Shan's Biography

第一章

川娃子参军

钟山原名钟光祥，1931年1月出生于四川省成都市一个做羊毛生意的商人家庭。他从小天资聪慧，好学上进，兴趣广泛，大学期间积极投身于学生运动，后投笔从戎，参加了中国人民解放军，成为国防战线的一员。

1. 血与火的洗礼

在成都的钟家，如今一提起钟山，所有的人都会感到自豪。

钟山的大哥说：“他从小就‘凶’得很！”

四川人把那种说话、做事比较厉害的人用“凶”这个字来形容。这个“凶”不是凶神恶煞的意思，而是比喻一个人做事雷厉风行，麻利，或者说他的本事较一般人要强一些。

1931 年 1 月 15 日，成都城北北沙帽街的钟家迎来了第二个孩子。不到两岁的大儿子兴冲冲地跑来看小弟弟。母亲抱着小儿子，和大儿子一起细细端详，嘴里喜滋滋地说：“你俩长得还挺像的！不过，看他这鼓鼓的额头和撅嘴，恐怕是个强娃子！”母亲的话后来得到了验证。虽为一母所生的亲兄弟，却秉性迥异，哥哥温和宽厚，弟弟争强好胜。

大哥说起小时候的钟山，那可是相当的“霸道”。小时候，哥俩揣着一张毛票去买零食，一个要吃苹果，另一个要买糖，各执一词，互不相让。情急之下，小钟山干脆把钱撕了，扬长而去，气得哥哥干瞪眼儿。不过，哥哥现在一说起弟弟还感叹：“光祥（钟山原名）就是凭着这股蛮劲，才做活路（有出息）呀！”

钟山（左）与哥哥在四川老家合影

成都是一座以“慢”著称的城市，20世纪30年代，著名的教育家黄炎培访问成都时，写了一首打油诗描绘成都人日常生活的闲逸：“一个人无事大街数石板，两个人进茶铺从早坐到晚。”教育家舒新城也写道：“无论哪一家，自日出至日落，都是高朋满座，而且常无隙地。”本来，生长在这种闲适环境中的人，应该是个恬淡平和的人。然而，1931年及以后发生在中国大地的一些大事，注定会改变很多人的命运。

如果我们把时针再拨回钟山出生的1931年，就会清楚地知道那一年发生了一些改变中国的大事。1931年，国民政府开始实行“建国大纲计划”。让世人震惊的是，9月18日，日本在东北悍然发动了“九一八事变”，东北三省很快被日本人占领。11月7日，中国共产党在江西瑞金成立“中华苏维埃共和国临时中央政府”。

在家人眼里，聪慧的钟山应该走一条“学而优则仕”的道路。世事难料，钟山7岁时，家国共赴难。由于父亲病逝，千斤重担都落在母亲一人身上，全家只能省吃俭用供两个孩子读书。钟山母亲不得不走出家门，接手家里的羊毛生意。她成天在外面奔波，但没有忘记教育两个年幼的孩子。在钟山印象里，母亲对他说的最多的话就是：“要好好学习，长大要靠自己。”她不但勤劳，而且有着中国妇女的传统美德，讲究与人为善，经常教育孩子要尊重老师和长辈，和同学搞好关系。这样的教育给钟山的品行修养打下了深深的烙印，也使他从小就具备了自立自强的意识。而让少年钟山快速成长的是，国家的苦难让他在小小年纪就品尝到了战争的残酷。

在钟山小学时代，正值日寇对中国大举侵略的危难时期，华北、上海、江苏、华中相继失守。国民政府迁移到四川重庆，沿海、沿江地区的工厂、高校大批内迁到四川的各个城市，四川逐渐变为中国抗战大后方的经济、文化、商业中心。随之而来的是日军飞机的狂轰滥炸，战时首都重庆和省会成都则首当其冲。

1938 年至 1942 年间，为了给中国后方施加压力，逼迫蒋介石投降，日军对重庆和成都进行无差别战略轰炸。无差别战略轰炸指的是不分军事目标还是民用目标，这意味着老百姓也成为轰炸目标。日军对成都进行无差别轰炸 16 次以上，市民伤亡近 4000 人，财产损失无数，史称“成都大轰炸”。

时隔 70 年后，“跑警报”仍旧是每一个老成都人挥之不去的恐怖记忆。当日本飞机从武汉或宜昌起飞的时候，成都的警察会手执黄布三角旗，发出“预行警报”。这时，很多人会慌乱地向城外逃去。

几个小时后，撕心裂肺的“空袭警报”就会响起，“呜——呜！呜！”一长两短，表明“飞鹰”已经临近。“呜！呜！呜！”三声凄厉的“紧急警报”后，死亡之鸟已经盘旋在头顶。期间，伴随着商店“噼噼啪啪”关铺板声、喇叭声、吆喝声，狗吠马叫，大人骂，小孩哭，整座城市乱作一团。

由于长年“跑警报”，母亲干脆带着钟山兄弟投靠新繁县的娘家。钟山在舅舅家住下，进新繁县县立小学上学，一直到高小毕业，才返回成都。

在 1939 年到 1941 年日军轰炸最惨烈的日子里，由于防空力量薄弱，成都长期处于“消极防空”状态。除了探照灯和听音器外，全市仅有苏、德制的高射炮和机枪约 50 挺作为抵抗手段，只能在市内挖壕沟、蓄水池；由于城门太少，只得挖城墙以增加逃生路径。

日本飞机轰炸后的成都

可怜的防空措施几乎无法阻挡“荒鹫之鹰”的肆虐。轰炸机时常进行低空俯冲轰炸或扫射。人们甚至能够看到机翼上的日本国旗。250 千克的炸弹被空投下来，有空中爆裂弹和燃烧弹。先是爆炸，然后是大火。爆裂弹在半空中爆炸开来，弹片四射，将人们的头、手、脚生生切断。桥头、沟边、田坝等处散落着残缺不全的尸体，头、手、脚和破碎的皮肉被炸飞，挂在树枝、墙壁上。年幼的钟山见闻这样凄惨景象，恐惧之情深深地埋在心中。

据相关文章记载，1940 年是日军轰炸成都最频繁的一年。这年 10 月，日本共 5 次出动飞机 154 架，轰炸了成都市区，炸死居民数百人。日本人的策略是先摧毁防御的空军，然后肆虐市区。当时中国空军使用各种各样的老式战机。一种时速 100 千米的黄色双翼战机被老百姓戏称为“黄鸡婆”。一些勇敢的士兵，独自驾驶“黄鸡婆”冲向敌机群，英勇殉国。猖狂的日本飞机甚至停在了中国机场的跑道上，向未着火的飞机以及后勤人员射击。

据统计，1941 年，日军先后出动飞机 300 余架，共 8 次轰炸成都。其中以 7 月 27 日轰炸最为惨烈，这一天刚好是星期日，不少疏散人员和学生回到了城里。11 点 45 分，急促的警报响起，人们疯了似的四处逃散。炸弹爆炸后，黑色烟尘喷起达千米以上，泥土、碎石如波浪般从天空倾泻下来，弹片呼啸，火药味呛人。据事后统计，当天日机分 4 批，每批 27 架，共计 108 架，空袭了成都全市。日机在市区和市郊共投弹 320 余发，炸死市民 574 人，炸伤 573 人，损毁房屋 2470 余间。

持续了多年的大轰炸造成的恐怖氛围，在钟山幼小的心里留下了不可磨灭的印象，播下了仇恨、愤怒的火种，并随着大后方人民的觉醒，升华为自强不息的民族精神。

日军的暴行激起了全球正义力量的愤慨。1941 年 10 月，随着号称“飞虎队”的“中国空军美国志愿援华航空队”来华参战，日本战机遭到了痛击。1942 年后，日军飞机再也不敢进入四川了。

在那个生灵涂炭、群情激昂的特殊环境里，童年钟山的心灵受到了火与血的洗礼。他自幼就明白了一个道理：羸弱就要被欺凌。

天生好胜的钟山永不服输，发誓自强不息，报国强国。就像他的老同学 60 多年后评价他的：“他太强悍了，没有他攻不下的堡垒，连疾病都被他打败了。”

2. 争坐第一排

成都是一年成城，两年成廓，三年成都。感受到这座城市万千风韵和博大精神内核的钟山，除了感染了成都人机智、幽默的一面，还有着泼辣能干的川人“麻辣”基因，气质中有股朝天椒似的冲劲儿，反映在学习上，就是永远不甘人后。

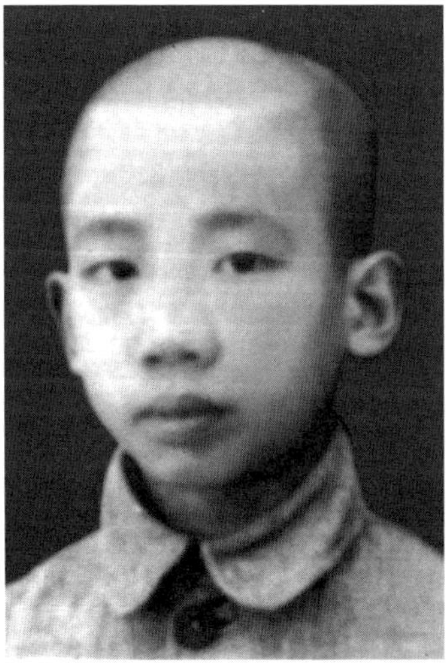

小学时代的钟山

钟山5岁半启蒙读书。让家人很有面子的是，小钟山既聪慧又好学，成绩一直名列前茅，是家家户户大人们称颂的对象，在北沙帽街附近小有名气。事隔多年，钟山在哈军工与成都老乡曲向南成为了同班同学。这位老同学说：“我小时候，常听奶奶夸钟山学习好，经常得奖，那可是远近闻名。”

“韬略终须建新国，奋发还得读良书。”11岁时，钟山考入成都私立协进中学初中部（如今改名为成都树德协进中学）。协进中学位于成都市西胜街18号，前身为四川省立一中，建于1913年，1933年更名为成都市协进中学，其意为“协同一致，努力奋进”。学校校训为“智、勇、诚、朴”。为避免日寇空袭，1939年6月，协进中学疏散到新繁县龙藏寺，1943年春迁回成都。

在抗日战争期间，协进中学是中国共产党在成都的重要基层组织，是革命时期共产党在成都的活动据点，有“红色学校”和“成都的陕北公学”之美称。老一辈革命家李硕勋（原国务院总理李鹏之父）、赵君陶（李鹏之母）和著名戏剧作家、文化部副部长阳翰笙、著名作家沙汀等均出自该校。从抗日战争爆发前后到1941年皖南事变，在协进中学受到锻炼的100多名党员，

中学时代的钟山

随着斗争的发展和需要，分别被输送到延安或敌后抗日根据地。据不完全统计，到解放区的教员有十几人，学生约七八十人。他们当中大多数人经过革命的锻炼和洗礼，先后担任了党的各级领导干部，为新中国的建立和发展贡献了力量。

在协进中学，钟山好学上进，刻苦读书。14 岁时，他以优异的成绩考入成都市千年名校——石室中学高中部。

成都市石室中学始建于公元前 143 年，由蜀郡太守文翁修建。据《汉书》记载，西汉景帝末年（公元前 143 年—公元前 141 年），蜀郡太守文翁看到四川文化教育比较落后，便一面派人去京师求学，一面在成都城南修建学堂。因为讲堂是用汉白玉石修建的，所以称之为“文翁石室”。这之后，蜀地一跃而成为全国科学文化先进地区之一。18 年后，即公元前 125 年，汉武帝下令天下郡国效仿蜀郡，普遍设立官学，兴办学堂。四川历史上的典故“文翁化蜀”即来源于此，这是与“李冰治水”齐名的大事。

中国文化巨匠郭沫若曾就读于石室中学。郭沫若在《蜀道奇》一诗中有这样的诗句:“文翁治蜀文教敷，爰产扬雄与相如。诗人从此蜀中多，唐有李白宋有苏。”

同为石室中学校友的李劼人首度将成都方言运用于白话文小说，《死水微澜》的文本价值在当年可谓首屈一指。而川籍名家巴金、郭沫若等更具“新青年”形象的作家、诗人，依靠一腔热血，将西方思潮与经典成功化入文学创作，开东西方文学碰撞、结合的先河。

成都浓厚的文化氛围滋润着钟山。在学习间隙和寒暑假，钟山博览群书，广泛涉猎，从自然科学到社会科学方面的图书，都找来阅读。从书中，他学到了不少历史和社会科学知识。这些对他日后世界观、人格乃至风范的形成，有着至关重要的影响。

青年时代的钟山最崇拜中国著名诗人、文学家郭沫若先生。1941 年 1 月“皖南事变”发生后，郭沫若一直处于国民党当局的监视之下，几年间“足不出青木关一步”，专心研究史学。他一方面写下大量政论性的文章，另一方面又在学术上写出《屈原研究》《青铜时代》《十批判书》《历史人物》，在文艺上推出《棠棣之花》《屈原》《虎符》《高渐离》《孔雀胆》《南冠草》等历史剧，呈现出强大的创作生命力。尤其是他的这些历史剧，针砭时弊，尖锐激烈，极大地调动了民众的抗战热情。看郭沫若的历史剧，几乎成了 1942 年的一种时尚。郭沫若无可争议地成为抗日文化战线的一面旗帜，他不遗余力地演讲，用其独具魅力的激情来影射时事，讽刺权贵，褒扬中共。这些，无疑在钟山身上产生了长久的影响。

回首高中生涯，钟山说石室中学给他留下的最深烙印是，他一生对诗歌的爱好、对演讲的热情和对政治的敏感。

当时，石室中学是一所按分数排座位、拿奖学金的学校。军阀出身的四川省主席邓锡侯特别重视教育，他以儿子的名义在石室中学设立奖学金，奖励全面发展的优秀学生。刚进校时，钟山还坐在相对靠后的位置，随着每次大考后的座位调整，钟山的座位不断往前挪，直到稳居第一排。

在石室中学，钟山还显露出他聪敏、活泼、多才多艺的不凡个性。让同学们称颂的是，钟山不仅学业优秀，还酷爱文体活动，他参与并积极组织篮球、排球和垒球等体育活动。在高二年级，位列全年级学习成绩第三名的钟山，凭借出色的体育成绩和在文体活动中的表现，荣获石室中学最高奖学金，奖品是一石米。

也正是在那个时候，钟山对数学产生了浓厚的兴趣。数学就像爱因斯坦所言：“数学之所以比一切其它科学受到尊重，一个理由是因为它的命题是绝对可靠和无可争辩的，而其它的科学经常处于被新发现的事实推翻的危险。”

钟山如是说：“学习数学要多做习题，边做边思索。先知其然，然后知其所

高中时代的钟山

以然。当我听别人讲解某些数学题时，常觉得很难理解，甚至不可能理解。这时便想，是否可以将问题化简些呢？往往，在终于弄清楚之后，实际上，它只是一个更简单的问题。”

在一般人心目中，数学不是“阳春白雪”就是“下里巴人”；在钟山眼里，数学可以表达一切。就像华罗庚所说：“宇宙之大，粒子之微，火箭之速，化工之巧，地球之变，生物之谜，日用之繁，无处不用数学。”对青春期的钟山来说，做题和推导公式能带来最大的快乐，如同看到雕像、美丽的风景，听到优美的曲调和不断攀登新的高峰。旺盛的求知欲，让他立志要做一个科学家，在学术上有所成就，实现民富国强。

高中毕业前夕，面临升学选择。钟山整个青少年时代，中国正处在国家危亡的时期，东北沦陷，卢沟桥事变，南京大屠杀……祖国的贫穷积弱，任人宰割，以及“东亚病夫”和“一盘散沙”的形象，深深地刺痛着他的心，为他的思想成熟埋下了种子，铸就了他报效国家、造福黎民的宏大志向。

1948 年，17 岁的钟山高中毕业，报考了两所大学：重庆大学数学系和成都医学院（现在的华西医科大学）。选择重庆大学代表钟山自己的理想：先学理后学工，走工业救国的道路。成为医生则是全家特别是母亲对钟山的愿望。

为了增加“命中率”，钟山特意跑到重庆，住在石室中学同学兼好友蔡嗣忠的家里，参加重庆大学入学考试。最终，重庆大学和成都医学院都考中了。这是四川省的两所大热门高校。家里人都希望钟山就在家门口的成都医学院上学，可是执拗的钟山却选择远行，成为了重庆大学数学系的一名大学生。

这一出门，让家人没有预料的是：这个小儿子注定不属于家庭，上大学后就像放飞的鸿雁，不仅离家，而且很快就参军出川，将自身的命运融入国家大计中。

很长一段时间，钟山对四川老家的意义就是挂在门口的“军属光荣”的牌匾……

3. 愿积健为雄

“江汉思禹功，教化溯文翁。学府宏开，济济隆隆。考四海而为俊，障百川而之东。研究人文，振兴理工。启兹天府，积健为雄，复兴民族兮，誓作前锋。”

这首校歌歌词是重庆大学第二任校长胡庶华先生在 1936 年撰写的，是一首高唱爱国精神的歌，是一首立足巴蜀、面向全国、放眼世界的歌。歌词从历史动态发展的角度，概括了重庆大学的文化渊源、办学思想和目标要求；也与该校“研究学术、造就人才、佑启乡邦、振导社会”的办学理念一脉相承，是这一办学理念的诠释与延展。

歌词大意是：长江和汉水之滨的民众怀念大禹治水的功绩，重庆开办学校的教育是从古教育家西汉蜀太守文翁开始的。重庆大学的开办规模宏大、人才济济、非常隆重。我们是经过考核从各地选拔出来的才智出色的重大学生，我们具有民族的气节和捍卫祖国山河的爱国精神，我们有着研究人文、振兴理工的理想，我们肩负着开发四川、造福四川民众的责任，我们要以君子自强不息的精神锻炼成为杰出的人才，我们宣誓，一定要成为复兴中华民族的前锋。

60 多年过去了，当初的誓言仍在钟山耳边回响。

重庆大学创办于1929年，享有“嘉陵与长江相汇而生重庆，人文与科学相济而衍重大”的美誉。抗日战争时期，国民政府甚至准备把重庆大学办成中国的“剑桥”。1942年，重庆大学改名为国立重庆大学，位居民国十大国立大学之列。李四光、马寅初、何鲁、冯简、柯召、吴宓、吴冠中、潘序伦等大批著名学者曾在这里执教。钟山就学的数理系更是人才济济。只是，那时全中国哪里还有安静的书桌，大学生都被历史的洪流裹挟着，大浪淘沙……

抗日战争胜利后，国共两党就中国未来的发展前途、建设大计在重庆进行谈判。由于国民党实行假和谈、真内战的策略，使国共谈判破裂。1948年5月，中国共产党发表《五一宣言》，发出了打倒国民党反动派、迅速召开新的政治协商会议和成立民主联合政府的号召。这个号召得到各民主党派和广大有识之士的热烈响应。此后，在战场上，共产党领导的人民解放军节节胜利，而国统区民不聊生、怨声载道，通货膨胀十分严重，大学的教授及学生的生活都难以维持，纷纷起来反独裁、反迫害、反饥饿。

重庆大学有学生自治会，各个学院下有自治协会，在中共地下党的领导下，自治会和自治协会下聚集了一批进步青年。在学校自治会地下党员的影响下，钟山开始阅读一些进步书籍，如毛泽东的《新民主主义论》、艾思奇的《大众哲学》等，思想认识和世界观有了很大转变。钟山深深认识到，只有中国共产党才是中国的希望。当时，重庆大学数理系有200多人，钟山利用担任数理系康乐干事的便利，编排了许多抨击国民党腐朽政治的节目。

正值青春年少，精力充沛的钟山还对四川刚刚兴起的谐剧产生了浓厚的兴趣，并应用到宣传中。

由王永梭首创的谐剧是四川文化土壤中绽放的奇葩，诞生于1939年。谐剧采用话剧手法，以博笑为手段，通过幽默风趣的四川方言，置严肃的主题于轻松活泼的笑料之中。只有一个演员出场，扮演一个角色（有时是几个角色），其他人物则通过演员的表演动作和神情，显示他们的存在，有些类似单口相声、独角戏和单簧，被誉称为“一人上场、满台生辉”。

一次，重庆大学请王永梭到校演出谐剧《阿Q正传》，大受欢迎。看完表演后，钟山大感兴趣，暗地里琢磨着自创谐剧。可是，谐剧对编剧的要求很严，需要编剧、导演和演员三位一体进行创作，先有文学脚本，再搬上舞台尝试，再度创作，要与演员不断沟通、不断修改。而就剧本而言，由于要由一个人展现故事和矛盾冲突，所以编剧需要想得很细，语言要很精湛，没经过专业培训的人无法吃这碗饭。

1949年2月，重庆各大中学师生迎来了新的学期。此时的重庆，物价比1948年8月19日改法币为金圆券时平均上涨了1000多倍，公教人员的生活陷入绝境。2月22日，重庆大学、国立中央工业专科学校等校教授召开联席会议，决定从2月24日起停教3天，要求当局改善待遇。为了声援教授们的行动，重庆大学等4所院校的学生率先宣布罢课，并纷纷走上街头，开展义卖和募捐活动，拉开了“争温饱”运动的序幕。

一石激起千层浪。进入3月，重庆的绝大多数大学与中学都展开了罢课、请愿、绝食等活动。3月27日，近万名学生在重庆大学操场举办了“活命晚会”。晚会演出了60多个向往新生活和揭露反动当局罪恶的节目，场面十分火爆。当天晚会的主题歌就是那首铿锵有力的《团结就是力量》。此后，重庆大学操场有了一个响亮的名字：团结广场。

1949年4月1日下午，南京发生了军警镇压学生游行请愿活动的流血事件，打死学生2人、打伤100多人。这就是轰动全国的南京“四一”血案。

4月5日，以重大、中工、女师院、川教院等为主的30多所重庆公私立大学与中学代表在重大召开会议，决定成立“重庆市学生‘四一’血案后援会”，重庆的学生运动再一次掀起新的高潮。

4 月 15 日，标志全市学生大团结的“重庆学生争取生存联合会”成立。47 所公私立学校代表在会上通过了以“团结同学，争取同学之温饱，维护同学身体及言论自由，反迫害，反压迫”为宗旨的联合会章程，大会决定从 4 月 18 日起总罢课 3 天，并于 21 日举行全市学生的示威游行与请愿活动。

国民党当局很快做出反应。4 月 19 日，重庆各大媒体均在显要位置刊登了市长杨森与警备司令刘雨卿的“谈话”新闻。两人一个唱红脸，一个唱白脸。但所有迹象表明，当局已经决定镇压学生运动了。在一份保存于重庆档案馆的《重庆警备司令部阻止各校学生游行实施办法 (1949 年 4 月 20 日)》里，可看到这样的文字:“如万一劝阻不成，而阴谋暴动分子蓄意制造惨案，暗藏兵器逼近戒严区警戒区封锁线，向我警戒部队冲击射杀或抢夺枪支，我方为自卫计，于情况紧急无法请示时，得由当地负责指挥官酌情命令开枪防御，若不幸发生血案，咎由该暴徒自取，本部不负任何责任。”显然，这是为屠杀找的借口。

一时间，重庆城一片风声鹤唳，空气似乎也凝固了。连由城里步行到沙磁区去采访的记者们，沿途都要经过 50 多个警戒线。

1949 年 4 月 21 日，中国人民解放军 30 万大军首渡长江。这一天，在白色恐怖笼罩下的山城重庆，数以万计的进步学生举行声势浩大的“争温饱、争生存”游行活动。这就是著名的重庆“4·21”大游行。

4 月 21 日早上，钟山和同学们在团结广场参加集会，然后走上街头。嗓门大的钟山负责高呼口号，他边走边带头喊口号，喊得嗓子都哑了。当时地下党与指挥部都知道了敌人的镇压计划，所以特别强调游行纪律，要求游行队伍不能乱，更不能中断，以防特务混进来。

从团结广场出发的时候，天上下起了小雨，但丝毫没有影响钟山和同学们的士气，高唱《团结就是力量》《山那边啊好风光》《你是灯塔》《跌倒算什么》等进步歌曲。学生们包围并占领了重庆专署，直到获得满意答复才离开。

结束游行后，钟山和同学们按照地下党的要求，一直待在学校。晚上，几百人都睡在教室，以防止特务按照名单进宿舍抓人。

在教室里住了半个多月后，校方将学生疏散回家。钟山只得返回成都家里，直到 9 月才返校。

4. 投笔从戎

辽沈、淮海、平津三大战役后，国民党军队的主力被中国人民解放军消灭殆尽，国民党的统治摇摇欲坠。中共中央发表了“一年左右解放全中国”的号召，并动员广大知识分子参加解放全中国的战斗和新中国的建设。一直积极参加学生运动的钟山已暗下决心：投身中国人民解放军。

1949 年 11 月 30 日，向重庆挺进的中国人民解放军占领长江南岸的江津、顺江场、鱼洞镇、南温泉、木洞镇后，乘胜由上列各地强渡长江。下午，中国人民解放军第二野战军所属 11 军、12 军、47 军的 5 个营进入重庆市区，重庆喜获解放。

参军后的钟山

12 月 21 日，中国人民解放军 11 军以军政大学的名义到重庆大学公开招兵，18 岁的钟山和另外 5 位数理系同学，毅然投笔从戎。

11 军的军政大学虽然名为大学，其实是干部短训班。1950 年 2 月，钟山尝试改编表演谐剧《阿 Q 正传》，没想到，这次表演改变了钟山的人生轨迹。台下观看演出的忠县警卫团政委也是军政大学的领导，他正好要组建宣传队。于是，只在军政大学深造了 3 个月的钟山被选拔到宣传队担任宣传员。

在宣传队，钟山专门负责自编自导自演谐剧，他编排了《卖假银元的投机分子》《镇压土匪》等一系列现实主义谐剧，并深入连队演出，多次受到上级机关的表彰和奖励。1950 年 9 月，钟山在川东军区炮兵团文工队加入新民主主义青年团。

1951 年 3 月，11 军 32 师和 33 师奉命开赴河北的廊坊地区集结。同月在廊坊地区，以西南军区、川东军区部分干部为基础，组成了新的 11 军军部和直属队。新的 11 军成立后，即开始做入朝作战的准备，7 月至 8 月，32 师和 33 师全部换成苏式装备，并扩编了坦克团、炮兵团。

钟山（前排右一）在 11 军宣传队

钟山所在的部队整编为 11 军政治部文工团，准备参加抗美援朝。他们在廊坊学习朝鲜语、入朝政策，并进行军训。大约准备了半年，10 月，文工团和 11 军大部队进入辽宁凤城地区。但到 11 月，钟山随 11 军又转至山东潍坊地区驻防，参加全国“三反五反”运动。1952 年 10 月，11 军军部及直属队奉命在浙江杭州组建空五军，张廷发军长后来成为空军司令员。

钟山从几十人的忠县警卫团宣传队，一直干到 200 多人的 11 军文工团，在四川用四川话演出，出川后改用普通话创作歌剧。因有创作才能，钟山被任命为文工团创作组副组长。后来，文工团撤销，钟山留在军直属文化学校当教员。

回想这一段表演谐剧的经历，钟山觉得“影响了自己一辈子”。演谐剧讲究与观众互动，这和钟山开动员会时调动群众积极性如出一辙；创作谐剧注重实践和创新，这也是他后来开展科研工作的基调。

错过了抗美援朝，让钟山没有想到的是，他的命运仍然与国家命运交织在一起。

1950 年 6 月 25 日，朝鲜战争爆发。10 月 25 日，中国人民志愿军入朝作战，主要装备基本上还是小米加步枪。在战场上，中国每个师只有 20 来门大炮，敌人每个师有 1300 门大炮。以这样劣势的装备，同最现代化的美军作战，是很困难的。

如火如荼的战争使毛泽东等党和国家领导人深刻认识到：要和平，新中国光凭 4.7 亿人口不行，还得有飞机、大炮、坦克和火箭炮。但是，没有技术干部去掌握、使用，这些现代化的武器装备等于一堆废铁。

苏联在十月革命胜利后的第二年就建立了军事工程学院。1950 年朝鲜战争一开始，斯大林就建议中国建立军事工程学院。在这种形势下，党中央决定组建军事工程技术学院，将校址选在哈尔滨南岗区。为了保密，把技术两字去掉，成为“中国人民解放军军事工程学院”（简称“哈军工”）。在领衔组建学院的人选上，毛泽东、朱德、周恩来考虑了许多人，最后圈定了陈赓。1952 年 6 月，

哈军工第一任院长陈赓塑像

正在担任中国人民志愿军代司令员的陈赓，从朝鲜奉调回国。

在哈军工筹备会上，国防部部长彭德怀说："中国人民志愿军付出了血的代价，现代战争可以说是打技术的，没有足够数量和训练有素的技术干部和指挥干部，就无法赢得胜利。所以我们必须办学校，培养技术人才，光喊'万岁'是不行的。"

陈赓建议：第一批、第二批学员，一律从部队选拔，高中毕业生没当过兵的，暂时不考虑。

1952年9月12日，中央军委根据陈赓的建议，为了给军事工程学院的招生和选拔助教做准备，特别向全军下达了《关于调查登记大学、专科学校学生及各种技术人才的指示》，要求各单位在10月底之前完成调查登记工作，并速报中央军委。

9月22日，哈军工筹委会向军委呈送有关招收学员的报告，报告中提出："每期学员以800名毕业人数为准，预科招生应录取1000人，以保证有880～900人升入本科。"9月下旬，各大军区的调查工作相继展开，陈赓亲自主持招生工作的专门会议。招生工作下辖8个工作组，分头下到6大军区和特种兵部队以及军委直属队。

在全军范围内选拔秀才，其规模之大，行动之快，是我军建军史上前所未有的。工作组拿着总政干部部的命令，对文凭的审核、任职使用情况的调查、最终考核录取等各个环节均严格把关，一丝不苟。招生工作是在严格保密的规定下进行的。

钟山回忆道：预审通过后，顶多告诉你“去上大学”，而上什么大学、大学在哪儿，则作为军事机密而不许多问。

11 月 24 日，中央军委在向全军下达的指示中强调：“为加速现代化国防军的建设，军委创办军事工程学院，培养各军兵种高级军事工程师和技术人员，决定从部队中抽调大学、专科以上理工科学生，对两种抽调对象分别进行文化考试、政治审查和体格检查，一次是对高中毕业和大学肄业一、二年的人员，另一次是对大学肄业三年以上和大学毕业的人员，前者合格即录取为学员，后者合格即录取为助教。选调的原则是：凡是学非所用或大材小用者，或用不了可能调出者均应抽调；报考的学员名额应超过录取数……限于 12 月底考试完毕，录取的学员于 1953 年 1 月集中。”

直到这个时候，各大军区的干部们才弄明白，原来从 9 月中旬开始的拉大网似的紧急调查摸底就是为了这所“工程学院”。

约在 1952 年第四季度，根据总部要求的条件，各军组织了集中考试选拔和面试。考试后一个多月，钟山接到了录取通知，通知书上写着这样一句话：“我

哈军工空军工程系主楼

们高兴地通知你，根据国防建设的需要，你已被中国人民解放军军事工程学院录取，谨向你表示热烈的欢迎和祝贺。”

钟山心里别提有多高兴了，这回又可以继续圆上大学的梦想了。战友们也很羡慕，钟山所在的 11 军一共考上了 7 人。哈军工第一期学员来自全军各部队，一般有 3 ~ 6 年的军龄，平均入学年龄约为 25 岁，最大的已经 30 多岁了。

1953 年 2 月 13 日，正是阖家团圆的除夕，钟山一行 7 人在 11 军组织部的组织下，坐火车奔赴哈尔滨。

听着车轮的“哐当”声，看着车窗外纷飞的雪花，钟山和同伴都兴奋极了，一路兴奋地聊着，憧憬着哈军工的学习生活……

5. 进入哈军工

就像每一个哈军工人都把在母校的经历作为自己人生的关键起点，钟山终生难忘母校对他的教育，并将之视为人生盛大的“开幕式”。

建院初期，哈军工在进行“将哈军工办成国内一流大学的讨论”时，采纳了教务处处长曹鹤荪的建议：对学员采取“高门槛、霸王课、高淘汰”的高质

钟山（右）看望哈军工原空军工程系副主任戴其萼（左）

量要求，第一期的教学计划由军委主席毛泽东亲自审查批准，这在新中国历史上是唯一的一次。

新学员入学后，要先进预科补习数理化基础知识。钟山编在预科五队，并担任班长。预科学习内容是数学、物理、化学，学习几个月后进行考试，并根据考试成绩重新分班。钟山数学基础好，人又热情，成了同学们的“小老师”。这期间，很多同学都栽在高等数学这一“霸王课”上。为此，一些原先基础差的同学打起了“退堂鼓”，有的闹情绪，甚至不想上学了，准备回部队。

针对部分同学的“畏难”情绪和学习困难同学的各种苦恼，作为班长，钟山召集班委开会，研究如何互帮互助。大家七嘴八舌，畅谈自己的学习体会，善于总结的钟山灵机一动，决定把大家说的话编成谐剧。他再次拿出看家本领，用一个月的时间琢磨，自编自演了名为《学得好与学不好》的谐剧。在剧中，钟山先是表演如何学好高等数学的，把自己的心得体会展现得淋漓尽致；接着又生动地刻画了“畏难”同学的心理和平时畏缩的表现；最后，通过两个同学的交流和互相帮助，都“学得好”了。这出结合实际的独角戏深深感染了同学们，激励同学们团结互助，一起克服困难，迎头赶上。

钟山表演谐剧《学得好与学不好》

在春节汇演中，这出谐剧荣获哈军工首届文娱比赛创作一等奖和表演一等奖，是当年唯一获得双奖的节目。学校党委对该节目也给予了充分的肯定，后来，这个节目在哈军工文工团上演了3年。这出谐剧让师生们记忆深刻，直到50年后，时任学校政治部副主任、后来担任国防科学技术大学校长的张衍将军一看见钟山，就想起了《学得好与学不好》这出谐剧。

哈尔滨的6月是一年中最舒适的季节，松花江水欢畅地滚滚东去，太阳岛上丛林葱茏叠翠。可是，钟山的心情却异常沉重，他不断收到战友们从朝鲜战场的来信，陆续得知5位很熟悉的战友牺牲的消息，令他痛心不已……

一天下午，志愿军三兵团15军军长秦基伟应邀到哈军工举行报告会。秦基伟没有讲任何大道理，只是把上甘岭战役的真实情况，用讲故事的方式告诉了大家。

"……15军已经进行了7个昼夜的鏖战，那是怎样的七天七夜呀，一出一进，一攻一守，15军每天至少要打掉几个连，军预备队都用上了。在597.9高地反击战中，135团2营通讯员黄继光主动请战，在火线上被任命为6连6班班长。他率领爆破小组冲向敌阵，两名战友相继牺牲，他自己的左臂也被子弹打穿了，鲜血染红了军装。可黄继光仍咬着牙，向敌人的火力点接近，他又连续炸掉了几个火力点，但敌人还有最后一个火力点在疯狂地扫射，黄继光拖着浑身是血的身体，用尽最后一丝气力，猛地一跃而起，扑向敌人的暗堡，用胸膛死死堵住敌人的枪眼，为后面的突击部队扫清了道路。"

秦基伟讲到这儿，哽咽地讲不下去了，他的泪水夺眶而出。会场上，人们在低声啜泣，钟山的泪水打湿了手中的笔记本。

"我们军还有一位英雄的战士，是29师87团9连的，他叫邱少云。"秦基伟平静了一下，又以洪亮的声音讲下去，"10月11日晚上，9连奉命在离敌人阵地60米远的小山脚下潜伏，准备在12日的晚上向敌人发起突然进攻，夺取

391 高地。没想到上午 10 点左右，敌人从阵地上打出了十几颗燃烧弹，燃烧弹炸开后，飞溅的火苗正好落在邱少云潜伏的地点，草烧着了……烧到邱少云的身上，他一动不动，周围的战友向他打手势，要他在地上翻个身，火就会被压灭。可是，邱少云摇摇头，咬紧牙关，一动不动。烈火整整烧了 30 分钟，火熄灭了，邱少云同志全身都烧成了黑炭，只剩下一双插在泥土里的手……”

听到这里，陈赓院长猛然站立起来，双目圆睁，面向全场，举起右臂，大呼道：“同志们！我提议，我们大家起立，为我们志愿军烈士们默哀 3 分钟！”

全场肃立，钟山低头静默着，在心里向那些为国捐躯的革命英烈们致敬。

秦基伟将军的报告整整讲了 4 个小时，没有一个人离开过自己的座位。志愿军的英烈事迹如霹雷闪电，震撼着大家的心房，冲击着人们的灵魂。钟山和同学们双眼红肿，心情沉重。他们在深深地思考，他们对照志愿军，自己的人生之路应该怎样迈步？不好好学习，能对得起这些烈士吗？

一期学员的本科入学考试持续了近一个月，其复杂程度几乎让学员们累得脱了一层皮。学员按入学考试委员会的规定，先笔试，后口试。笔试解答演算题，口试解答理论题。口试时学员要当场抽试题卡片作答，然后由主考教员提问。由于必须按人头逐个进行，一个班考一门需要一整天的时间，整个“马拉松”

故地重游——2013年，钟山回校参加哈军工建院60周年庆祝活动

式的考试于8月15日结束。

学院评出成绩后，还要进行政治条件的复审和体格条件的复查。“过五关斩六将”后，合格的只剩下679名学员。进入本科的一期学员不够中央规定的800人，只能“矬子里面选大个”，学院领导决定让考试一门不及格的学员作为试读生进入本科，这又补进去116名。两门不及格的只好留下来和二期学员一块补高中课程。

品学兼优的钟山顺利升入本科，被分在空军工程系无线电工程科（一系四科）。1953年9月1日，经储非同志介绍，钟山光荣地加入了中国共产党。

哈军工成立大会也是第一届开学典礼。这次别开生面的开学典礼，成为钟山等第一期学员终生难忘的记忆。

1953年9月1日，哈尔滨市秋高气爽，阳光和煦，微风拂面。哈军工大院里一派节日气氛，处处张灯结彩，人人喜笑颜开。在工字楼西面的大操场上，方形检阅台高高耸立，正面四根红色圆柱呈顶天立地之势，柱上彩绘牡丹花、云字纹和红五星图案，显得平稳庄重，朴实典雅；检阅台顶部中央树立一枚硕大的“八一”军徽，一面五星红旗迎风飘扬；横贯检阅台上方，红底白字写的是“中国人民解放军军事工程学院成立暨第一期开学典礼”，紧挨着横幅的是一

哈军工成立暨第一期开学典礼

条金丝绒帷幔，上面高悬着四个大红宫灯；检阅台两侧是彩色刀旗和挂满贺幛的大席棚。陈赓旁边坐着西装革履、高鼻深目的外国人。

下午1点30分，授旗和阅兵仪式开始，整齐的队伍肃立在操场上，数千双眼睛注视着检阅台。副总参谋长张宗逊将鲜艳的“八一”军旗双手交给陈赓院长，陈赓躬身接旗，双手持旗，转身面向队伍。

在张宗逊发表授旗讲话后，陈赓把军旗揽于胸前，以高亢清晰、铿锵有力的声音致答词：“我接受了我们军事工程学院的战斗旗帜以后，请允许我向毛主席和中央人民政府人民革命军事委员会提出保证：我们全院人员将永远保持这面光荣的伟大的战无不胜的‘八一’军旗，作为我们军人的英勇与荣誉的象征。”

接着，阅兵式开始。副总参谋长张宗逊、总政秘书长王宗槐、空军副司令员常乾坤在陈赓的陪同下，检阅部队。

2点45分，在庄严的国歌声中，大会正式开始。首先是张宗逊宣读毛泽东主席的《训词》。训词全文如下：

军事工程学院陈院长和全体教授、助教、学员、工作人员同志们：

当你们开学的时候，我向你们致以热烈的祝贺。

在此时机，我并向热诚帮助我们计划和创办这个学院的苏联政府、苏联顾问表示衷心的感谢！

中国人民解放军军事工程学院的创办，对于中国的国防事业具有极重大的意义。为了建设现代化的国防，我们的陆军、空军和海军都必须有充分的机械化的装备和设备，这一切都不能离开复杂的专门的技术。今天我们迫切需要的，就是要有大批能够掌握和驾驭技术的人，并使我们的技术能够得到不断的改善和进步。军事工程学院的创办，其目的就是为了解决这个迫切而光荣的任务。

向苏联学习，这是我们建军史上的优良传统，无论任何时候，任何工作部门，都应当如此。这点，对于你们这个学院，有更加重要的意义。我们必须学习苏联的先进科学和技术知识，学习苏联军事工程建设的丰富经验，学习苏联顾问同志的学习态度和工作态度，学习苏联顾问同志高度的爱国主义和国际主义精神。在学习上应该是虚心诚恳，不要学到一点就自满和骄傲。

保持和发扬中国人民解放军的光荣传统，特别是全心全意为人民服务的精神和自我牺牲的英雄气概。这在你们的学院，是和全军一样，必须充分领会和一刻也不可忘记的。

希望你们团结一致，办好学院，尊重顾问，努力学习，为完成人民革命军事委员会给予你们的光荣任务而奋斗！

主席　毛泽东

一九五三年八月二十六日

接着由陈赓致词，他的讲话较长，这里只需摘引一句话，好让历史记住陈赓在这一天向苍穹和大地发出的庄严的声音吧："我以十分的敬意与荣幸，宣布我们中国人民解放军军事工程学院——中国历史上第一所军事工程学院正式成立了。"

6. 炼成优等生

原清华大学校长梅贻琦说："所谓大学者，非谓有大楼之谓也，有大师之谓也。"哈佛大学科南特校长曾说："大学的荣誉，不在它的校舍和人数，而在于它培养的一代又一代人的质量。"

哈军工第一期学员无疑是最幸运的。《第一期四年制本科教育计划》是仿照苏联军事工程技术院校五年或者五年零八个月的教育计划拟定的。鉴于朝鲜战火未熄，部队急需技术干部，中央要求快出人才，如此繁重的教学内容不得不压缩在四年之内学完。

在哈军工读书的钟山

哈军工学员认真听苏联专家授课

为了保证质量，在周恩来总理亲自关怀和陈赓院长多方筹划以及有关单位的支援下，哈军工成立之初，从全国各地请来了各专业的67名著名专家和教授，还有获得美国博士学位的归国爱国学者。第一期学员的教学，从基础课到专业课，都是这些著名专家教授任课。钟山这批学员因此打下了坚实的理论基础，对以后不断掌握新知识、开展科技工作发挥了重要作用。

60年过去了，钟山对教过自己的教授如数家珍。他和同班同学郭群芳、柯晓雯、黄刚强等一起回忆教授们的趣事，感叹不已：

“头发已经灰白的孙本旺教授讲高等数学，认真负责，讲解深入浅出，启发学员思考，有时还介绍一些数学家的生平和趣闻，学员深受教育。李天庆教授、朱起鹤教授讲授大学物理，层次分明，逻辑性强。陈正屏教授讲授理论力学很有风趣。薛鸿达教授讲授材料力学生动幽默，学员不时发出笑声。胡振谓教授讲金相学，非常形象动听，对学员要求严格。一次有个学员打瞌睡，他便熟练地用手捏断粉笔头扔过去，全班学员为之震动，更加集中精力听讲。”

钟山回忆道：

“罗时钧教授是刚回国的爱国学者，美国博士，精明强干，风度翩翩，当时只有30岁。他给我们讲授专业课空气动力学，系统性强，思路清晰，善于启发我们思考。他讲茹科夫斯基升力原理时，教学效果非常好。课后复习时，大家边回忆边按讲课的思路，把升力公式推导出来，心里特别高兴。他讲‘卡门-钱学森曲线’时，谈到钱学森是他的老师，是一位知识渊博、学识深厚、有创新成果的爱国学者，是中国人的骄傲，我们深受教育和鼓舞。

“航天动力专家梁守槃、空气动力学专家庄逢甘、风洞专家马明德、有多年飞机维护经验的凌之巩教授等，这些名教授都为我们讲授专业课，我们受益匪浅。”

钟山补充道：“1956年后为发展新的国防科技，哈军工一些名教授任新民、梁守槃、庄逢甘等都被调至航天科研部门，我又成了他们的弟子。”

哈军工非常重视实践性教学对学员实践知识和实际技能的培养，边建设边

钟山（右）在哈军工抽题考试

教学，为第一期学员及时开出了各种实验课及工厂实习。除物理实验、化学实验外，钟山还做材料拉伸与断裂实验，观察金相结构的实验。二年级时，钟山在院内工厂实习，学习车、铣、刨、钻、磨等技能，加工机械零件，还学习焊接操作。三年级时，钟山又进行了风洞吹风、发动机燃烧等专业课实验。四年级进行毕业设计前，钟山到沈阳航空发动机制造厂及飞机制造厂学习了解航空发动机及军用飞机的生产过程，了解军代表的验收工作。钟山还到某空军基地和地勤人员一起工作和生活了一个月。

五年的功课要四年完成，哈军工学习负担很重，学习是非常紧张的。这个紧张也体现在“六节一贯制”，即每天上午连续上六节课，每两节课讲一门课程，每周共 36 学时。

钟山回忆道：“每天上午持续五个多小时上课，不但身体很疲劳，而且到第五六节课时则饥肠辘辘。为此，学校领导曾安排后勤在课间操休息时，送牛奶到教学大楼内，我们每人可喝上半斤牛奶补充营养。”

为适应紧张的学习，学员不仅要吃得好，而且也要把身体锻炼好，提高学习效率。除了坚持早操外，每天下午专门有体育活动时间，要求每个学员都必须锻炼身体。空军工程系主任唐铎将军是 20 世纪 20 年代参加革命的，后派往

空军工程系学员夏练三伏

苏联学习，曾在苏联红军高校工作。他亲自带领空军工程系学员锻炼身体，在夏天要把上衣全脱掉跑步，进行日光浴和空气浴。学员们感到很新鲜，也很感动，坚持锻炼。

哈军工学员首先是一名革命军人，也要接受军训，培养军人的基本素质，包括使用步枪，要进行实弹射击。上课及日常活动都着军装集体活动，一系穿空军服，三系穿海军服，四系穿坦克服，二系、五系穿陆军服，陆、海、空军在院内同时活动，形成了学院的特色景观。起床、早操、上课、下课以及晚上熄灯等一切活动都要听从广播军号指挥。从宿舍到食堂、教室，往返路上都以班为单位列队前进，每个学员都具有很强的组织纪律性。

哈军工对学员在政治上要求更加严格，除政治理论教育及日常思想工作外，每周六下午为党团活动时间，党团员上党课、团课，过组织生活。非党团员的

哈军工第一期学员毕业典礼

学员，周六下午是自由活动时间，有的利用这天下午去洗澡，大家幽默地把这天下午叫做“民主人士洗澡日”。在学员们心中，钟山最善于总结、提炼，班上的好人好事经他写稿或润色，很快便成为全校树立的典型。

陈赓院长特别注重对学员进行革命军人品德的教育，对他们严格要求，关怀备至。他经常深入教室、宿舍看望学员，询问他们的学习情况，生活上有什么困难，有时还拉拉家常。他在同学员交谈中，得知有的学员是上海、湖南或广东人时，就改用上海话、湖南话或广东话与学员攀谈，所到之处，掌声笑声不断，院长与学员之间的感情非常融洽。在学习上，陈赓提倡独立思考，让学员成为学习的主人，不要成为书本的奴隶。他还要求基层干部改善领导方式，防止简单化工作方式，不要用带兵的方法带学员。这种不摆架子、平易近人、

哈军工一系四科第一期学员毕业照（四排左四为钟山）

以诚相见、挥洒自如的大将风度，对钟山产生了深远的影响，以致后来钟山在主持二院型号研制工作中，同样表现出海纳百川、统领各路人马集体攻关的帅才风范。在哈军工校庆活动中，钟山多次深情回忆“军工”生涯，而“军工”也以他为荣。

2003年，在庆祝哈军工成立50周年之际，钟山上台发言，向母校汇报毕业后的成绩和对母校的感恩之情。他深情地说：

“作为军工学员的我能有今天，能在国防科研事业上取得一点点进步和成就，是陈院长和哈军工培养教育的结果。回顾在哈军工上学的5年时光，对哈军工的光荣传统和作风有以下几点体会：

1）对党和人民事业无限忠诚、勇于奉献、奋不顾身的革命精神；

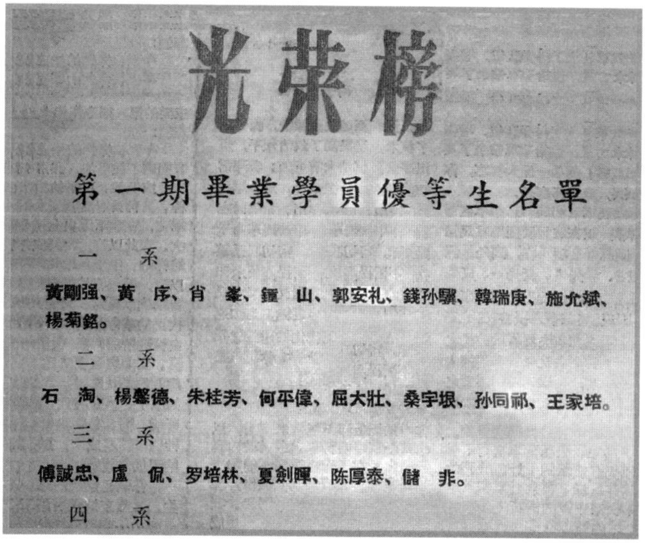
光荣榜

第一期畢業學員優等生名單

一　系

黄剛强、黄　序、肖　峯、鍾　山、郭安礼、錢孙驟、韓瑞庚、施允斌、楊菊銘。

二　系

石　淘、楊繫德、朱桂芳、何平偉、屈大壯、桑宇垠、孙同祁、王家培。

三　系

傅誠忠、盧　侃、罗培林、夏劍暉、陈厚泰、儲　非。

四　系

钟山获哈军工第一期毕业学员优等生称号

钟山（右）哈军工毕业后与哥哥（左）合影

2）敢于斗争、善于斗争、勇往直前、无坚不摧的精神；

3）深入实际、深入群众、解放思想、实事求是的思想作风；

4）雷厉风行、实干苦干加巧干的作风。

今天到会的和没有到会的当年的教授、教师，当你们看到自己培养教育出来的学生的成长、进步，心里一定是十分宽慰的。我们永远是你们的学生，永远感谢你们，永远向你们学习。”

由于连续5年获得优秀成绩（5分），先后荣获“优秀照相”和“军旗前照相”以及学院的“优秀学员”，1957年11月，钟山以优等生的身份从中国人民解放军军事工程学院毕业，留校参加整风运动。第一期学员毕业时共有698人，全校获得“优等生”称号的只有30人。

1958年3月，钟山被选调到新组建的导弹研究院——国防部第五研究院二分院工作，从此开始了他献身导弹事业的漫漫征程。

钟山

钟山院士传记

Academician Zhong Shan's Biography

第二章

初识尖端武器

大学毕业后，钟山被分配到国防部第五研究院，开始与国防科技结缘。他有幸参与了导弹等尖端武器的仿制工作，见证了最早的“导弹战”。他先后参加了许多重要型号的研制工作，在航天大熔炉中逐步成长和成熟。

1. 第一次触摸导弹

北京西郊的永定路不是一条历史悠久的路，但在航天人心目中却赫赫有名。对钟山来说，更有特殊的意义。这条路见证了他从青年到老年的人生历程，许多往事，或者悲伤或者喜悦的故事，都在这里悄悄地进行……

1958 年 3 月，钟山和几位同班同学被分配到急需人才的国防部第五研究院工作。钟山和其他大学生到院部报到后，便坐上了一辆卡车，一路向西。卡车穿过两旁都是菜地的一条土路，经过西八里庄来到了永定路。永定路与钟山在前面见到的景象迥然不同，笔直的马路，井然有序的营房……看着似曾相识的景象，钟山心里喜滋滋的，心想又回到了部队。穿上新发的军装，钟山显得那样英姿勃发，踌躇满志。

上班第一天，钟山就体会到了这不是一般的部队。工作单位有一个神秘的番号——“0038 部队”，每天的工作也要高度保密。

由于研究项目涉及国家机密，国防部第五研究院从成立之初，就被蒙上了一层神秘的面纱。在苏联保密专家的指导下，钟山所在的二支队也采取“六亲不认”的保密方式：不同的办公区使用不同级别的证件，而且证件不能带回家，

1958年进入国防部第五研究院工作的钟山

离开单位前要先将它换成卡片，回来时再凭卡片换取证件；办公室电话的号码不能告诉家人；每个工作人员都有一定的知悉范围，彼此之间不该说的不说，不该问的不问；办公楼的四周围着铁丝网，大门口不分昼夜地有荷枪实弹的战士守卫着。

这些对钟山来说，不以为怪，反而感到很荣耀。作为哈军工的优等生，钟山深知尖端科技对国家的意义，处在帝国主义封锁、包围和战争威胁之中的新中国，必须以坚定的决心和超人的胆识发展自己的导弹事业。

落后就要挨打。这是中国人从 1840 年开始就强烈感觉到的。新中国成立后不久，就接连受到核武器威胁。中国出兵朝鲜以及在台湾海峡附近作战时，美国总统都曾扬言准备使用原子弹。白宫之所以敢动辄挥舞“核大棒”，就是因为中国没有核弹头及其运载工具——导弹，没有起码的还击手段。当时，法国总统戴高乐有句名言——没有核武器的国家不是大国。

为了能在新的世界格局中站住脚，中国人民不得不做出选择。1956 年 1 月，毛泽东主席在最高国务会议上指出：“我国人民应该有一个远大的规划，要在几十年内，努力改变我国在经济上和科学文化上的落后状况，迅速达到世界上的先进水平。”后来，国家制订了《1956—1967 年科学技术发展远景规划纲要（草案）》，确定了“重点发展，迎头赶上”和“以任务带学科”的方针，在提出的

钟山获大尉军衔

57 项重点任务中，特别强调发展原子能、火箭和喷气技术、电子计算机、半导体、自动化、精密机械、仪器仪表等新兴技术。

1956 年 10 月 8 日，中国第一个导弹研究机构——国防部第五研究院正式成立。这一天，被认为是新中国导弹、航天事业奠基的日子。国防部第五研究院后来被航天人亲切地称为“老五院”。

老五院成立之初，下设了导弹总设计师、空气动力、结构强度、发动机、推进剂、控制系统、控制元件、无线电、计算技术、技术物理 10 个研究室，确立了“自力更生为主，力争外援和利用资本主义国家已有的科学成果”的方针，按照“先仿制，后改进，再自行设计”三步棋走。

1957 年 12 月，社会上纷纷谣传苏联向中国运了一条“大白蛇”。北京老百姓将信将疑地向组织反映，为此，多家报纸还专门进行了辟谣。原来是两发苏制的 P-2 液体近程弹道导弹和一套地面装备从满洲里悄悄地运抵北京南苑，苏联同时派来了 100 多位专家。

为了做好迎接苏联援助项目的准备工作，根据实际情况，早在之前的 11 月，老五院就以导弹总设计师、空气动力、结构强度、发动机和推进剂 5 个研究室为基础组成一分院，负责导弹总体设计和弹体、发动机研制；以通信兵部军事电子科学研究院为基础，合并控制系统、控制元件、无线电、计算技术、技术物理 5 个研究室组成二分院，负责导弹控制系统的设计工作。

钟山被分到二分院，主要学习、仿制 P-2 导弹的无线电设备技术。仿制 P-2 导弹的工程代号为“1059”，即期望在 1959 年 10 月 1 日前完成整个仿制工作，向国庆 10 周年献礼。

对中国航天人来说，“1059”有着特殊的含义，是“零”的起点。导弹控制技术在中国还是一项空白，一切都要从头学起。首先从仿制 P-2 起步，力图通过学习消化技术资料和仿制生产实践来掌握设计技术。

仿制是学习国外先进技术的有效途径，是引进、消化、吸收再创造的过程，是世界各国科技发展的必由之路。苏联就是从仿制德国 V-2 导弹起步，制造出苏联的 P-1 导弹，在此基础上改进研制出 P-2 导弹，并由此逐步走向了航天强国的发展之路的。

针对老五院的工作，主管国防科技的聂荣臻副总理做出重要指示：先仿制，然后再独立设计。他说：“仿制是爬楼梯，爬上楼梯才能走平地，那时候再学跑步。人总是先学会走路，再学跑步。我们要通过仿制‘爬楼梯’，大练兵，再向独立设计发展。仿制的目的是把技术吃透，这有利于今后的独立创造。”为此，

P-2导弹

老五院按照聂帅要求，提出通过仿制达到培养一支科技队伍、完成基本建设工程、建立全国协作网络和摸索一套领导科研工作的经验等四项目标。

国防部第五研究院和中国人民解放军炮兵司令部为培养一支型号研制的骨干队伍，以及训练导弹使用、维护和操作人员，联合组建了炮兵教导大队，这个教导大队下设指挥、技术、发射、运输四个连。P-2 导弹被秘密运到了北京长辛店马列学院。老五院参与仿制的人和炮兵部队的人全部集中到了这里，准备一边学习，一边开始仿制。那时，马列学院只有一栋四层楼房，在当时也算是高层建筑了，可挡不住这发 20 多米高的导弹。为了保密，只好在导弹的四周搭起了一个大席棚，把导弹圈在了里面。

在“1059”工程中，钟山参与了无线电发射机的仿制。钟山穿着学员军装，教员手把手地为他们讲解和示范各项操作。这让他对导弹有了感性认识，真正了解了其结构、原理及使用方法。为了尽早掌握导弹控制系统设计技术，钟山认真向苏联专家学习，并抓住一切机会，和炮兵部队的人切磋操作技艺，进行深入的控制原理分析和设计方法探索。在短短的时间里，钟山初步摸清了无线电技术在导弹控制系统等各方面的应用，以及设计、试验方法和研制程序。

1960 年 11 月 5 日，仿制苏联 P-2 导弹的“1059”导弹在试验基地发射成功。1961 年，钟山等参与“1059”导弹研制的年轻技术人员都晋升为工程师。

2. 代号“543”

参与“1059”任务半年后，一项新的紧迫任务落在钟山等年轻人身上——仿制能够猎杀高空侦察机的地空导弹。

从 1957 年 11 月底开始，盘踞在台湾的国民党军队利用美国援助的 RB-57A、RF-101 高空侦察机和 P-2V 夜间侦察机，对大陆不间断地进行经济、军事情报的侦察和骚扰。1958 年 2 月 18 日，国民党空军的美制 RB - 57A 高空侦察机，被大陆海军航空兵击落。之后美国又把两架 RB-57D 高空侦察机交给国民党空军第六大队第四中队，继续入侵大陆进行侦察活动。从 1959 年 1 月至 9 月，该型飞机侵入大陆 20 架次，活动区域遍及福建、浙江、江苏、山东、河北、四川、贵州、广东、江西、上海等 13 个省市。

RB-57D 高空侦察机加大了发动机推力，飞行性能也优于 RB-57A，飞行高度可达 18000 ~ 20000 米，中国空军和海军航空兵的歼 -5 和米格 -19 歼击机都飞不到这个高度。当时，中国军队拥有的最大口径的 100 毫米高射炮，对空有效射程只有 12000 米，根本无法击中 18000 米上空的敌机，何况飞机上还装有电子侦察设备，完全可以绕开高射炮。中央领导决定加紧地空导弹的仿制工作。

地空导弹是在第二次世界大战后出现的一种新式防空武器系统。苏联按照中苏两国签订的国防新技术协定，向中国出售“萨姆 -2”地空导弹武器系统，并派专家和地空导弹建制营，到中国带教兵器的使用技术。因为地空导弹属尖端武器，要求对外严格保密，所以将第一型地空导弹代号定为“543”，第一型空空导弹代号定为“545”。后来很长时间内，把空军地空导弹部队称作“543”

美制高空侦察机 RB-57A

部队。1964 年 12 月，将“543”地空导弹的全面仿制、生产、试验、应用的系统命名为“红旗 -1”。

“萨姆 -2”地空导弹采用无线电指令制导，能在各种复杂气象条件下击毁高度在 3000 ~ 24500 米的空中目标，作战半径为 29 千米左右，属于中高空、中程武器系统。它主要担负要地防空任务，具有较高命中概率，是当时世界上性能先进的防空武器系统之一。整个系统由 6 个部分组成，即导弹（这是直接击毁目标的核心部分，弹体内装有制导、推进装置和击毁目标的战斗部等）、目标搜索指示雷达、制导雷达（用于发现目标和控制导弹击中目标）、导弹发射架（每营配置 6 部）、供电设备、技术保障设备等。这是一个复杂的大系统，一个作战单位包括 90 辆以上车辆，使用铁路运输时，需要一列半货运列车。

1958 年 11 月 29 日，从苏联进口的 5 套“萨姆 -2”地空导弹武器系统运到北京。主管国防科研工作的聂荣臻副总理决定，在引进苏联“萨姆 -2”的基础上，一方面装备部队，另一方面仿制生产并改进，研制出中国第一代中高空地空导弹。即以仿制苏式“萨姆 -2”地空导弹为起点，用 7 年时间建立起地空导弹武器系统（包括配套的制导站、导弹、发射装置等）的生产、科研与试验基地，奠定技术、人才、工艺测试和协作配套的基础，创建研制、生产地空导弹的基本条件。

“萨姆 -2”导弹发射瞬间

原在二支队三分队的钟山参与仿制“543”地空导弹的弹上设备，担任工程组组长，同时担任由“543”地空导弹和“545”空空导弹弹上设备两个工程小组组成的党支部的书记。

这个支部里另外两位支部委员恰好是钟山的哈军工同学——空军工程系的王笃敬和炮兵工程系的孙同祁，他们三人配合默契，号称“三剑客”。王笃敬是哈军工培养的首批研究生，毕业后一直在空军高炮指挥部工作，为地空导弹做出了贡献；孙同祁也是哈军工的优等生，具有另人钦佩的数学天赋和特长，1965年担任某研究所副所长，后来调到上海工作。非常遗憾的是，1968年在“文革”当中，孙同祁因不堪忍受迫害而自缢。孙同祁是钟山在二院最熟悉和亲近的同学、朋友和同事，他深深地感慨：“‘文革’中不少有才智的知识分子遭到不可容忍的残害，是十分可悲的教训！”

1959年10月1日是新中国成立10周年的日子，党中央、国务院决定举行大型庆祝活动。中央军委鉴于国民党高空侦察机在当年已入侵大陆20次，其中有两次还窜到北京地区上空实施侦察，使北京市受到严重威胁，同时又看到地空导弹部队组建和训练工作进展顺利，遂决定使用地空导弹部队担负战备任务，保卫国庆期间首都地区的空中安全，并明确指示，如敌机胆敢来犯，坚决予以击落。

为了确保首都上空安全万无一失，按照要地防空兵力部署的要求，构成火力衔接的环形防御，利用二分院用于仿制的一套武器系统临时组建地空导弹五营，参加保卫首都的战备任务。钟山参与了多次以对抗RB-57D高空侦察机为战术背景的实战演练。

1959年9月15日，钟山所在的地空导弹五营开始正式担负首都防空作战值班任务。让大家自豪的时机终于到来了。1959年10月7日，地空导弹二营在北京通县地区用“萨姆-2”导弹击落了当时世界上最先进的美制RB-57D型高空侦察机，创造了世界军事史上首次用地空导弹击落飞机的历史，从而拉开了长达 10 年的旷日持久的中美高空实力对抗的序幕。

地空导弹部队的成立有效地遏制了敌人的嚣张气焰。在 1959 年 10 月到 1961 年 8 月的两年间，这支部队先后击落了敌人三架高空侦察机，从而迫使被称为空中侦察霸王的 RB-57D 型高空侦察机提前退役。

在与敌机的蓝天较量中，钟山深深体会到“没有导弹就没有国防”的含义。可是，买来的导弹毕竟有数，仿制工作也变得更加紧迫。

“萨姆 -2”地空导弹武器系统的地面系统约有 5 万多种协作件、2 万多种原材料（其中要试制将近 2000 种新材料）。为了攻克技术难关，国家优选了航空、机械、火工、建材、化工、冶金、纺织等领域的多个厂所，形成了全国范围内最具优势的攻克科研尖端的研制生产协作网；还从各大学抽调毕业生以及一批急需专业的未毕业的大学三四年级优秀学生，短短两年间组成了几千人的导弹研制队伍。因为，要掌握这套系统，必须具有扎实的数学、物理、电子、计算机等方面的基础知识和较高的悟性。

仿制工作极其艰苦，二分院领导发出号召，动员大家：“生在永定路，死在八宝山”；“不求名不求利，只求导弹早上天”。大家还喊出了“千方百计快快快、卧薪尝胆干干干”的战斗口号。钟山所在的科研办公楼每晚都灯火通明，绝大多数同志自动来加班或学习，很多人晚上只睡三四个小时。分队政委的主要任务就是说服动员大家早点休息。

争强好胜的钟山曾在实验室连续加班 15 天，每天晚上只睡一两个小时。勤学苦练的钟山成为了院里精心培养的科技尖兵。

3. 会战“争气弹”

作为一个大国，尖端武器是买不来的，国防只能靠自己。

中苏关系的“蜜月”期，很快便结束了。1960 年 7 月 16 日，苏联政府照会中国政府，在一个月之内，撤走在华的全部专家，并带走许多重要的设计图纸和有关资料，同时停止发送建设急需的设备、关键部件和重要物资。在这一个月之内，苏联单方面撕毁同中国签订的 343 个专家合同和合同补充书，废除了 257 个科技合同。

所有这一切的行动，对于正处在蹒跚起步的中国导弹事业来说，无疑是一次严重的打击！“543”仿制工作几乎陷于停顿。但这也坚定了中国尖端技术的发展方向——自力更生，奋发图强。1960 年年底，周恩来总理在人民大会堂宴请国防技术专家，勉励大家自力更生，艰苦奋斗，把导弹搞出来。

中国人一定要争这口气！

聂荣臻当即指示，要发挥中国专家的作用，依靠自己的技术力量，把导弹仿制出来。1961 年 2 月，钟山所在的地空导弹团队在总设计师的领导下，弄清了“萨姆 -2”导弹的总体设计参数选择、气动布局、强度计算以及各分系统设计等方

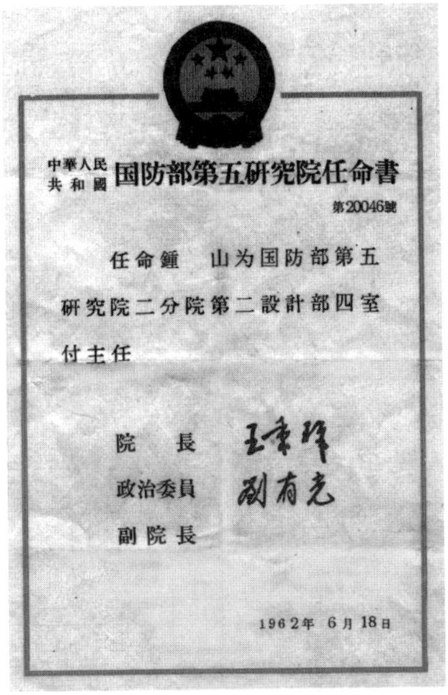
中華人民共和國 国防部第五研究院任命書

第20046號

任命鍾　山为国防部第五研究院二分院第二設計部四室付主任

院　長　王秉璋

政治委員　刘有光

副院長

1962年 6月18日

钟山被任命为国防部第五研究院二分院二部四室副主任的任命书

面的问题。钟山主持和组织了主动式末制导雷达的方案论证，并研制出了样机。

1962 年 9 月，中央要求二分院集中力量抓好“543”仿制任务。为加强对设计师队伍的领导，国防部第五研究院在院部设立了地空导弹总设计师办公室，由二分院副院长钱文极作为“543”导弹的技术负责人，领导一、二分院共 1100 余人参加仿制生产工作。

从 1962 年以后，二分院全面主管地空导弹型号的研制任务（含研究、设计、试制、生产），包括导弹、制导站、地面设备以及武器总体。31 岁的钟山被任命为国防部第五研究院二分院二部四室副主任，从事中频积累、低噪声 X 波段参量放大器预研。钟山还率队开始预研 M-1 电子管型脉冲雷达主动式导引头。

钟山非常善于学习新技术，对新知识的洞察力和敏感性使他的知识领域不断扩展。在反设计中，钟山结合实际，消化学到的知识和技术，总结规律。钟山还奉命到成都 719 厂协调有关超差代料仿制生产工作。

所谓超差代料，就是用国产的性能参数略有差异但不影响使用的材料和元器件取代苏联不继续供应的材料和元器件。当时中国的经济基础和工业基础都十分薄弱，承担仿制生产任务的有数十家工厂。为协调科研单位下厂人员与生产厂技术人员在仿制生产中的关系，国防部第五研究院拟订了《地空型号设计师下厂工作条例》。该条例特别明确了设计师单位下厂人员负责生产过程中超差代料以及底图更改的审批权限。

面对技术人员新、设计师队伍又从未接触过导弹技术的特点，设计人员必须弄清设计原理，吃透设计思想，把握技术关键，严格控制质量。为此，三分之一的技术人员长期驻厂，其余人员在本院办公室进行反设计，并轮流下厂工作。钟山以总师代表的身份下到成都 719 厂，他天天到车间，与工人一起上班，仔细跟踪设备制造过程，往往一站就大半天。碰到设计和工艺问题，他会和工厂里的设计人员一起探讨，修改图纸，经过审定后重新加工。在这种理论联系实际的工作模式中，钟山在一年多的时间里协助工厂解决了几十个关键技术难题，获得了719厂的信赖。

地空导弹的特点是以高速度、高过载的导弹去拦截在天空中高速运动、灵活机动的小目标，这对光、机、电一体化的制导雷达、发射装置、导弹等技术提出了严格的要求。特别是在地空导弹与飞行目标两个高速运动物体之间，需要进行相对角偏差等参量的测量、计算和控制；需要以飞行力学、空气动力学、导引规律、控制理论以及惯性部件、光电部件为基础，建立起飞行器的复杂结构闭环控制系统。因此，如何以制导和控制为核心，使导弹快速接近并遭遇目标，适时起爆、击毁目标，就成为了防空技术的难题。

钟山主持了地空导弹弹上控制系统的研制。他倡导采用低噪声参量放大新技术，并完成了X波段兼并式参量放大器的攻关任务，其噪声、增益、带宽等参数指标均达到当时国内先进水平。

1963年4月，“543”模型弹的仿制任务完成。随后，又相继完成了运输、振动、静力、防水等试验，证明仿制的导弹各系统工作情况正常，质量符合技术要求。

1964年5月，二分院完成了“543”制导站校飞试验，并首次与试制的闭合回路战斗弹对雷达伞靶进行实弹射击试验，取得圆满成功。一个月后，“543”导弹研制队伍又以米格-15型靶机为目标，进行战斗弹试验。两发导弹虽然制导飞行正常，但战斗部未起爆，未能击中靶标。钟山和大家按照聂帅提出的“严肃、严格、严密”的“三严”作风，进行了多次对比试验，经分析认为是无线电引信故障造成的。后来，在地空导弹试验部队的组织下，二分院参与了国内第一次引信绕飞试验。

9月26日，改进引信后的导弹重新进行发射试验，成功地击落了米格-15型靶机。10月6日，导弹成功击中了中高空模拟目标。12月10日，仿制的战

“红旗－1”地空导弹

斗弹初步定型，被命名为“红旗 -1”。

钟山后来在谈到这一段历史时评价说：“543”仿制成功的意义，在于它使中国形成了一条能生产并装备部队的完整的地空导弹生产线，形成了立足国内的全套生产协作网，使国内具备了独立生产全套武器系统的条件，为中国培养出第一支年轻的初步掌握地空导弹武器系统研制技术的设计队伍，为中国自行设计地空导弹武器系统奠定了基础。

4. 痛击“黑猫中队”

为了获取新中国更多的政治、经济和军事情报，1960 年，美国将新研制出的绰号为“黑寡妇”的新型 U-2 高空侦察机交付台湾使用。

U-2 飞机在空中可以连续飞行 8 个小时以上，航程数千千米。它的机舱里装有巨型高灵敏度的航空照相机，只要飞行十几次，就能将整个中国全部拍摄下来。台湾当局从美国接收 U-2 飞机后，组成了负责战略侦察的“第 35 气象侦察中队”，因其队徽是红色底漆加一个黑猫头，所以被称为“黑猫中队”。

美国情报机构控制的“黑猫中队”侦察目的主要是刺探中国研制原子弹和导弹的情报。从 1962 年 1 月 13 日开始的半年内，U-2 高空侦察机 11 次进入中国大陆领空，进行纵深侦察。U-2 飞机每次都从台湾桃园机场起飞，大摇大摆地经福建、江西直到陕西、甘肃、内蒙古等地，除新疆和西藏外，其航迹几乎遍及大陆各省。

U-2高空侦察机

中央军委对此十分重视，指示空军尽快采取对策，扭转劣势。空军找到二分院，一起商讨如何才能痛击 U-2 飞机。与空军颇有渊源的钟山因此经常和地空导弹部队交流，相互结下了深厚的友谊。空军缴获的关键设备会第一时间送到二分院，钟山和同事们首先要对敌方设备进行破译，并对中方设备进行改进和试验；然后，再教会部队官兵使用。按照钟山的话说："不管多好的设备，应用还得靠部队。"

为更好地对付"黑猫中队"，空军领导决定地空导弹营进行机动作战。

1962 年 9 月 7 日，空军司令员刘亚楼下令实施"诱饵计划"。某轰炸机大队奉命从南京移防南昌。这次大张旗鼓的转场，果然惊动了美国中情局和台湾情报机构。9 月 9 日凌晨，U-2 飞机再次出动，从福建平潭进入大陆，它万万没有料到在南昌钻进了伏击圈。3 发导弹腾空而起，U-2 飞机被击得粉碎。

U-2 飞机被击落的消息传到二分院，钟山和同事们大受鼓舞，决心加快研制"543"的进程。1963 年 3 月 28 日，重新改装后的 U-2 飞机再次入侵中国西北重镇酒泉，当守候在此的地空导弹部队某营打开雷达进行跟踪时，U-2 飞机像长了眼睛似的迅速逃开；待雷达关闭，敌机又飞往目标，并降低高度进行侦察，然后大摇大摆地离开。地空导弹部队两次打击落空。为了打击 U-2 飞机的嚣张气焰，空军调集了 3 个营的兵力集中在 U-2 飞机侦察西北的必经之地西安设防。

9 月 25 日，一架 U-2 飞机窜入西安，3 个地空导弹营立即进入战备状态。

结果一开雷达，敌机就拐弯，从西安的这3个营中间钻空子溜走了。形象地说就是“从前门进来，从窗子溜走了”。原来，U-2飞机装备了先进的雷达侦察装置，它发现地空导弹部队的雷达后从避开到逃离只需要20秒。此后，空军司令部发出的《抗击U-2飞机新对策》中，提出要对付U-2飞机转弯摆脱的伎俩，就必须在制导雷达天线发现目标后20秒钟之内把导弹发射升空。

可是，按照“萨姆-2”地空导弹兵器的基本性能，苏联编写的射击教令规定，导弹发射过程是一个快速、连贯、统一的操作程序，总共包括14个具体动作，主要有：敌机距离发射中心120千米时打开制导雷达天线发现目标；距离100千米时导弹接电准备；70千米时接通发射架同步；60千米以前要测定射击诸元——方位、距离、角度；在60千米到38千米这段距离，雷达进行稳定跟踪，各操作手进行射击操作；在38千米到37千米时下令射击。做完这套动作的总时间是8分钟。

解决8分钟与20秒之间巨大时间差的任务，摆到了地空导弹部队和二院科研人员面前。

二营的陈辉亭等人有了一个大胆的想法：有些动作能不能提前做？为了保险，他们找到二分院，希望得到这些科技人员的帮助。钟山这时候已任四室主任，看到任务来了，大家都摩拳擦掌，开动脑筋，为地空导弹部队排忧解难。正在进行“543”仿制的二分院科技人员急部队之所急，纷纷献计献策，经过研究后提出了两个措施：一个是“短、平、快”的战术策略，另一个是用其他雷达作引导。

按照苏联教令的规定，从打开制导雷达天线到导弹发射，必须要做14个动作。他们将其按顺序排列开来，逐一分析、解剖、精减、压缩；然后试验、演练，把每个细小的动作甚至是手势、口令，都进行了过滤，把营指挥员下达射击口令的20个字，压缩到12个字。他们发现在14个动作中，有9个可以挪到打开天线以前去做。例如60千米以前要测定射击诸元，就可以移用高射炮的“松 -9”引导雷达来做。因为“松 -9”雷达测定目标的方位、距离和角度比较精确，可以为制导雷达接力。这样剩下的5个动作，就可以在8秒钟内完成，开制导雷达天线的距离就可压缩到38千米左右。

其他营也按照这个办法演练，不断改进，终于摸索出了一套土洋结合的“近快战法”。他们首先用U-2飞机探测不到的高射炮群“松 -9”引导雷达对敌机进行远距离跟踪，待敌机进入伏击圈后再开启导弹雷达，然后在8秒钟内完成瞄准发射任务。

8分钟到8秒钟，120千米到38千米，这个巨大的时间和空间的差距就这样缩短了！这种新的打法究竟能不能奏效？

1963年11月1日7时43分，U-2飞机突然从温州上空进入大陆，飞向西北方向。在敌机距离发射阵地35千米时，制导雷达开机，14时18分，U-2飞机还没来得及逃跑就被二营的3发导弹击落。

1964年7月，由国民党空军“头号王牌”李南屏驾驶的U-2飞机在漳州东南上空又被击落。此后，U-2飞机很久都未露面。但是，二分院的科技人员丝毫没有放松。从缴获的设备可以看出，敌方具备快速改进装备并加以应用的能力。从击落的第二架U-2飞机上，科技人员发现，机上的新系统（9号系统）不但可以侦测我方的雷达信号，还能够加以干扰。第三架U-2上的系统（12号系统）能够在160千米外侦测到“萨姆 -2”导弹的搜索雷达信号，让飞行员及时采取回避措施。之后，U-2飞机上又会加装什么系统呢？

随着U-2飞机不断被击落，敌方研究出欺骗式干扰、发射报警和规避机动飞行等战术和技术手段，对付中方的制导雷达。例如采用距离偷引——飞机发出信号以假乱真，使导弹误判对飞机的距离，这种失误可高达几十千米；又如采用逃避机动飞行——飞机作兔子跳跃式的曲线飞行，使导弹难以追踪。

被击落的U-2高空侦察机

1964年10月16日，中国第一颗原子弹在戈壁大漠成功爆炸。美国和台湾当局急于获取情报，在两个月的时间里，先后11次出动U-2飞机进入大陆侦察。奇怪的是，每次设伏等待的导弹营官兵瞄得越准，导弹打得越偏。明明雷达准确抓住了目标，连发3发导弹，但U-2飞机却好端端地从导弹旁边飞走了。这种怪现象出现了好几次，导弹营官兵感觉很沮丧：从苏联进口的导弹所剩无几，国产的导弹还不多，导弹浪费不起呀！

空军领导和二分院仿制“543”的科技人员推测，U-2飞机上可能新装了回答式干扰装置，这种装置能利用中方的雷达频道，转发出一个假信号，造成中方雷达在打击目标时，瞄得越准，导弹越偏离目标。原来，美国为“黑猫中队”的U-2飞机开始加装新的“13号系统”，这是美国第一种主动干扰地空导弹雷达的电子系统。负责仿制“543”雷达的张履谦主任设计师建议：以其人之道，还治其人之身。即将中方雷达的发射信号改为连续照射信号，敌方引偏干扰就会失灵。

1965年1月10日，地空导弹一营首次采用改进的雷达发射机，创造了在夜间首次击落U-2飞机的光辉战绩。这是地空导弹部队打下的第四架U-2飞机。

5. 研制“红旗-2”

1964年1月，国防部第五研究院提出在“543”导弹仿制成功的基础上研制新型地空导弹。新型导弹的指标要求是扩大作战空域，提高精度，加强抗干扰性能。

从1964年到1965年3月，钟山所在的二分院二部组织进行了有23所、地空导弹试验部队参加的大型干扰试验。这次试验动用了一个空军中队，使用了各类杂波干扰、消极干扰和转播干扰手段，对“红旗-1”制导站及照射体制进行了系统的抗干扰测试，取得了大量数据，为制订新制导站方案打下了初步基础。23所提出和分析了可供选择的四种雷达体制，并从中选定了“照射雷达体制”。

1965年3月，国防部第五研究院改组为第七机械工业部，简称七机部。

4月15日至26日，七机部分别在二院和京西宾馆召开了“红旗-2”方案审查会。为了更有效地拦截U-2飞机，七机部拿出了两套改进“红旗-1”的方案，开展了一场技术民主大讨论，几百名科技人员为确定最优方案争得面红耳赤。一向能言善辩的钟山也参与了讨论。

钟山形象地将这两套方案分别称为“三长两短”和“戴帽子”。“三长两短”方案是二院承担导弹总装的112厂设计人员最早提出的，即利用第二舱剩余空间，加长第三舱燃料箱，以延长发动机工作时间、扩大杀伤区的改进设计方案。

1999年参加国庆50周年阅兵的“红旗-2”导弹

"戴帽子"方案由上海研制单位提出，指的是把顶舱延长。

这次长达十几天的大讨论研究制订了"红旗"系列新一代的导弹型号——"红旗 -2"方案，七机部决定由二院负责抓总研制。后来，任命二院二部副主任陈怀瑾为技术负责人。"红旗 -2"的研制要求在"红旗 -1"的基础上，提高抗干扰能力，扩大作战空域，改善操作使用性能。为此，采取了 21 项相应的技术措施。

为了稳中求快，导弹和制导站分为两种状态：第一状态主要是增加导弹的射高和作战斜距，制导站主要增强反侦察、反干扰能力和确保测量精度；第二状态是进一步增加各种抗干扰措施并改善操作使用性能等。

1965 年 5 月，中央军委决定加快"红旗 -2"导弹的研制步伐。钟山等二院的设计人员分赴 139 厂和 786 厂等，落实方案，制订工作计划。根据两种状态的设想，整个研制试验工作也分为两个阶段。第一阶段为基本试制阶段，使用两种状态的战斗弹 11 发，分别对不同高度和不同速度的模拟目标伞靶和中速、中空靶机进行射击。第二阶段为遥测弹和补充试验阶段，目的在于摸清控制系统性能和气动力系数在高空的变化情况，检验数学模型的正确性。

制导站的第二状态经 28 架次校飞，结果满足设计要求。之后，用导弹与制导站配合进行了模拟目标、伞靶、靶机的射击试验，特别是三点法尾追米格 -15 型靶机的射击试验和导弹发射后转换制导雷达工作体制、模拟干扰情况下的工作状态试验均取得了成功。

导弹的研制和飞行试验也经历了类似的过程。第一状态和第二状态的导弹均通过了鉴定试验，证明"红旗 -2"导弹武器系统性能良好，符合设计要求。1966 年年底，"红旗 -2"导弹武器系统成功地通过定型试验。从研制试验到定型飞行试验，共使用了 14 发战斗弹，5 发遥测弹。针对 U-2 飞机，将"红旗 -2"导弹飞行高度提高了 10%，扩大了拦截杀伤区域，增添了有效的抗干扰

“红旗 -2”打靶试验

手段。1967 年 2 月，国务院特种武器定型委员会批准“红旗 -2”导弹武器系统定型。从确定方案、设计、生产到试验定型，在两年多的时间里二院实现了研制地空导弹自主创新的重大跨越，这种速度在国际上堪称一流。

“红旗 -2”地空导弹研制成功表明，组建更多地空导弹部队的条件已经成熟。截至 1967 年 6 月，地空导弹部队已发展至 21 个营，并担负了战备任务。

1967 年 9 月 8 日，U-2 飞机又窜扰华东地区。尽管飞机使用了新型转播干扰手段，但仍被“红旗 -2”导弹击落，敌机残骸散落于浙江省海宁县西南约 5 千米的伊桥公社星光大队。国民党空军飞行员黄荣北上尉被击毙于座舱内。这充分证明了全套国产“红旗 -2”导弹武器系统的抗干扰措施是有效的。正所谓，“魔高一尺，道高一丈”。

从 1968 年起，国民党空军被迫停止派遣 U-2 高空侦察机进入大陆纵深活动。1972 年 2 月，尼克松总统访问北京，承诺停止一切在中国大陆的侦察飞行。这场蓝天上的较量以中国的胜利而告终。

之后，二院在“红旗 -2”基础上进行了改进，研制出了“红旗 -2A”和“红旗 -2B”，形成了“红旗 -2”系列，并大量装备部队，使该导弹系列成为中国防空部队作战的主战武器。

6. 良师出高徒

发展航天技术，如同指挥战争，必须有战略规划。钟山在航天战线工作，有幸从一开始就遵循国家清晰的战略规划去探索、攻关、奋斗，在航天大熔炉中迅速成长和成熟。更为难得的是，钟山在30岁出头，就有幸参与了各种规划论证。这很好地培养了他的战略眼光和远见卓识，也让他学会了立足于现实，着眼于未来。

1956年，党和国家高瞻远瞩地制定了《1956—1969年科学技术发展远景规划纲要》，简称《十二年科学规划》，在《对十二年科学规划中国防研究项目的意见》里，从发展方向上提出有关国防工业今后12年的规划要求，作为军事科学技术研究的基础。这是新中国第一个比较系统的武器装备发展规划，也是中国《十二年科学规划》的重要组成部分。

在发展导弹的问题上，聂荣臻指出："搞导弹必须具有战略眼光，做这一步一定要想到下一步。"在制订《十二年科学规划》时，聂帅高度重视军事科学技术的发展，所确定的重要内容的第一方面就是："必须建立世界上已有的，又为中国国民经济和国防所必需的尖端学科，如喷气技术、计算技术、原子能和无线电电子技术等。"

武器装备的研制，既要立足于现实，清醒地估计到各种可能条件，考虑到现实战斗的需要，又要高瞻远瞩，着眼未来和发展，脚踏实地地尽最大可能往前追赶。为此，聂帅根据科研工作的特点，总结出了符合科研工作规律的"科研三步棋"思想，即"在一定的计划时期内，研制工作要同时安排三个层次的型号：正在试验、试制（生产）的型号；正在设计的新型号；需要探索研究的更新的型号。这样安排，可以加强研制工作的计划性和预见性，并使不同层次的型号互相衔接，交替进行；预研工作也可以得到相应的落实。对同一型号而言，'三步棋'是预研、研制、小批生产三个阶段"。

"师傅领进门，修行在个人"。钟山从进入航天系统开始，就非常重视对航天型号研制规律的研究与总结。

1962年，钟山在国防部第五研究院刊物《研究与学习》上发表了《如何开展探索性预先研究》一文。他在文中深入浅出地分析了聂帅“科研单位没有预先研究、没有技术储备是不行的，应当按照预先研究、型号研制、批量生产三步棋安排工作，组织队伍”指示的重要性，并强调指出：探索研究工作或技术储备，是一项应当引起大家高度重视的工作。走好走活“三步棋”，就是把当前与长远、设计与研究、试制与试验、生产与装备部队等关系，用科学的方法和步骤做科学的安排和系统的筹划。

理论还得联系实际。为了提高末制导作用距离，钟山带领大家进行X波段参量放大器的攻关工作，采用了当时国际、国内刚兴起的低噪声放大技术，通过一年多的艰苦努力，成功研制了兼并式参量放大器，该放大器噪声达到国内领先的7～8分贝的水平。因为这一成果，钟山受邀参加了1964年在南京召开的全国参量放大器专业会议，并做了《负阻式微波参放增益带宽乘积综合研究》的技术报告，引起了广泛关注。

钟山和他的同伴们是幸运的，他们一进航天系统就遇到了很多良师益友，这让他们在工作中目标清晰，视野开阔，能取百家之长，融会贯通。对钟山影响最大的无疑是中国航天的奠基者和领路人——钱学森。

良师益友钱学森

早在哈军工求学时，钟山就听说了钱学森归国的传奇故事，对他十分崇敬。当钟山进入国防部第五研究院，得知领路人是传奇人物钱学森时，他大大的眼睛放出奇异的光彩，觉得自己也变得神气起来。

钱学森亲任地空导弹方案论证的负责人，在方案论证中，钱学森既积极倡导聂荣臻元帅提出的“三敢”（敢想、敢说、敢干）精神，又始终讲求“实事求是”的“三严”（严肃、严格、严密）作风。钟山作为地空导弹制导雷达方案论证的参与者，多次聆听钱学森的讲话和技术分析报告，亲身感受了钱学森的身教言传和以身作则。钟山不仅在笔记本上记下了“三敢”和“三严”，也将这种精神和作风融入自己的血液中，在导弹研制生涯中，不断用行动来诠释。

钟山一次又一次地从钱学森身上获取灵感。他把钱学森在一次报告中谈的学习心得记在笔记本上：读书要经历三个阶段，第一阶段是感觉在读一本原来厚度的书；第二阶段在读书中产生了诸多问题，感觉书越读越厚；第三阶段经过思考，提纲挈领，抓住了本质和关键，可以灵活应用，感到书逐渐由厚变薄，甚至变成了一页纸或几句话。就像心有灵犀一点通。这种理论联系实际的学习方法，让钟山豁然开朗，他自觉地将之运用在工作和学习中。

从此，钱学森成为钟山最尊敬的老师、学习的楷模、追寻的榜样。从学习钱学森的“工程控制论”到“系统工程学”，乃至后来的“大成智慧学”，一路沿着钱学森所倡导的系统工程科学理论，以严谨务实的作风，在工程实践中极力展示自己的才华，也将生命的根深深扎在航天事业这片沃土之中。

在工作中，还有一位前辈对钟山影响很大，他就是当时的二分院副院长兼二部主任蔡金涛。蔡金涛也是从美国学成归来的无线电技术专家，1958 年 1 月，蔡金涛随通信兵部军事电子科学研究院一起并入国防部第五研究院。蔡金涛曾主持了中国早期的两种地空导弹武器系统研制中总体技术方案的论证工作，并领导了关键技术攻关和飞行试验。

蔡金涛非常重视科技人才的选拔与培养，他常说：“有学识、有经验的科技人才是很难得的，百年树人是件大事。”钟山每遇难题，都去请教这位知识渊博、功底深厚的元老。而蔡金涛总是耐心地实事求是地同他一起研究、讨论，直到问题得到圆满解决。1963 年，在蔡金涛的悉心指点和亲自审稿后，钟山在《学习与研究》上发表了《中频积累》的文章。

钟山（后排左二）与原二院副院长蔡金涛（后排中）等在一起

深受蔡金涛影响的钟山，在后来担任技术领导和型号负责人时，很好地继承了蔡金涛的民主作风，经常深入科研生产第一线，广泛听取有关科技人员和工人们的意见。在型号研制中，从不放过任何技术疑点和问题，总是要从理论上、试验中得到满意的解释与证实，才肯罢休。

蔡金涛重视基础科技理论研究和强调基础性技术工作的远见卓识，也在钟山身上留下了深深的烙印。钟山一直重视预先研究工作，并不失时机地把预研成果应用于型号。他还十分重视标准化、计量测试、质量控制、可靠性等基础性的技术工作，并在研制“红旗 -7”的过程中产生了良好的作用。

7. 弹上设备小型化

1963 年，国家在《1963—1972 年科学技术发展规划纲要》中，提出了中国在尖端和常规武器装备方面迎头赶上 20 世纪 60 年代国际先进水平的奋斗目标。这年 9 月，国防部决定二分院负责地空导弹抓总，由二分院制定《1963—1975 年地空型号发展规划》。在参与该规划的讨论中，钟山大胆提出研制小型化的全晶体管化末制导设备，并随即应用到“红旗 -3”末制导方案设计中。这在当时，是非常大胆又很前卫的举措。

当时，中国电子工业基础很薄弱，电路都是用电子管来整流、检波或放大。而西方国家，已通过晶体管的发明和集成电路的问世，掀开了固体半导体技术大发展时代的序幕。钟山敏锐地感觉到，晶体管的发展必将带来电子元器件小型化的突变。他对室里的同事反复强调，必须紧跟电子技术发展潮流，末制导设备必须全部晶体管化。

从电子管到晶体管这步的跨越有多大，不妨以现在常见的计算机为例。1945 年，美国制成了第一台电子计算机。那真是一个令人吃惊的庞然大物，总重30吨，占地面积170平方米，约有18000个电子管，70000个电阻，10000个电容，6000个开关，运行功率150千瓦。然而，几十年后的今天，制造一台同样性能的电子计算机，只需用几块集成电路就可以了，体积比一个饭盒还小。这得益于电子元件发生了几次根本性的变化。从电子管到晶体管是最关键的一步。

电子管有难以克服的致命缺点，如体积大、耗电多、寿命短、制造工艺复杂等。随着电子技术的发展，人们对电子元件提出了越来越严格的要求，希望有稳定、可靠、省电、体积小、寿命长的新一代电子元件问世。

1947年12月，美国贝尔实验室的肖克利、巴丁和布拉顿三人捷足先登，合作发明了晶体管——一种有三个支点的半导体固体元件。他们三人也因研究半导体及发现晶体管效应而共同获得1956年最高科学奖——诺贝尔物理奖。

晶体管被人们称为“三条腿的魔术师”。作为一种固体半导体器件，晶体管具有检波、整流、放大、开关、稳压、信号调制等许多功能。同电子管相比，晶体管具有诸多优越性：耗电少，体积小，重量轻，可靠性高，尤其是可以低电压工作。这大大减小了设备的体积和重量。

正因为其性能如此优越，晶体管诞生之后，便被广泛地应用于工农业生产、国防建设以及人们的日常生活中。

后来，人们感到在复杂的电子仪器中，把成千上万个晶体管、电阻、电容等元件，用导线连接成电路太麻烦，机构庞大，焊点众多，线路复杂，安装、维修都不方便。为此，1952 年，英国电子学家达默提出了制造集成电路的设想：把很多电子元件精细地制作在一小块晶体片上，使之具有完整的电路功能。1958 年，美国物理学家基尔比实现了这一设想，他制成了第一块包括 4 个晶体管，6 个电阻、电容元件的集成电路，又引发了一场微电子革命。微电子技术使得越来越复杂的电子系统可以集成在一小块硅片上，使电子设备和系统的微型化、低能耗成为可能。

但是，西方国家对中国实行全面封锁，钟山和同事们要研制半导体化的导引头样机，简直难于上青天，涉及探测跟踪、导引方法、控制回路等一系列原理性问题；而装于导弹头部狭小空间的设备又必须小型化，这对制造工艺、散热、电磁兼容提出了更严格的要求。

晶体管发展早期普遍使用的是锗材料。采用锗制作的晶体管的致命缺点是

钟山（左二）与二支队四室的老战友们合影

温度稳定性差。为解决锗晶体管不耐高温的问题，必须采用硅晶体管。但在导引头狭小的空间里，无论是使用锗晶体管还是硅晶体管，都要解决散热问题。如何耗散掉电路工作时产生的大量热量，由负责电路和机械设计的技术人员组成的课题组找不出良策。钟山灵机一动，可以和负责工艺设计的技术人员商量商量，看看能否解决这个棘手的问题。于是，他和李孝昌等同事专门跑到工艺研究所，请各方面的专业人才从材料、结构等领域进行研究，终于想出了解决问题的办法。1964 年年底，钟山带领四室技术人员，成功研制出了 M-2 晶体管半主动式雷达导引头样机。

后来，在弹上设备诸多攻关中，钟山领导的四室逐渐研发出一批成果，为专业研究所的形成奠定了基础。

钟山

钟山院士传记

Academician Zhong Shan's Biography

第三章

专业所领路人

在担任25所所领导期间，钟山针对航天技术发展动向，积极探索该所的专业发展方向，带领研究所相继在一些新技术领域开展了预研工作，对该所专业定位做出了贡献，为其后续发展和迅速成长奠定了基础。

1. 解剖“麻雀”

1965 年 4 月 9 日是中国空战史上值得纪念的日子。当天上午，8 架美国海军舰载机“鬼怪”F-4B，分两批前后策应，摆出格斗队形。第一批 4 架美机，在海南岛西部的莺歌海附近侵入中国领空，而后沿海岸线向西北飞行，至白龙尾岛附近折返，沿原航线退出；第二批 4 架美机，从海南岛西南端的黄流附近侵入中国领空，并继续北飞。

为阻止美机的入侵，我驻海南岛空军某部大队长谷德合奉命率领 4 架歼 -5 飞机前往拦截。飞机在地面雷达的导引下刚出云层，4 号机的李大云首先发现了“鬼怪”飞机，并迅速逼近至 3000 米左右监视。长机严格遵照上级要求“不打第一枪”，令李大云退出。美 3 号机见状以为机会来了，趁机加速“咬住”李大云机尾，李大云左转反扣美 3 号机，一边跟踪瞄准，一边向地面请示攻击。然而，战况瞬息万变，此时美 4 号机已逼近李大云，并向他发射了“麻雀 -3”导弹。千钧一发之际，李大云恰好听从长机的命令进行右转弯脱离，于是这发“麻雀 -3”导弹直奔前面的美 3 号机，将其击落。我机开始反击，美机胡乱射出导弹后逃跑。也许是太紧张了，“鬼怪”飞行员们在很近的距离上共发射了 8 发“麻

“鬼怪”式战斗机

F-4G 发射 AIM-7F

雀-3”导弹和2发“响尾蛇”导弹。除了误中自家飞机的1发导弹外，4发未爆炸的导弹都成了“送给”中国的礼物。

在海南打下的这架“鬼怪”飞机，携带有完好的“麻雀-3”空空导弹，这些设备以及U-2飞机和“鬼怪”飞机残骸都集中到国防部六院的五所。为掌握这种武器的作战性能和制造技术，1965年5月28日，国防科委副主任唐延杰主持召集有关部、院17个单位参加的“组织分析研究美制F-4B飞机残骸”会议，确定了研究工作的指导思想和方法、步骤，并确定全部研究工作由国防部六院抓总、形成完整的残骸分析研究与科研设计队伍。钟山参加了“528”会议。

1965年，七机部成立后，决定以二院总体设计部四室为基础筹建地空导弹设备研究所，代号25所。也就在5月28日这一天，二院任命黄其昌为25所党委书记，王卫为所长，钟山为主管科研的副所长。

“528”会议后，国家相关部门专门组成了“F-4B飞机残骸工作队”（代号为“528”）。工作队集中到位于洛阳的国防部六院五所一起工作。25所也向“528”工作队派出了十几个人的工作小组，参与对残骸的集中分析研究工作。25所小组拍摄了大量的照片，绘制了大量的图纸，他们将目光主要聚焦在飞机上的雷达和“麻雀-3”导弹上。

25所工作小组原定在洛阳工作半年，没想到7月底他们遭遇了一场严重的车祸，致使十几个人受伤。这十几个人都是科研骨干，钟山奉命连夜赶往洛阳，组织抢救伤员和处理善后事宜。钟山派人将伤员快速送回北京，伤员们在北京军区医院得到了及时救治，后来都重返科研岗位。作为副所长，钟山不得不留下带队完成工作小组未完成的研究工作。

让钟山高兴的是，在洛阳他乡遇故知——他与1961年调到洛阳空五所工作的李伯权相逢。李伯权对25所工作小组给予了大力帮助。大家顶着酷暑，研究“麻雀-3”空空导弹和F-4B飞机上的雷达设备，为开展中低空导弹武器系统方案论证、导引头和引信的研制方案做技术准备。后来，国防部六院集体转业，李伯权又调回了二院25所，再次和钟山一起并肩战斗。

又经过一个月的鏖战，工作小组共收集了十几项可以采用的新技术。钟山带领工作小组对“麻雀-3”的大脑——导引头进行了重点“解剖”和分析。“麻雀-3”导弹天线的小型化、弹上采用的液压伺服系统、导弹依靠飞机雷达导引的连续波末制导等技术，都让钟山眼界大开。结合正在预研的中低空防空导弹武器系统“红旗-41”，钟山琢磨如何借鉴这些新技术。他寻思着：可以将飞机上的先进雷达系统移植到地面搜索系统，将“麻雀-3”导弹的天线和应答机搬到“红旗-41”上……

20世纪60年代，防空导弹的作战高度已超过30千米，并能迎头攻击高速飞行的目标。随着中高空地空导弹的发展，飞机在中高空飞行时受到攻击的可能性增大，出现了利用雷达盲区低空突防的趋势。美军在侵越战争中广泛地采用了小编队、多批次、多方向、低空入侵和低空轰炸的战术，达到了低空突防和低空攻击的目的，挑衅气焰十分嚣张。

总参谋部根据现代空袭的特点和防空导弹发展的趋势，向国防部五院提出了研制中低空防空导弹的要求，以便与中高空导弹、雷达控制的速射高炮及歼击机组成全空域作战的防空体系，有效地歼灭入侵之敌。

1963 年 9 月，国防部决定二分院负责地空导弹抓总。1964 年 4 月，二分院开始中低空导弹武器系统预先研究。早在二支队四室工作时，钟山就已带领室里的同事开始了对连续波雷达体制的探索和寻的制导技术的研究，并参与了脉冲主动雷达导引头和半主动连续波导引头的样机研制。

“麻雀 -3”导弹是美国研制的一种中程雷达半主动制导空空导弹，从 20 世纪 50 年代末到 90 年代，“麻雀 -3”导弹及其后来的各种改进型号，长期作为西方盟国主力超视距空战兵器并在战争中广泛使用。

AIM-7E 型“麻雀 -3”导弹在越战中被广泛使用，然而最初其战场表现令人失望。其中原因很多：导弹的零部件在热带环境下受到很大影响，导致导弹可靠性受到影响；战斗机飞行员使用超视距导弹的训练不足，导致空战中运用技术不熟练；空战中导弹使用受到很多条令限制，例如必须要在视线内确认攻击目标为敌机后才能发射导弹，这实际上等同于禁止使用超视距导弹进行空战。

“麻雀 -3”导弹

越南战争暴露了该型导弹的一些缺陷，如射程太短、锁定目标耗时太长。这使得“麻雀 -3”导弹在攻击高机动目标时效率很低。研究借鉴“麻雀 -3”的总体方案和实战经验，对钟山参与设计中国中低空防空导弹起到了促进作用。

2. 预先研究

“凡事预则立，不预则废”。

组建 25 所要解决的首要问题就是定位和战略规划，这事关 25 所未来的前途和命运。可是，计划总赶不上变化，就连所的名字都跟着任务不断改变。

早在使用苏制导弹进行作战时，二分院就开始了仿制和独立研制地空导弹的尝试，陆续仿制和改进了“红旗 -1”和“红旗 -2”这两种型号的中高空地空导弹，并启动了新型导弹的研发工作。

导弹之所以称为“导”弹，关键在于将其导向目标的制导技术，即所谓“看得见、找得准、打得着”。因此，导弹制导部分性能的优劣是衡量一型防空导弹武器系统是否先进的主要标准。

按照中央军委部署，1965 年 9 月，二院在加速研制对抗美制 SR-71 型高

“红旗 -61”导弹武器系统

空高速侦察机防空导弹的同时，以25所为主，组织了中低空防空导弹武器系统的方案论证。钟山参与组织制订了武器初步方案、功能组成、技术指标以及计划和试验等。武器暂定名为“红旗-41”。

1966年1月13日，在中央专委会议上，“红旗-41”被正式列入国家计划。为体现20世纪60年代的水平，根据周恩来总理提议，将“红旗-41”改名为“红旗-61”。二院正式决定由25所负责“红旗-61”导弹系统的技术抓总、技术协调工作，该所也相应地改为中低空型号总体所。

对25所来说，从单纯研制导弹设备的研究所一跃成为研制导弹武器系统的总体所，极大地拓展了所里的业务范围。二院将二部一批总体技术人员和23所的一些技术人员调到25所，短短一年，该所就从100多人扩充到400人左右，成为名副其实的总体所。

1966年3月，在组织完成了“红旗-61”导弹武器系统及分系统的方案论证报告后，钟山作为队长带队赴试验场进行“红旗-61”模型弹飞行试验。试验取得成功，但也暴露了弹体方案存在的问题。随后，他们又针对试验中暴露出的问题，两次修改了弹体方案。

钟山与夫人陆惠德结婚照

伴随“红旗 -61”紧张的研制工作，钟山的人生进入了新的阶段，妻子陆惠德为他生下了一个大胖小子。欣喜之余，钟山给儿子取名为“钟预”，以表达对自己多年来精心开创的预研工作的敬意。

在钟山等所领导的带领下，大家日以继夜地努力工作，以较快的速度突破了地面连续波雷达的发射机、收发、对消、接收、测距等关键技术，特别是在之前预研的基础上，研制出了半主动连续波雷达寻的导引头。在钟山制订的方案里，“红旗 -61”采用无线电指令制导 + 半主动雷达制导的方案，而且，在自动驾驶仪系统中首次采用了晶体管电路。

1967 年 6 月 30 日，钟山作为代表到上海参加“630”会议，报告“红旗 -61”研制情况。会议认为，“红旗 -61”是中国中低空导弹武器系统首创型号，对实现全空域防空作战具有重要意义。

按照钟山一贯的“拼命三郎”似的干活劲头，“红旗 -61”似乎成功在望。然而，一场政治风暴将所有的人卷入其中。“文化大革命”开始了，虽说钟山仍在坚持技术攻关，但很快便身不由己。另外，由于当时中国海军急需防空导弹，要将“红旗 -61”改为舰空导弹，1967 年，中央军委决定将其转由上海机电二

“红旗 -61”靶场试验

局负责研制。25 所向上海机电二局移交了全部技术资料，并调拨大批技术骨干支援上海机电二局的工作。

3. 干校生涯

“文革”开始后，中国的科技事业受到严重摧残，当时主要的科研机构如中国科学院、国防科委等一些单位处于瘫痪、半瘫痪状况，广大科技人员被视为“臭老九”而大批下放，科研工作几乎无法进行。钟山也经历了一段刻骨铭心的蹉跎岁月，他被打成“臭老九”，下放到车间当工人。

在激烈的派性斗争后，1967 年 3 月 17 日，中央对七机部实行军管，随后进驻了工宣队、军宣队。军管委员会向国防科委建议，将七机部人员下放到五七干校或军垦劳动，接受贫下中农再教育。

五七干校，是中国“文化大革命”期间，为了贯彻毛泽东的“五七指示”和让干部接受贫下中农再教育，将党政机关干部、科技人员和大专院校教师等下放到农村进行劳动的场所。在干校，不管以前是什么身份，一律不分年龄、性别，统统按照军队编制，编到划定的连、排、班去，学习种田、挑粪、养猪、做饭、挑水、打井、盖房……大家必须过军事化的生活，出工、收工，必须整队呼口号，唱语录歌；要“早请示、晚汇报”，例行性地一日数次集体齐呼“敬祝毛主席万寿无疆”；不分性别、年龄，一律参加野营拉练。

1969 年 10 月中旬，林彪突然发布一号命令，北京处在紧急战备和疏散状态，要求中央国家机关工作人员分批快速离京。

12 月的一天，寒风凛凛，钟山等被召集到一间平房里。军管会主任给二院五七干校学习班做动员，他用激昂的声调说：“现在革命形势大好，全国所有学校都停课闹革命，只有一所学校开学，这就是五七干校，这是毛主席的伟大战略部署。五七干校是教育干部的好课堂，是思想改造的必由之路，你们到五七干校，是千载难逢的好机会，是一生的光荣。”

一周后，院里敲锣打鼓欢送，领队打着红旗一马当先，其他人像学龄前儿童那样排着队从永定路出发，远赴河南正阳五七干校“上学”。因为走得匆忙，多数人都是把一家老小推给爱人负担。爱人也要去干校的，只好把孩子托付给老人管。因为家里没有老人，钟山和妻子只好咬牙带着 3 岁半的儿子钟预一起下放。

二院的队伍经驻马店到了正阳县。五七干校就建在一个劳改农场的旧址上，距正阳县城 30 里，各方面条件很差，房屋很紧张，二十几个人挤住在一间四面透风的茅草房里。大家有时还调侃说，这是住进了“洋房”。钟山拖家带口的，有幸被安排在一间家徒四壁的小屋里住。

干校有 800 名学员，分成五个连，一连、二连、三连、四连种大田，五连管后勤，包括运输、维修、粮食加工和储存等。

正阳五七干校大约有 600 亩稻田。钟山和大家在稻田里插秧。每插一排就往后退一步，长长的稻田几乎一眼望不到头，累得人腰酸背痛，可是稍不加紧，就会被甩在后面。钟山咬牙坚持着。收粮的时候，则要将一袋袋装有 180 斤稻谷的麻包扛到仓库。扛的时候，先双手叉腰，另外两人合力将麻包送到他肩上，他一路小跑，经过一个小坡后到达仓库，然后身子一斜，将麻包堆好。

即使在五七干校这段艰苦的日子里，钟山依然坚持学习。妻子是英语老师，钟山跟妻子学起了英语。

干校有几个留用农技人员，他们过去对劳改犯习惯于居高临下，动辄训斥。他们认为，钟山等人是来劳动改造的，自觉不自觉地表现出歧视和冷漠。但后来时间长了，彼此有了了解，关系融洽了许多，他们将农技经验悉数教给了钟山等人。

后来，钟山一家分在粮库的磨房劳动，他们和其他几个人编成一个班，任务是粮食加工（磨面、碾米、喂猪等）。钟山还当上了班长。这里没有种大田那么热闹，但劳动强度却有过之而无不及，要管近千人的口粮和改善大家的生活，压力相当大，经常日夜连轴转。有时候，活泼的小钟预还抢着帮爸爸干活。

钟山并不觉得干校经历带给他的是苦难，相反很珍惜全家在一起的生活，有时候边干活边给儿子讲个笑话。但是，总有一些事情让钟山放不下，那就是型号研制。

1970 年 5 月下旬的一天，本来门可罗雀的钟山家的小屋，突然变得门庭若市，原来干校里贴出了一则“恢复钟山同志工作的布告”。

钟山被召回北京，返所参与新的研制任务。

1970 年 5 月 15 日，二院任务调整，停止全部地空导弹的研制，开始执行某工程研制任务。25 所开始负责光电复合制导技术研究。长期主管无线电控制仪、弹上雷达引信产品和末制导设备预研工作的钟山，似乎又变得不可或缺了。

面对已身怀六甲的妻子和年幼的孩子，钟山心里五味杂陈。他抱了抱小钟预，又叮嘱妻子别累着身体，硬着头皮只身离开了干校。

这年 12 月，小儿子在干校出生，取名为钟放，以纪念全家“下放”的日子。此时，4 岁的大儿子已在干校的孩子中混出了名，因为喜欢赶鸭子，成了孩子们心中的“鸭司令”。

钟山与两个儿子合影

又过了一年，钟山重新进入所核心小组，在军管会领导下主管全所科研生产工作。钟山全家也从干校毕业，返回北京。看着妻子抱着小儿子、牵着大儿子回京，钟山眼眶一热，赶紧接过孩子，一手搂着一个儿子……

4. 有矛必有盾

20 世纪 50 年代中后期，随着携带核弹的中、远程弹道导弹的发展，美国和苏联开始着手研究如何防御对方的导弹对自己本土的袭击。

从战略防御角度出发，毛泽东主席认为："有矛必有盾！" 为了打破美、苏的核讹诈和核垄断，在发展"两弹"的同时，他提出了积极防御的战略方针。

1963 年 12 月 16 日，聂荣臻向毛泽东主席汇报"十年科学技术规划"。谈到研制防御武器时，毛泽东说："军事上除了进攻武器外，要注意防御问题的研究，也许我们将来在作战中主要是防御。攻击武器，比如原子弹的数量我们比

美国研制的低空拦截弹"斯普林特"

不赢人家。战争历来都是攻防两手，筑城、挖山洞都是防嘛。秦始皇的万里长城，没有多大用处。我们准备做一些蠢事，要搞地下工厂、地下铁道，逐年地搞。”

几个月后，1964 年 2 月 6 日，毛泽东主席接见了钱学森，提出要研究防御武器。毛泽东对钱学森说：“有矛必有盾，搞少数人，有饭吃，专门研究这个问题；5 年不行，10 年；10 年不行，15 年。总要搞出来的。”因此，防御武器研究在一段时间里被列为国家的重点任务。

为了贯彻落实毛主席的指示，国防科委和有关单位组织召开了一系列重要会议，建立了相应的领导机构和专业研制部门，做出了某工程的规划。

按照钱学森的指示，时任 206 所副所长的宋健开始搜集和分析国外相关情报资料，开展调查研究工作。经过反复分析计算，1964 年 5 月，宋健写信给钱学森，提出某工程的初步设想，估算了主要性能指标。钱学森对此表示同意。这样，基本形成了“一号任务”的指标设想。二院随即开始了技术设计工作。

按照毛主席指示，七机部对二院的任务进行了很大的调整。1969 年 8 月，二院改成战略防御总体研究院，全力开展系统总体设计和配套设备的研制。25 所向上海机电二局移交了“红旗 -61”导弹武器系统全部研制成果后，陆续承担了“一号任务”弹上无线电控制仪、弹上引信以及某型号末制导、红外预警雷达等项目的研制。

1970 年 5 月 15 日，根据二院体制、任务的变化，25 所正式承担了“一号任务”和某型号末制导设备研制任务。12 月，二院生产组副组长宋健代表国防科委钱学森副主任到 25 所听取有关末制导方案调整的汇报，决定由 25 所开展光电复合制导技术的研究。就是因为有了这个新的任务，钟山才被从干校召回，返所参与新任务，从事无线电控制仪、弹上引信产品和末制导设备的研制。

1970 年 8 月，“一号任务”的第一发模型弹在西北导弹基地进行飞行试验，达到了预期目的。

1972 年 4 月，“一号任务”01 批两发独立回路遥测弹完成总装、出厂交付。5 月 15 日，遥测弹在试验基地进行飞行试验，发射后不久，导弹在空中爆炸，试验失败。

周总理得知消息后指示：“不要急于打第二发，要认真把问题搞清楚，然后采取措施，再考虑打第二发。”军委副主席叶剑英也批示，要求把好质量关。二院迅速召开工作会议，认真分析和讨论，找出了试验失败的主要原因。决定加强地面试验，并采取了两项技术措施，即加强过渡舱的防热和改进发动机的点火装置。经过反复试验，取得了比较满意的效果。

1972 年尼克松的北京破冰之旅，打开了中美建交的大门，中国与西方的关系迅速升温，虽然来自北方的威胁依然巨大，但实际上国际关系已大大缓和，美苏两个超级大国签署了《反弹道导弹条约》。

1976 年 1 月至 2 月，钟山和吴佩伦等人完成了“一号任务”制导系统总体方案论证报告，提出将弹上引信改装成雷达高度表一号的技术途径，为后续任务提供了初步技术论证依据。4 月 29 日，钟山带队赴试验基地完成制导雷达和无线电控制仪校飞试验，获得了大量原始数据，试验结果表明控制仪完全满足设计要求。

有人这么评价某工程任务：“高、大、精、尖”。确实，整个工程技术难度大，中国当时在技术水平、生产条件和经济条件都不具备全面展开这样庞大复杂、工程浩大的系统研制工作，再加上“文革”的混乱状态，广大科研人员长达十几年付出了艰辛的劳动，却拿不出预期的型号产品。1977 年后，有关部门开始酝酿对某工程进行调整。

1978 年 4 月 26 日，七机部部长宋任穷向二院传达了国防科委的意见：组成一支精干队伍，继续进行防御武器的多途径探索；所需经费专款专用；其他力量承担进攻性武器的研制任务。

1978 年 6 月 29 日，中央专委召开会议，研究决定调整七机部二院的任务方向。会议认为，还是要积极研究防御武器，留少数人继续研究。

1978 年 8 月至 9 月，二院成功地进行了“一号任务”两发模型遥测弹的飞行试验。随后不久，考虑到“一号任务”研制周期长，资金耗费多，技术力量不足，继续搞下去对贯彻落实中央精神、合理调整二院任务和研制力量不利，二院遂主动向部里提出：在完成三发模型弹后结束研制工作。25 所承担的相应任务，在完成不同阶段的工作后也随之停止。

1982 年，某工程下马，由型号研制调整为多途径探索的预研。历经十几年，虽然最终未能研制出型号产品，但却取得了一批重要研究成果，其中有些技术填补了国内空白，科研队伍也得到了锻炼，这对于中国导弹事业的发展同样具有积极意义。

5.“基辛格小组”

从干校回京后，钟山看到了国外资料，发觉国内科学技术与国外的差距进一步拉大了。在做规划时，他提出要有前瞻性，要向美欧学习先进技术。他还提出了“采取地图匹配末制导、光电复合制导技术，提高导弹命中精度、发挥

钟山（前排左一）与科技人员进行技术攻关

导弹威力”的创新思想。

1971 年 5 月，第三届军管会进驻 25 所，钟山重新进入所核心小组。他按照聂荣臻副总理提出的搞导弹必须具有战略眼光的要求和型号研制“三步棋”思想，以及由任务带学科进行专业技术基础建设的指示精神，参与制订技术发展规划，积极探索专业发展方向，大力开展预先研究。

当时正值“文化大革命”轰轰烈烈开展的时期，钟山这位“只专不红”的领导顶住压力，倡导成立了一个特殊小组。

大家不知道这个小组成天干什么，总好奇地打听。钟山干脆告诉大家这是“基辛格小组”，像基辛格那样，干的是“高级智囊”的活儿。至于研究的内容，两个字——“保密”！

钟山考虑到“红旗 -61”任务已经全部转交给上海机电二局，25 所不断面临任务调整，没有长期的发展战略，必须在专业发展方向上进行探索。

1973 年 4 月 17 日，在钟山等所领导的倡导下，25 所对全所研究室建制进行了调整。从各专业研究室抽调技术骨干，组建弹上设备系统综合技术规划组。这个组在内部被戏称为“基辛格小组”，在基层单位排序为七组。任命李孝昌为

钟山（左）与李孝昌（右）
亲切交谈

主任兼组长。组员有蔡世学、王仁义、朱美娴、李绍松、朱启明、王文泉、吴银洲、陈余新、夏诗瑶、唐守信和李栓慧等人。

基辛格是美国政府的国家安全事务助理、国务卿，也是一位著名的战略家和战略实施者。1971 年 7 月，基辛格作为尼克松总统特使访华，为中美关系正常化做出了历史性贡献。1973 年 1 月，基辛格在巴黎完成了结束越南战争的谈判，并因此获得诺贝尔和平奖。福特总统称赞他为“美国历史上最伟大的国务卿”。在任期间，基辛格信奉均势外交，积极推动尼克松政府与中国改善关系，对苏联推行“缓和”战略，从而构筑一个以均势为基础的稳定的世界和平结构。同时，他对阿拉伯国家与以色列关系的缓和也起了重要作用。

基辛格认为：“最适宜的战略是一种能以最小的代价达到其目的的战略。战略理论的目的就是把每一行动方针的有利之点结合起来，也就是达到最大限度的威慑的目的，但同时却要冒最小限度的危险。”基辛格的有限战争理论提出了对核时代外交战略的独到见解，很快得到了美国朝野的重视。

号称“基辛格小组”的技术规划组成立后，按照钟山提出的要求，以提高战略型号导弹的精度和开展巡航导弹研究为方向，25 所开始了匹配制导技术探索。

1973 年 7 月，“基辛格小组”完成了“弹（星）上光、电制导设备技术发展规划”。在规划中明确提出，25 所为弹（星）上光、电制导设备研究所的专业定位。同时，对中制导、末制导技术发展方向和技术途径以及完成防御型号制导控制仪三类产品研制、小型相控阵雷达研究、光电末制导设备研究等提出了规划设想。“基辛格小组”还规划了进度安排、各专业研究室承担的研制或预研课题的具体任务、关键元件器材、主要外协单位及要求等。

“基辛格小组”在积极探索 25 所专业发展方向的同时，在 1973 年提出的技术发展规划的基础上，1974 年，正式提出了“关于 25 所承担战略导弹末制导研制任务的建议”，建议全所为面向七机部内尖端战略武器的专业设备研究所，

25所的专业是弹（星）上光电制导设备，报请部、院及科技委审查。该建议后来得到了国防科委张爱萍主任和钱学森副主任的重视和支持。但是，由于当时正受到“文化大革命”混乱状态的干扰，该建议被搁置。

但钟山不信邪，戴着“走资派”的帽子继续抓科研生产。钟山说：“就像农民不种地，到时候吃啥？”

钟山“不合时宜”的言行让“四人帮”恼羞成怒，在张春桥接见两派头头的一次汇报会上，有人汇报说“钟山以生产压革命”。张春桥说：“钟山是以生产压革命，就是破坏生产、破坏革命，这两顶帽子他总要戴一顶。”

张春桥的“指示”传达到所里，造反派要求大会、小会批判钟山。钟山决不妥协地说：“这两顶帽子我干脆都戴。”

1976年1月，周总理逝世。全国人民陷入巨大的悲痛之中，纷纷以各种形式悼念总理，寄托自己的哀思。3月底至4月初，清明节即将到来之际，北京逐渐形成了悼念周总理、声讨“四人帮”的高潮。清明节前一天，前去天安门悼念的革命群众达200万人之多。他们为悼念周总理而来，为声讨“四人帮”而来。而“四人帮”将天安门事件定性为“反革命事件”。

25 所主要领导干部包括黄其昌、钟山等人是革命群众的坚定支持者。也正因为如此，在清查天安门事件中，25 所召开了党的核心小组扩大会。会上，黄其昌书记、钟山副所长等几位领导被污蔑为“走资派小集团”。黄其昌被撤销一切职务，开除出党。钟山也被撤职，下放到车间当工人。

好在荒唐的岁月终于结束。粉碎“四人帮”后，1977 年 9 月，25 所新的核心小组成立，钟山再度出山。在钟山等所领导的倡议下，25 所又向国防科委、七机部、北京市国防办、二院等提出了“关于 25 所方向、任务的报告”请示，再次指出了长远的发展方向：把 25 所建设成为为二院型号配套的弹上光、电制导设备研究所，并进一步提出了“专业化、系列化、攻防结合、一机多用”的目标。请示得到了国防科委领导的批准。

“基辛格小组”为 25 所的发展立下了汗马功劳，在所史上留下了浓重的一笔。

6. 眼界大开

1978 年 3 月，对中国来说发生了“一个春天复苏的故事”。

3 月 18 日至 31 日，全国科学大会在北京隆重举行，来自全国科技战线的近 6000 人参加了此次盛会。大会提出了“向科学技术现代化进军”的战略决策，确立了“科学技术是第一生产力”的论断，明确了科技队伍又红又专的标准，规定了科学研究机构要实行党委领导下的所长分工负责制，制定并通过了科学技术发展的“八年规划”，表彰了先进集体和个人，奖励了优秀科学成果。这次会议充分调动了广大科技工作者的积极性，促进了中国科学事业的发展，是中国当代科技史上一个重要的里程碑。

对钟山来说，这个春天同样意义非凡。钟山参与研制的某工程的“一号任务”无线电控制仪、多层印刷电路板等成果获得全国科学大会表彰。钟山作为团长，率领国防科委代表团赴法国图卢兹参加国际遥感技术会议。

1978年3月，在法国南部的图卢兹城，举行了关于从空间观察地球和全球资源管理的国际遥感技术会议。来自30个国家的400多名代表济济一堂，听取报告，参加讨论。中国代表团带着中国人民对法国人民的友谊和加强技术交流的愿望参加了会议，受到了法国人民和各国代表的热烈欢迎。钟山作为中国代表团团长，不辱使命，在法国逗留期间，与十几个国家近50名科技工作者进行了技术交流，充分了解了欧洲宇航界的科研体制和先进的管理方法。

回国后，钟山和中国科学院的专家姜景山、吴方泥合写了《法国遥感技术一瞥——参加图卢兹国际遥感会议前后》一文。该文章发表在1978年7月5日的《光明日报》上。

在会议期间，法国航空空间遥感发展联合组织的维跃姆先生，主动邀请钟山到他们的工作大楼去参观。钟山在交流中发现，法国发展遥感技术走的是独立和联合的道路。对于欧洲以外的国家，法国在技术上坚持独立原则，但在法国国内，则促使遥感技术组织实行大联合。钟山认识到，遥感技术是由飞行器（飞机、火箭、气球、卫星、飞船）、遥感仪器（可见光、红外、微波）、图像处理和遥感基本物理研究四方面的技术密切联系而成，必须全面发展，进行社会

钟山（二排右一）在法国参加国际遥感技术会议

化协作管理，才能尽快促进这一综合技术的发展。

在会场附近的电子技术展览现场，钟山等人敏感地发现，法国马特拉公司展出了欧洲第一颗气象卫星上采用的红外辐射计模型。红外探测器致冷采用的是辐射致冷器，是在欧洲首次应用，可使温度保持在 95K 以下。会上还介绍了法国国家空间研究中心研制的高分辨率多光谱相机，该相机采用 3000 个电荷耦合器件（CCD）组成接收线阵，将装在法国地球观察卫星“斯波特”上，地面分辨率可达 20 米。钟山意识到，采用电荷耦合器件组成线阵或面阵，形成航线式自动扫描，不需要其他机械转动的镜头或部件，将成为多光谱相机的发展方向。

法国等欧洲国家代表在会上一致认为，欧洲地区多云，有些国家靠近北极，要使在空间对地球的观察连续而不间断，必须具有全天候能力。采用可见光、红外仪器受到气象条件的限制，例如美国陆地卫星获取密歇根州的全部图像用了长达一年的时间。因此，欧洲非常重视发展微波遥感。将有计划地把微波辐射计、散射计、高度表、侧视雷达、合成孔径雷达等微波遥感仪器装备在欧洲遥感卫星上，用作陆地和海洋、海岸线的监测和管理。钟山等意识到，全面发展可见光、红外、微波遥感仪器将是一个重要方向。

会议结束后，钟山从图卢兹回到巴黎。一个细

钟山参加微波被动寻的导引头成果鉴定会

雨蒙蒙的上午，地球物理公司的托马斯先生等把钟山接到了公司，向他们介绍了遥感的应用以及如何进行遥感图像处理，并陪同参观了有关的处理设备。

为了进行地球物理方面的判读，需要用百万分之一比例尺的卫星图像与十万分之一比例尺的航测图像相比较，这就首先要把卫星图像比例尺变换为十万分之一，然后采取几何校正、图像对比度增强等方法，在透明底片上制成原图。经过处理、判读，可以发现在航测图像中没有的地质结构特征，对石油和矿藏的勘测很有价值。

托马斯先生指着一张图片的线条对钟山说：“这是陆地卫星图片上的线条结构，用眼睛看不出来，经图像处理后就可以看见。这些线条与地质上的断层、裂层有关，与等高线图有一定联系，可以应用于铀矿和石油勘探。”线条结构还与可能的地震震源有关联，该公司几台赛伯计算机有 70% 的工作是在处理地震方面的数据。

钟山在参观中发现，从前的神话成了现实，遥感技术这只“千里眼”在法国得到了广泛应用。“千里眼”具有看得远、看得宽、看得深、看得细的特点。卫星利用“千里眼”，可以连续、重复而又及时地观察地球。如用两个地球资源卫星，九天时间就可把全部地球图像拍摄下来，每张图片约为四万平方千米。

钟山通过在欧洲一些遥感技术单位访问时的所见所闻，结合综合技术管理方面的一些问题，在《技术工作通讯》上发表了一篇署名文章《从欧洲遥感想到综合技术管理》。

钟山根据了解到的欧洲技术组织从分散走向联合、统一的趋势，在文中提出：对综合性技术必须进行综合管理，做到技术配套、相互协调、重点明确和环节清楚；综合管理必须要有统一规划，并严格执行；管理体制必须适应专业化、大协作要求，分工侧重，发挥专长；搞好综合管理，必须加强技术交流，互通情报，以使专业成果能够及时推广，并尽快在系统工程上得到应用。钟山还在文中建议：我们对现代化综合技术应该摸索规律、总结经验，建立起纵横结合的技术管理体制以及相应的管理方法，“纵”指系统，应该强调集中、统一、综合、加强计划性和大协作；“横”指专业，要实行专业化，相对集中，分工有侧重，加强技术交流和互相通气。纵横结合的优点是既能突出当前重点，又能照顾长远发展，使科研工作一环扣一环地接力下去，同时也能适应新的综合性技术的发展和应用。

7. 一所之长

钟山从法国回来不久，就被任命为 25 所所长。

作为一所之长，钟山不像之前那样只管科研，而是柴米油盐、大事小事都得管。那时正是“文革”结束不久、百废待兴之时，要解决的问题接踵而来。

1978 年进行“文化大革命”后第一次调工资，调资政策是职工覆盖面约 50%，涨工资人员的标准是“两好一大”（政治表现好、业务表现好和贡献大）。每个基层单位需按此标准推荐、上报涨工资的人选，经过“三上三下”三次张榜，最后定案，所以也叫“三榜定案”。

当时，钟山的工资级别仅为17级，作为25所所长，他是领导班子中级别最低的。党委开会推荐涨工资人员时，党委会成员一致同意给钟山涨工资，认为他是一所之长，符合“两好一大”条件，何况工资又低。

但是，钟山坚决不同意给自己涨工资，要把名额让给工作在第一线的技术骨干。他说，现在的科室领导和大部分技术骨干的工资为62元，他们处在科研生产第一线，我是17级，工资90多元，和他们比，已经很高了。再说，我受党培养多年，也没做出多少贡献。需要涨工资的人很多，还是先给他们涨吧！提到建所之难，说到动情处，钟山还流下了眼泪。

就这样，党委会成员同意了他的意见。当年钟山没有涨工资。第二年又调工资，基本政策是前一年没涨工资的都可以涨工资（有特殊原因的除外），部分职工还可以连涨连调。这一年，钟山才涨了一级工资。实际上，按照这两次调工资的政策和规定，钟山是可以连涨连调的。

当时摆在钟山这位所长面前的最大难题是，25所到底应该如何定位。这是建所以来一直未能解决好的问题。

自1965年建所，25所走过了一条组建、徘徊和探索之路，从末制导设计所，到中低空总体设计所，再到承担某工程任务，前进方向一直根据承担的任务在变。而现在，承担的任务马上就要结束了，靠等是不现实的。

根据中央专委和国防科委的指示精神，二院对任务进行了全面的调整，先后停止了防御型号各个项目的研制。25所承担的各项任务在完成不同阶段的工作后也随之停止。面临“向科学技术现代化进军”的新形势，研究所的出路在哪里呢？

钟山在25所做报告

钟山想到：在承担某工程有关任务的同时，25所从20世纪70年代开始陆续承担了战略型号中制导设备研制任务，开展了地形匹配制导技术、地图匹配制导技术、雷达成像技术等研究。这些成果表明，25所完全具备建成专业所的条件。

钟山一向重视战略规划，从担任所领导核心成员以来，他多次向所党委、所科技委提出了规划报告。1978年，钟山提出了“三五八”规划设想，主要目标是为1978年至1980年三年打基础，即为某型号完成三项试验，五年建成专业所，八年有些项目实现赶超。

钟山通过在所里倡导建立“以课题为基础，以考核为关键”的课题管理制度，通过狠抓考核鉴定，提高了弹上设备的可靠性，促进了计划任务的完成。后来，如期实现了高度表、地形匹配和雷达成像的“三合一”飞机试验的规划设想。

1978年8月，25所内部刊物《遥感与制导》创刊。钟山用“金中”的笔名在创刊号上发表了《遥感与制导》一文。文中叙述了遥感的运载工具、光学遥感仪器、微波遥感仪器，以及遥感的应用情况，总结了遥感与制导的军事应用发展情况，强调了应用卫星遥感、遥感技术广泛应用于匹配制导（战略导弹、巡航导弹、机动弹头）、遥感技术应用于防御武器等技术发展的方向。他首次将遥感和制导联系起来，强调25所应该走遥感设备和制导技术相结合的军民融合的道路。钟山倡导的寓军于民和军民融合的思想，再一次拓宽了25所的业务范围。这篇文章代表了25所专业建所的发展思想，全所逐步统一了认识，明确了前进方向。

25所历届所长与航天工业部部长张钧（左四）合影

桃李不言，下自成蹊。

沿着“专业定位、专业建所”这条路，25所始终瞄准未来技术发展的趋势，在高技术领域的道路上探索登攀，逐步确立了在精确制导专业技术领域的排头兵地位和在空间探测技术领域的重要战略地位。

今天的25所已成为弹上设备和地面测量设备等领域的骨干研究所，是毫米波技术国家级重点实验室依托单位，红外成像技术国家级实验室依托单位，是国家学位委员会通信与信息系统专业的硕士学位授予点，在红外光学测量技术、制导、遥感和通信技术等领域具有较强的优势。其主要专业包括无线电工程及红外光学系统工程总体技术、无线电接收与发射技术、信号与信息处理技术、自动控制技术等。

如今，25所研制的产品已远远超出导弹的范畴，从作为研发重点的军工项目，到涉及空间遥感技术的空间载荷项目，再到深入寻常百姓家的民用项目，

钟山（左二）参加25所建所47周年庆祝活动

25 所在多个技术方向上都具备雄厚的技术实力，在国家一系列重大项目和任务中起到了重要作用。25 所研制的产品涉及海、陆、空、天等各个领域，人均创收是院内最高的研究所之一。

在国庆 60 周年阅兵仪式上，25 所研制的产品被列装在 4 种型号的导弹上，接受了党和国家领导人以及全国人民的检阅，大振国威军威。

在载人航天工程中，25 所承担研制的交会对接微波雷达在中国首次空间交会对接任务中，以其“毫无差错、毫无隐患、毫无悬念”的出色表现精彩亮相后，又在神舟九号、神舟十号飞船与天宫一号交会对接任务中建立新功。在应用卫星领域，25 所承担的星载降水测量雷达作为风云三号气象卫星的重要有效载荷，填补了中国星载主动式气象遥感仪器的技术空白……

25 所后来的几任所长都表示：25 所能有今天的成就，与钟山当年的前瞻性思维和精心布局是分不开的。

钟山

钟山院士传记

Academician Zhong Shan's Biography

第四章

创新铸利剑

“红旗-7”是填补中国低空防空导弹武器空白的重点型号。总设计师钟山就像乐队的指挥，牢牢控制着节拍，指挥着研制团队，将方案论证、设计攻关、样机研制、系统试验和设计定型五个乐章演绎得丝丝入扣。

1. 领军创二代

1980年3月钟山出差归来的第二天，他顾不上休息，兴冲冲地骑着车去上班。一路上，不断有熟人打趣道:“老钟，升官了！”更多的是喊着:“钟副院长，早！”钟山或点头，或爽朗地冲老战友们打着招呼。

在门口下车时，碰上老李，两人一边寒暄着，一边推着自行车进院门。钟山少有地轻声对老李说:“不知道让我到院里干什么……”

20世纪70年代末，中国展开对越自卫反击战。这是继抗美援朝之后，中国军队再一次进行大规模境外作战。与抗美援朝不同的是，这次战争，中国没有依靠任何一个阵营，甚至顶着苏联百万大军压境的威胁。同年，苏联军队攻入阿富汗，西北安全局势恶化。

在此之前的1978年2月6日至9日，苏军进行了实战演习，攻击方式是低空突击，歼击轰炸航空兵团采用双机或9机编队，从100米以下超低空进入，投放武器的距离为500 ~ 1500米。按照中国空军飞行条令规定，1000 ~ 100米为低空，100米以下为超低空。像这种超低空隐蔽飞行，大机动、近距离突

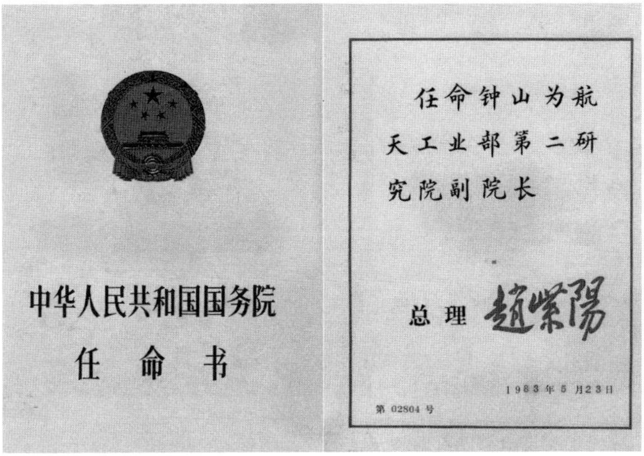

钟山被任命为航天工业部第二研究院副院长的任命书

然袭击，对防空导弹来说，面临的主要难点是要做到“低、近、快”，反应时间一般为 10 秒，最低高度仅为 50 米。

1979 年 3 月，总参谋部提出《关于低空防空导弹发展问题的建议》。同年 6 月，国务院、中央军委正式批示同意，并要求有关部门密切合作，分工负责，狠抓落实，确保所提要求如期落实，并将研制的低空防空导弹命名为“红旗 -7”。

几家军工单位摩拳擦掌，跃跃欲试。因为某工程面临下马的困境，二院上下都急于寻找出路，已经被“文革”耽误 10 年的广大科研人员都踌躇满志，想尽快为祖国贡献自己的聪明才智。

早先听闻空军从国外引进了先进的防空武器，二院各所科研人员就通过和空军 20 年的交情，多次到空军参观学习。国外的这些先进技术和装备给大家留下了深刻印象。

1979 年冬天，空军某部队正在操作引进的先进防空武器进行训练，钟山等又去参观学习。当时负责训练的主要技术人员吴克也是哈军工校友，与钟山特别投缘，他指着设备对钟山说：“这么好的东西，你们二院怎么不自己造……”钟山嘴上没吭气，心里却活络起来。越看人家的设备，钟山越感觉到我们的防空武器落后太多，无论从技术上，还是元器件上，中国与西方先进国家的差距在不断拉大。

当时的二院院长柴志和二部、23 所、25 所（钟山时任所长）和 706 所等单

"红旗－7"发射制导单元及搜索指挥单元

位党委也特别支持二院去争取这一任务，大家都有一个强烈的愿望：重返地空导弹战线。何况，某工程眼看要下马了，二院这么多人，得找活干呀！

1980年3月1日，七机部二院以二部、23所、25所和706所四个所的名义，联名向国防科委和总参呈报了"关于要求承担'红旗－7'研制任务的请示"。明眼人一看：这不是与八机部抢"地盘"吗？按照国家的任务分工，八机部当时正在研制"红旗－61"地空导弹武器系统。

在军委会上，七机部二院与八机部的方案摆上了将帅们的案头，作为武器系统最主要的用户，空军支持二院的方案。早在研制"红旗－1"和"红旗－2"时期，空军上下就与二院开展了广泛合作；而"红旗－61"的研制因故拖延，也让空军担心新型号的进度问题。于是，天平向二院倾斜。空军为二院还提供了一套引进的防空导弹以及有关操作说明的资料。

3月5日，国防科委主任张爱萍在二院的请示上批示："七机部二院承担研制'红旗－7'的任务，不要变了。"

空军为二院提供的是法国"响尾蛇"导弹的有关资料。响尾蛇是一种可怕的毒蛇，能通过眼和鼻孔之间颊窝中的红外敏感器官，测知周围温血动物的准确位置，然后出其不意地喷射毒液，将猎物置于死地。也许是想利用人们对响尾蛇的恐惧心理，法国将本国研制的防空导弹取名为"响尾蛇"(Crotale)。在20世纪70年代，法国"响尾蛇"风靡全球军火市场，出口到芬兰、希腊、葡萄牙、沙特阿拉伯、利比亚、巴林、伊朗、阿联酋、埃及、智利、南非、韩国等十几个国家。无独有偶，美国在研制第一款以红外导引的空空导弹AIM-9时，

法国“响尾蛇”导弹武器系统发射制导单元和搜索指挥单元

也以“响尾蛇”(Sidewinder)来命名，祈望导弹的“热眼”准确无误地跟踪敌人，直至把敌人摧毁。

英国《简氏导弹及火箭年鉴》(2001年版)指出，中国“红旗-7”导弹也流着法国“响尾蛇”的“血液”。从某种意义上来说，此言不虚，但又不尽然。“红旗-7”虽然是照猫画虎，结果不但画出了中国虎，还生出了一窝虎崽。

中国确实曾经想引进法国“响尾蛇”导弹，但是，面对高昂的价格，只能望洋兴叹。当时，法国汤姆逊-CSF公司报价：引进20个排的装备，要价32.26亿法郎，交货期则在五年半以上。中国难以接受，也无力接受。

1980年3月20日，二院成立空军引进防空导弹的样机接装班子和操作班子。曾担任“红旗-2”总设计师的陈怀谨副院长主持接装工作。二院开始在各个厂所调兵遣将，重组地空导弹研制队伍。首先在二部成立地空导弹总体室。4月7日，又成立样机系统导弹解剖小组。

由于陈怀瑾调出二院，钟山从研究所调到二院机关接替陈怀瑾的工作。二院成立“红旗-7”领导小组，耿锐副院长任组长，钟山副院长任副组长，梁守义、方辉煜、张志英为成员。

1980年5月27日，第七机械工业部任命钟山为“红旗-7”导弹武器系统总设计师。从此，钟山便永远与“红旗-7”的历史紧紧地交织在一起……

2. 天字号任务

重返地空导弹战线，承担“红旗-7”导弹武器系统的研制任务，是钟山等二院人梦寐以求的。可是，对二院来说，这也是一个艰巨而紧迫的天字号任务。

这是防空导弹一次更新换代的跨越式发展。导弹对付的目标要由高空飞机扩展到低空、超低空空袭兵器，即作战空域扩展到低空、超低空，作战反应时间要大大缩短。要在现代化战争中赢得重要的地位和发展空间，制导方式及电子对抗方式也要由单一转向复合，而且，在装备使用上要由空军扩展到陆军。

对钟山来说，领军第二代防空利剑，责任重大，使命光荣。在他身后，是党中央、国务院、中央军委的亲切关怀和大力支持，是各级主管领导的悉心栽培和精心安排，是陆海空各军种的热切期望和鼎力相助。在他身边是一群踌躇满志的战友和航天志士。对钟山来说，恰在知天命之际，迎来了祖国科学的春天，拥有了开创地空导弹新时代的天时、地利、人和。

“红旗 -7”的研制工作，从一开始，就得到党中央、国务院、中央军委领导的关怀和支持。从 1980 年 3 月到 1981 年 8 月，有关领导对“红旗 -7”研制工作的指示有 10 余次之多。这些指示高瞻远瞩，为“红旗 -7”的研制指明了方向，并在关键点给予了有力支撑。

1980 年 3 月 7 日，刘华清副总参谋长在听取二院关于“红旗 -7”的汇报时说：“‘红七’不再变了，基本按照‘响尾蛇’的路子走，这个任务确定七机部搞。”“七机部承担这个任务后，要按照系统工程管理，搞一个详细的配套计划，包括车辆、元器件、新材料都要提出来，要开一个大的协调会，这个会要尽快召开。”在谈到如何争取时间往前赶时，刘华清说：“要日夜干，不停地干，把各方面的力量调动好。元器件不过关，可以买一点元器件，买进来要仿制，将来批量生产，总要立足国内。”刘华清强调：“要艰苦创业，七机部要在这个型号上作一个模范。”

经过充分酝酿，1980 年 4 月 21 日，国务院、中央军委下发了《关于下达红旗七号防空导弹研制任务的通知》。这份文件给“红旗 -7”的研制工作定下了一个基调：要求借鉴国外经验，加速研制中国新一代防空导弹。文件明确规定：七机部在任务下达一年内正式上报总体方案，明确满足使用要求的情况，并按系统工程的要求，提出“红旗 -7”导弹武器系统的研制计划、协作配套要求和经费概算。

为保密起见，把空军引进的样机称为“某样机”。

5 月 8 日，二院党委常委会做出了关于研制“红旗 -7”的决定，在决定中这样写道：“红旗七号是填补中国低空防空武器空白、在未来反侵略战争中将起重要作用的武器……院党委号召参加这项工作的工人、技术人员、干部要艰苦奋斗，团结协作，为圆满完成任务、为国防现代化做出贡献。”

5 月 15 日，国防科委主任张爱萍在“红旗 -7”科研简报上批示：“要特别注意抓紧各项方案的论证工作，严格设计师制度，周到、细致的试验工作和严格执行工艺规程及其检查，务求确保优良质量。”

7 月 9 日，七机部部长郑天翔对二院分解“某样机”做出指示：必须小心谨慎，周到细致，安全第一，万无一失。他还特别提醒二院领导，要及时告知北京市政府，让相关部门知悉。

7 月 30 日至 8 月 1 日，连续三天，钟山先后陪同杨得志总参谋长、刘华清副总参谋长，国防科委陈彬副主任、栗在山副政委等七位领导，空军曹里怀、成钧副司令员，七机部张钧、程连昌等七位副部长视察，参观产品的分解工作。

在现场，杨得志总参谋长说：“这个武器搞成以后，对我们防空方面是很大的支持，现在很需要这个东西，苏联武装直升机飞得很低来打地面目标，我们的高炮对付不了。”他又说：“看了点情况，确实很不容易。特别是仿造人家的，仿造成功不容易呀！是个大难关，希望你们集中力量，攻关吧！希望以最大的努力完成这个计划！同志们要想各种办法，集中力量克服这个困难。”指挥过对越自卫反击战的杨得志总参谋长特别嘱咐钟山等设计师说：“这是国家急需的重

中央军委副秘书长洪学智（前排左）、副总参谋长刘华清（前排中）视察“红旗－7”研制试验工作

点型号，要赶紧搞出来，最多五六年……”

刘华清说：“只能提前，不能拖后。提前了给你们立功、授奖。”

刘华清一直高度关注和支持“红旗－7”的研制工作。9月2日，他在国外引进技术座谈会上明确指出：“全军要把引进低空防空导弹作为重点，空军、陆军和海军都需要。”

1980年9月15日，国务院副总理张爱萍率领中央军委特装办、总参、国防科委、国家进出口委员会、八机部、四机部和七机部的主要领导，到二院视察“红旗－7”的研制情况，参观“某样机”。钟山针对样机实物的特点和优势，进行了详细的介绍，并结合国内现实情况，汇报了研制工作存在的困难。在汇报中，钟山重点谈了元器件短缺已成为整个研制中的短板问题。

张爱萍副总理拄着拐杖，饶有兴趣地听完钟山激情洋溢的汇报后，对需要解决的几个问题，如外购元器件、技术考察、保密、基建和导弹贮存地方等问题，均做了明确指示：研制工作要“因陋就简”，基本建设“要从实际出发，精打细算”，组织工作“不设专门机构，统一和大力协同”。张爱萍特意嘱咐：“首先要把总体抓起来，做好总休规划，然后再研究哪些是属于你们（七机部）的，哪些是需要外协的。没有一个大协作，没有一个统一规划领导之下的大协作，现代化的武器系统是搞不出来的。”

在汇报中，钟山不失时机地向张爱萍副总理提出，引进国外先进元器件，同时国内加紧试制，是加速“红旗－7”研制的重要条件。他强调这是以国产化为目标而采取的“两条腿走路”方针，既可满足研制任务的急需，又能促进国内元器件工业的发展。

张副总理沉吟片刻后问钟山：“引进这些元器件需要多少外汇？”

钟山如实回答：“精打细算，需要300万美元。”

张爱萍当即表示支持。这天下午，二院就向上级递交了申请报告。让钟山和整个型号研制团队异常感动的是，张爱萍副总理当天就批复了。后来，钟山获悉，申请上报到赵紫阳总理，总理也以最快的时间批复。有关部委一路绿灯。3天后，300万美元的外汇额度落实到位。

党中央、国务院、中央军委和各部委领导的重视和嘱咐，让钟山和整个研制团队时刻不忘重任在肩。按照钟山1980年8月在评高工答辩时所说的：从此专心致志，争分夺秒，心无旁骛，乐此不疲。

3. 一个好汉三个帮

常言道：一个好汉三个帮。为了加强组织管理，二院决定建立“红旗-7”的指挥调度系统、设计师系统和会计师系统。柴志院长为“红旗-7”总指挥，耿锐副院长为副总指挥。二院迅速组建了“红旗-7”办公室，并将拟定的总设计师、副总设计师人选上报七机部。二院还设立了型号总师办公室，由四位有专长的技术人员担任“红旗-7”总师助理。

1980年5月31日，二院召开“红旗-7”研制动员大会，七机部副部长刘有光到会讲话，同时宣布：钟山为“红旗-7”总设计师，方辉煜、梁守义、张志英、吴明昌为副总设计师。

在动员会上，柴志院长做了动员报告，钟山做了主旨发言。

“响尾蛇”导弹武器系统的先进性表现在具有快速反应时间，从搜索到跟踪发射导弹只有6～10秒，对付低空目标性能达到50米，可以同时跟踪12个目标，整个作战程序、检测程序全部自动化，具有高的可靠性和机动性等，所采用的技术对二院来说是生疏的。这也反映出“红旗 -7”的技术新、要求高，这样一个型号要在 1985 年拿出来，要求如此紧迫，在国外也是罕见的。时间紧、周期短是研制过程的主要矛盾，也是“红旗 -7”任务艰巨的原因。在这么短的时间内研制出一个新的技术先进的型号，钟山他们的压力可想而知。

钟山在发言中指出：“根据样机的先进性和‘红旗 -7’任务的艰巨性，决定了我们研制‘红旗 -7’的指导思想是：以样机为蓝本，仿制加中国化，确保技术性能‘相当’，力争‘稍好’。为了实现这个目标，我们的研制指导思想一是消化、吸收和反设计，弄清‘是什么和为什么’；二是进行功能仿制，尽量借鉴蓝本的先进技术；三是中国化，联系中国实际修改设计；四是改进创新提高。”

“这个任务是部里和院里坚决支持、积极争取的结果，也是总参、空军、国防科委等领导机关支持和信任的结果。空军、炮兵和海军都十分紧迫地需要这种武器，希望二院早点拿出装备部队。”在发言中，钟山还郑重表态说：“回顾我们二院的历程，10 多年前我们是搞地空导弹的……我们今天重返地空型号，这意味着什么？我们必须时时刻刻牢记这副担子和责任，并在实际行动中加以贯彻落实。就我个人来说，水平很低，缺点很多，要挑起这个担子是很不称职、力不胜任的。但我也表一个态，当前情况下，坚决按照文件要求贯彻执行，坚决按照院党委决议执行，坚决按照柴院长的动员报告执行。我主要依靠党组织、依靠广大群众，努力向人家学习，努力克服缺点和错误，力争少犯主观主义错误，少犯严重错误，做错了就改，决不文过饰非……”

钟山的这番发言并不是故作谦虚，而是他的肺腑之言。钟山深知，自己过去在 25 所是研究导弹分系统的，如今要转换为多专业、多学科交叉融合的导弹武器系统抓总工作，心中不能总是无底，必须边干边学，边学边用。

由于不断调整体制，二院分出去了五个研究所，科研生产能力受到很大影响。在一院完成型号任务的凯歌频频响起的时候，二院却还没有独立完整地研制出一个武器型号来。在一院成功完成向太平洋发射洲际导弹任务后，航天系统有人这样总结道："一院是型号、型号再型号，二院是体制、体制再体制。"

这让二院上下都憋着一股气，一定要干出点名堂来。

足智多谋的钟山上任之初就明白：当务之急是要建立起一支能打硬仗的设计师队伍。

钟山诚恳地向老干部和老机关人员咨询。梁守义副总师对各单位的情况比较熟悉，他向钟山建议："先把各单位的技术骨干挑出来。"于是，梁守义先提出了个初步名单，钟山把自己认为不错的人名画上圈或添加新名字，在总师办等的协助下，草拟了一个名单，经过总师们一起合计，最终上报二院党委。这样，二院一大批精英都陆续汇聚到"红旗 -7"的研制队伍中来。

"红旗 -7"是"文革"后二院研制的第一个地空导弹型号，开始主要分成武器系统、导弹系统和地面设备三个部分。后来，整个导弹武器系统形成了武器系统、导弹系统、制导站和地面设备四个分系统。分别任命了技术负责人，陈定昌任武器系统主任设计师，于木水任导弹系统主任设计师，曲礼慧任制导

钟山（右二）与"红旗 -7"总师办成员

站电气主任设计师，徐丽生任制导站结构主任设计师，马翰秋任地面支援设备系统主任设计师。这些主任设计师成为了钟山的得力助手。在分系统主任设计师下面，还设立了主管设计师，逐渐构成了总设计师、主任设计师、主管设计师和技术员四个级别、上千人的设计师队伍。

说句实在话，从所长走马上任总设计师之初，钟山并不比别人高明多少。但是，他有异于常人的几大特点：第一，勤奋好学。他经常自嘲“脸皮厚”，不耻下问，遇到不会的问题一定要弄个水落石出。第二，善于听取不同意见。整个总师团队配合默契，而又讲究技术民主。第三，注重实践。通过深入实际、发现问题、了解情况、解决问题，钟山这个总师很快就当得有模有样。按照总师助理杨存富的说法，钟山的总结、提炼能力超群，大家分头做的方案，经他手一改，就被提炼得头头是道。

在为期一年的方案论证中，钟山带领和组织设计人员对“某样机”进行了40多次大、中、小型试验，特别是组织了30多架次的跟踪与制导系统的飞行试验。通过这些试验，在较短的时间内，基本摸清了武器系统的雷达探测距离、探测精度、抗干扰性能、作战反应时间，以及电视、光学等分系统的部分功能，为总体方案设计奠定了基础。先后对导弹、发射制导车、搜索指挥车以及电子支援车等进行了全面的分解、测绘，并对关键零部件原材料进行化验。对武器系统的软件进行了破译，初步摸清了其中的难点。在实物分解的基础上，为了功能仿制和中国化，对各分系统进行了分析计算和反设计工作。同时，在国内进行了大量的调查研究。

为落实协作单位，钟山和他的团队开始在全国各地奔波。找不到旅馆，就睡在会议室里；没地方就餐，就在大街上买几根油条或烧饼充饥……一年里，钟山走遍了约100个城市，涉及航天、机械、航空、电子、兵器、冶金、化工等工业部门所属的200多个工厂和研究机构，行程超过10万千米。

钟山带领技术人员用走出去、请进来、互相交底、互相结合的办法，调查、研究、分析，听取了空军和炮兵等使用部队的作战需求，提出了“红旗 -7”的战术技术指标，为“红旗 -7”总体方案的出炉奠定了技术基础。

20 世纪 80 年代初，中国正处在改革开放所带来的巨大冲击之中。个体小商贩卖茶叶蛋每月收入 100 多元，而钟山这个总设计师每月工资才 100 多元，其他人的收入可想而知。所谓“搞导弹的不如卖茶蛋的”正是当时历史的真实写照。

为了加快导弹研制进程，“红旗 -7”研制队伍以“革命加拼命”的精神，几乎每天都工作到晚上 12 点，就连星期日也不休息。夜间需要加班时，大家都把从家带来的晚饭用开水热着吃。平时加班没有任何加班费，就是到了戈壁大漠做外场试验，每天补助还不到 1 元钱。即使这样，大家对无偿劳动和研制试验中的艰辛，都无怨无悔。

有一次钟山和设计师们一起聊天，一个设计师便与钟山调侃：“跟着钟山干，都是穷光蛋！”钟山听后仰天大笑，但他马上回敬道：“就是穷光蛋，还要拼命干！”大家又是一阵会意的开怀大笑。就是穷光蛋，为什么还要拼命干呢？因为这是国家急需的任务，需要超常规地尽快干出来。

这些调侃时说的玩笑话经过钟山哈军工的老同学、时任国防科委副主任谢光的演绎，变成了“跟着钟山干，都是穷光蛋；变成穷光蛋，也要跟着干！”

后来，这些顺口溜传到张爱萍将军那里时，将军对这句话做了进一步的演绎，在后面加上了“跟着钟山干，人人是好汉！”

4. 胆大心细

“红旗 -7”的研制工作一开始就受到国务院、中央军委的高度重视，从下达研制任务到批准研制方案，前所未有地两次专题下发文件，都强调了“红旗 -7”任务的重要性和紧迫性。

钟山（右四）主持召开“红旗－7”主任设计师会议

1981年，中央军委、总参谋部、国防科委和七机部所有领导，均不只一次地到二院视察、参观系统分解工作，并强调“红旗－7”的特殊性，强调加快研制进度，尽快装备部队。因此，从上任总设计师伊始，“重要、紧急、复杂、艰巨”这8个字就深深地印在了钟山的脑海里。

1981年1月20日，在总师扩大会议后，钟山主持召开了全院“红旗－7”主任设计师会议，重点明确了全年方案论证、模型弹和制导站攻关三件大事。

钟山从来就是一团跳动的“火”，让他安静、让他低调对他是一种“摧残”。急于立功的他有时候会有惊人之举。

1981年4月16日，二院侯青久书记、钟山和黄纬禄等院领导，带着院机关的同志到七机部部机关汇报“红旗－7”研制总体方案。听汇报的有陆平、张钧、王星、梁骥、林爽、鲁之沫和屠守锷等部领导，部机关有关部门领导，以及国防科委科技部的领导。

会议由王星副部长主持。在说明会议的议题后，王星说：“首先请部机关主管领导……发言。”谁知他话音刚落，钟山就急不可耐地抢先发言：“我先代表二院发言。”

就这样，还没等征得王星副部长的同意，钟山就十分激动地介绍了“红旗－7”的研制方案。钟山讲完以后，侯青久书记就势做了简单补充，并强调钟山的讲话内容是二院党委研究过的，能代表二院的意见。

被迫听完二院的汇报后，会场起了微妙的变化。王星副部长苦笑着说："钟山同志，下面你可以听听不同的意见吗？"钟山乐呵呵地做了一个"请"的手势。

当时的情况是，"红旗 -7"的研制方案正在院内审查，部里和国防科委还没有审定。对其中的一个问题，部里和二院分歧较大，即二院根据自己的实力和国家的需求，安排"红旗 -7"研制工作 7 年达到设计定型标准；而七机部领导和机关人员担心二院完不成任务，建议往上报的时候，将设计定型时间定为 9 年。为此，一位部机关主管领导还亲自到二院各单位进行调查，搜集 9 年设计定型的有关资料，并形成了向部领导汇报的文字材料。没想到，第一次汇报就让钟山给搅和了。

为了将"红旗 -7"的研制方案做得充分完备，4 月 22 日和 28 日，七机部党组又召开了两次会议，再次听取"红旗 -7"研制方案汇报。钟山又连续两次代表二院向党组汇报了研制方案。

1981 年 5 月，二院正式向七机部提出了"红旗 -7"的总体方案、计划安排和经费概算。

5 月 24 日，钟山代表二院向国防科委陈彬副主任汇报"红旗 -7"的有关情况。不知这些汇报起了什么化学作用，二院的力争换来了更多的领导重视。

紧接着，6 月 20 日，钟山又奉命向刘华清副总参谋长汇报"红旗 -7"的研制情况。刘华清听完汇报后指示："'响尾蛇'导弹是 70 年代装备的兵器，反映国外 70 年代的水平，我们搞出来已是 80 年代后几年了，故不能拖得太久，太迟了就不利，使用价值也就小了。所以一定要请你们抓紧一些，搞快一些。"

四天后，国防科委陈彬副主任传达了张爱萍副总理、刘华清副总参谋长的批示，主要精神是："红旗 -7"是第二代防空导弹的重点型号，技术难点多，一定要搞好总体，先攻关键，研制工作实行系统管理，合理使用经费，努力争取 1987 年搞出来。

9月14日至22日，国防科委根据七机部的报告，组织有关军兵种和工业部门，讨论审定了“红旗-7”的总体方案。审定会由国防科委马捷副主任主持，空军副司令员曹里怀、七机部副部长梁骥参加会议并讲话。会上，钟山组织各单位做了11个报告。本次会议确定了“红旗-7”的总体方案、主要战术技术指标、研制程序、计划进度、经费概算和阶段目标等。

10月6日、21日和23日，钟山又先后和柴志院长一起陪同刘华清副总参谋长、国防科委陈彬副主任、七机部郑天翔部长参观视察“红旗-7”导弹武器系统研制情况，并向他们做了汇报。

在汇报中，钟山就“红旗-7”的低空近距性能、快速反应和自动化、机动性能较好、可靠性较高、抗干扰能力较强、具备对付多目标和多批次的能力，以及适宜贮存、运输和装填七个方面的特点，做了详细汇报。

钟山最后总结说：从上述特点可以看出，研制“红旗-7”不仅是填补地空型号空白，形成中国防空体系的必由之路，而且会对国防现代化、科技现代化起到良好的促进作用，并为把战略战术武器的研制推向第二代，在快速性、机动性、可靠性、精确性、自动化、软件设计以及元器件、工艺、仪器设备等方面打下基础，创造条件。

1981 年 12 月 9 日，国务院、中央军委下发 45 号文件指出：将“红旗 -7”列为重点研制型号，力争 1987 年前设计定型并开始装备部队。自此，“红旗 -7”作为国家正式批准的型号，其研制工作在二院和各协作单位全面展开。

5. 两条腿走路

引进样机，进行功能仿制并实现国产化，听起来容易，做起来是“处处碰壁，寸步难行”。“红旗 -7”是一个较复杂的武器系统，全系统的电子元器件数量多达 55000 件以上。按照国内自行设计型号的要求，所使用的元器件、原材料应立足国内。钟山和设计人员对“某样机”进行分解后发现，其上所使用的元器件有相当一部分属于国际新一代产品，具有性能好、体积小、重量轻、可靠性高等诸多优点，但在国内尚不能生产这样的元器件。因此，解决元器件的问题就成为研制工作的关键之一。

经过一年多的对样机分解、统计、调研和分析，设计师们对“红旗 -7”所需要的元器件、机电产品，基本上摸清了底细，弄清了哪些需要试制，哪些需要购买，并提出了配套清单。

由于中国电子工业基础差、底子薄，有人曾形象地比喻说：“要想吃猪肉，要从种饲料开始。”显然指周期太长，远水解不了近渴。一方面要求加快研制进度；另一方面国内元器件又不能满足技术要求，无法展开技术设计和试制。如果等待国内新品元器件试制成功，无疑将推迟整个武器系统的研制进度。面对这一难题，钟山深知“兵马未动，粮草先行”的重要性。

巧合的是，时任国防科委科技局局长的丁衡高到二院办事，看到钟山正在为元器件发愁，就提醒钟山：“都改革开放了，先进的元器件可以先从国外买一些。你们应该到国防科大去取经，他们正在搞银河计算机，恐怕得买国外的零配件。”一句话点醒了钟山。以前，国内的型号都是向苏联学习，接插件又粗又重，元器件体积大，结构件笨拙，哪像在法国看到的设备那么精巧。对呀，钟山突然想起，上次，还从法国买回来几个元器件呢！

经过认真的思考，在方案论证中，钟山和柴志院长等多次研究，认为，应在自力更生的基础上，充分利用国家改革开放的有利条件，积极引进国外元器件，并用于试制，即实行“两条腿走路”的方针，以解决元器件的来源问题。

二院物资部按照钟山提出的“元器件国内试制要与国外引进相结合，安排新品要有依托的原则”，有效地进行了国外订货与国内试制工作，较好地解决了武器研制与元器件试制在进度上的矛盾。

钟山所说的“依托”有三方面的含义：

第一，对于国内在性能指标、时间进度等方面一时达不到要求的元器件，一方面先期从国外购买，另一方面国内同时开始试制，以便研制后期改为国内供货；

第二，对于用量不多且性能要求又高、国内不具备试制条件、国外供货有保障的元器件，先向国外订货；

第三，用量很大、性能先进、国外订货困难的元器件作为国内元器件试制的重点，争取国家的支持，下大力气抓好。

常言道：“有了金刚钻儿，才敢揽瓷器活儿。”“红旗 -7”研制的首要难题是没有先进的测量仪器。

作为中国研制的第二代防空导弹武器系统，“红旗 -7”广泛采用了集成电路和微波技术，体现出国际上 20 世纪 70 年代中后期的电子工业水平，在研制过程中需要相应的测量手段、计量手段和专用装车仪器的支持，否则难以开展这项在机、光、电领域都有很高要求的武器系统的研制工作。但是，当时二院在仪器方面的主体还是苏联的产品和少量西方国家的产品，适用频段大部分为 S 波段，很少有频率更高的微波段；而且，覆盖频段窄，精度较低，操作使用性能不好。这些数量很少的仪器都集中在计量站作为标准仪器使用，厂所很少有精密测量仪器。而当时国内的电子仪器生产水平与国际水平相差甚远，也不能像元器件那样在国内安排新品试制，其主要原因是难度、周期和经费问题。

“工欲善其事，必先利其器。”二院领导和总师系统在“红旗 -7”研制之初就注意到仪器现状和提出的计量和测量要求，徐乃明副院长、钟山和梁守义曾几次召开会议，专门研究型号研制所需仪器、设备及其订货问题，并带领二院物资部领导等向上级机关汇报，提出要提前解决测量仪器问题，打破西方一些国家对我们的封锁，争取尽快进口一批型号研制工作需要的电子仪器、设备。

看到复杂的引进需求和所需的外汇，别说二院，就连部机关都感觉为难，对能否解决，心里都没底。

在赵紫阳总理、张爱萍副总理等领导的关怀和大力支持下，继 1980 年国务院、中央军委发出《关于下达红旗七号防空导弹研制任务的通知》后，1981 年，中央在 45 号文件中批准总计 1200 万美元外汇额度用于解决“红旗 -7”研制中的两个问题：一是在国内元器件生产尚不能满足“红旗 -7”战术指标要求的情况下，可以从国外进口元器件；二是紧急购买精密的微波仪器和相应的计量仪器、试验设备。两个文件的相继下达，给“红旗 -7”研制所需仪器和关键元器件的引进铺平了道路。

钟山主持耐振石英谐振器鉴定会

有了国家的支持，二院更坚定了“两条腿走路”的信心。1980 年 11 月 29 日至 12 月 28 日，钟山参加总参装备部技术考察组去国外对有关技术及装备使用情况进行调研。

随后，二院成立了以钟山为首的各单位领导参加的 8 人物资选型领导小组。钟山亲自挂帅，在消化样机的基础上，组织技术人员和机关人员，结合国内实际情况对元器件进行了分类、优选、压缩，编制了《红旗七号元器件优选目录》。这个优选目录中涵盖 6000 多种元器件，也为后来其他地（舰）空型号采购元器件提供了依据。

1981 年 5 月，钟山主持召开了“红旗 -7”首次物资协调会，这次会议为物资的供应，尤其是电子元器件选型和压缩品种，起到了积极作用。经过分析、研究，将 720 项元器件压缩成 412 项，其中属于试制的 177 项，采用已有的或正在试制的新品种 61 项，在现有产品基础上加以改进的 36 项，用国内老产品代替的 138 项，初步建议元器件定点生产厂所 80 个。

钟山会同行政总指挥组织设计师系统和物资管理部门，对样机所用元器件

《地（舰）空型号用元器件优选目录》

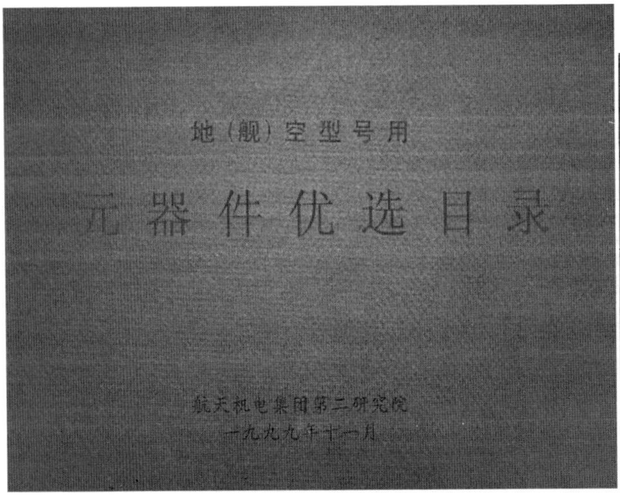

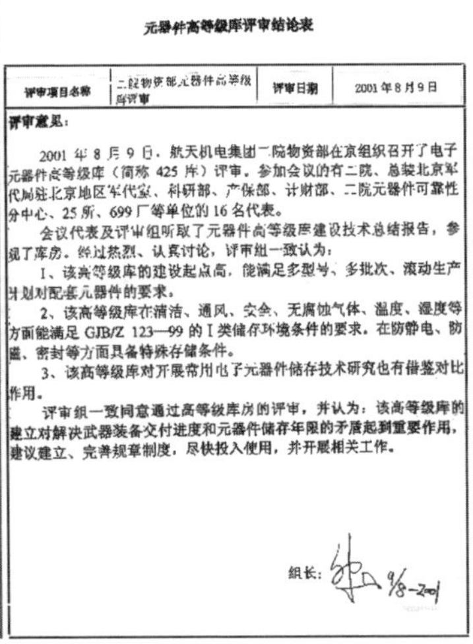

元器件高等级库评审结论表

评审项目名称	二院物资部元器件高等级库评审	评审日期	2001 年 8 月 9 日

评审意见：

2001 年 8 月 9 日，航天机电集团二院物资部在京组织召开了电子元器件高等级库（简称 425 库）评审。参加会议的有二院、总装北京军代局驻北京地区军代室、科研部、产保部、计财部、二院元器件可靠性分中心、25 所、699 厂等单位的 16 名代表。

会议代表及评审组听取了元器件高等级库建设技术总结报告，参观了库房。经过热烈、认真讨论，评审组一致认为：

1、该高等级库的建设起点高，能满足多型号、多批次、滚动生产计划对配套元器件的要求。

2、该高等级库在清洁、通风、安全、无腐蚀气体、温度、湿度等方面能满足 GJB/Z 123—99 的 I 类储存环境条件的要求。在防静电、防尘、密封等方面具备特殊存储条件。

3、该高等级库对开展常用电子元器件储存技术研究也有借鉴对比作用。

评审组一致同意通过高等级库房的评审，并认为：该高等级库的建立对解决武器装备交付进度和元器件储存年限的矛盾起到重要作用，建议建立、完善规章制度，尽快投入使用，并开展相关工作。

组长：钟山 9/8-2001

的品种、规格进行整合、优选，形成“红旗 -7”任务引进国外元器件的计划表，经国防科委和七机部审查后，分批从国外购进了急需的元器件，为“红旗 -7”的研制创造了有利条件。

在国防科委、四机部（1982 年后改为电子工业部）等部委和国家物资局的大力支持下，从 1980 年至 1985 年，国家先后为“红旗 -7”提供了 700 多万美元的外汇额度，用于购买所需的仪器和引进国外元器件。当时，进口仪器和设备审查办公室对“红旗 -7”所需仪器，凡是国内不能生产的或能生产但质量不稳定的，一律批准进口，还提出了宝贵的建议。国家物资局在外汇指标很紧张的情况下，每年都从贸易外汇中给予少则几十万元、多则上百万元外汇的支持。而且，除少量备件外，对其他所有为“红旗 -7”研制进口的仪器，北京海关和国家海关总署都给予了免税待遇。

“红旗 -7”研制的外汇经费由院里统一掌握，项目由各单位申报，“两总”（总设计师和总指挥）系统和机关统一平衡，避免了重复引进，并保证了仪器品种和规格优选、厂家优选。在订货过程中，从计划编制到验收各环节统一协调，经费有保障，整个工作进程顺利流畅。徐乃明、钟山、何午山和翟春惠等院（所）领导多次亲自主持项目审查、经费协调和外汇指标落实等工作。考虑到中长期

“红旗 -7”译码电路定型会

发展要求，钟山还多次强调在仪器设备和元器件的技术指标上尽量留有余量，兼顾型号研制的后续发展。

同时，国内也以进口元器件为样品，加速了试制。除四机部外，七机部所属的825厂、165厂分别承担了接插件、继电器的试制。二院也委托694厂进行了标准件的试制。同时，国防科委还组织了“红旗-7”所用新材料的试制。

为“红旗-7”系列配套试制的元器件，体积小、重量轻、效率高、可靠性好，在电子工业部有416项已定型使用。据电子工业部反映：“通过为‘红旗-7’配套研制电子元器件，推动了中国元器件工业的发展，使新材料、新工艺、新技术水平达到一个新的高度，使元器件可靠性水平在原部标的基础上，向前迈进了一大步。”

同时，在原材料、机电产品和生产工艺上也取得了很大进展，通过配套攻关，试制成100多项新品种金属与非金属材料，以及400多项机电产品；突破了铸锻成形、高精度加工、微细加工、非金属材料成形、焊接和表面处理等100多项新工艺、新技术。这不仅满足了“红旗-7”的研制急需，也促进了中国“高、精、尖”关键工艺技术水平的提高。

6. 仿制加创新

在经过一年的方案论证阶段后，1981年5月，“红旗-7”任务进入设计、攻关阶段。有了“某样机”，是像“红旗-1”那样亦步亦趋地仿制，还是另辟蹊径呢？

钟山觉得，与其跟在别人的屁股后面，亦步亦趋，拾人牙慧，永远处于被动地位，还不如学习和借鉴他人的成果，并在消化吸收的基础上加上自己的创造，从而超越他人。

有一次，在商讨方案报告时，钟山和空军的有关同志争执起来，钟山坚持

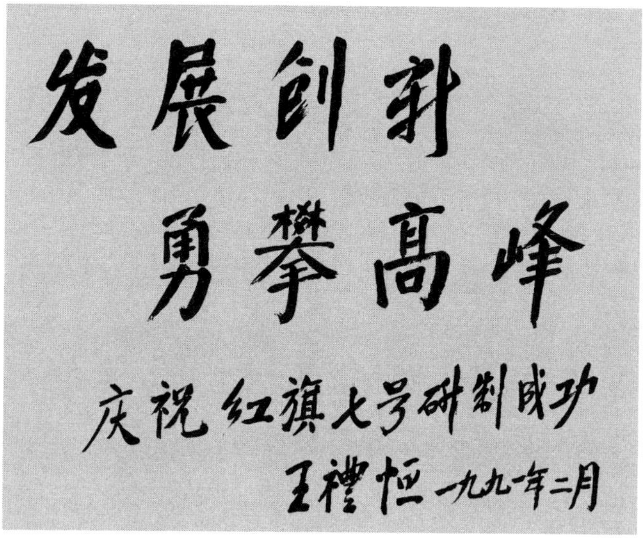

“红旗 -7”研制成功后，航空航天工业部副部长王礼恒题词

“红旗 -7”任务不能叫“仿制”，因为二院要走“仿制、消化吸收加改进”的路。最后，大家达成共识，叫“功能仿制”。

从全局看，“某样机”的技术水平和性能指标是比较先进的，但从局部来说，也有其不足之处和薄弱环节，毕竟该导弹武器系统是 20 世纪 70 年代研制的，诸多单项技术多是 60 年代末和 70 年代初的水平，面对日新月异的电子和计算机技术的飞速发展，很多单项技术完全可以用最新的技术来替代。为此，针对“某样机”的不足之处，在消化的基础上，钟山提出了 18 项关键技术。

在钟山的倡导下，研制队伍根据掌握的技术基础，分析技术发展优势，抓住薄弱环节，在功能接口不变的前提下大胆改进。比如用 256 块位片式集成电路代替原计算机中的 1338 块中小规模集成电路，接插件接点由 160 点减至 128 点，印制板由 20 层减至 6 层，使指令执行时间缩短了 10%，功耗下降了 30%，质量减小了 20%，内存容量从 4KB 增至 16KB，提高了整机的可靠性，其性能指标超过样机，达到 20 世纪 80 年代的技术水平，并推向国际市场。同样，研制队伍还对遥控应答机进行了改进，提高了其功率和跟踪带宽，并对跟踪回路进行了反设计。

按照功能仿制的指导思想，钟山提出：

第一，以“某样机”为蓝本，模仿加中国化。即充分利用样机的有利条件，通过学习、消化、试验、分解、反设计、验证等过程，弄清“是什么”、“为什么”、“仿什么”和“改什么”。尽量借鉴“蓝本”的成熟技术，能仿就仿。由于样机已经经过实践检验，性能良好，参数比较协调，应坚持“四个基本不变”，即主要战术技术指标（如快速反应、低空性能、精度和抗干扰能力等）不变，武器系统基本组成及功能不变，配套设备及技术要求不变，分系统、子系统的相互接口关系不变。这样可以加快研制进度，节省时间，少走弯路。

至于没有样机可供功能测试、控制的设备，就实现国产化，如对导弹综合测试车以及某些需要做破坏性分解不能恢复基本性能的，只有根据原理重新设计；技术、工艺和材料达不到要求的，必须结合实际在国内生产，如车辆用国产轮式车改装，某些设备元器件体积变大等；根据中国作战环境、作战对象、敌我情况，应在可能实现的条件下逐步改进某些性能，如协同指挥问题、抗干扰问题、环境条件和维护体制等，还要做到“仿中有化，化中有仿，二者要有机结合”。

第二，自力更生为主，力争外援为辅，充分利用国外先进技术成果。把“某样机”的先进技术与自身的实践结合起来，以我为主，进行研制，尤其是原材料及工艺要立足于国内。在研制初期采用国外订货和国内试制的“两条腿走路”，逐步实现“立足于国内”。

第三，自始至终狠抓可靠性，贯彻质量第一的方针。要尽一切可能提高武器系统的固有可靠性，认真执行可靠性保证计划。在研制的每个阶段都要对可靠性进行分析、预测、评估和考核。

第四，讲究经济效果，勤俭节约研制“红旗-7”。坚持经济合同制试点；坚持技术人员树立明确的经济观点搞设计；提高效率，讲究经济效果。

第五，实事求是，尊重客观，扎实稳妥，循序渐进。自始至终坚持按设计程序办事；按“方案论证、设计和攻关、试样研制、系统试验和设计定型”五个阶段进行研制；在客观条件下发挥人的主观能动性。

钟山参加某产品初样设计评审会

这些明确的要求不仅保证了研制系统的协调性，而且使总体和专业、系统和分机、硬件和软件等工作齐头并进，从而加速了“红旗 -7”的研制。

“红旗 -7”导弹武器系统由地面机动行走的集光机电于一体的制导站、空中飞行受控的导弹和其他地面支援系统组成。一个作战小分队包括 1 辆搜索指挥车（S 车）、1 部光学瞄准具、2 ～ 3 辆发射车（F 车）、16 ～ 24 发筒装导弹。一套支援设备包括 10 种车辆（可支援 3 ～ 5 个分队）。其中导弹由弹体、动力、能源、引信战斗部、控制回路及指令接收机等多个子系统、设备组成，涵盖多专业、多学科。其主要研制单位共有 24 个厂所，协作配套单位共有 200 多家，涉及机械、电子、化工、兵器、航空、航天等工业部门，遍及全国大部分省市，从事设计的人员超过 1200 人。

为了搞好这项大的系统工程，根据中央文件精神，“红旗 -7”任务试行了系统工程的目标管理方法。

在“红旗 -7”研制中，钟山组织制订了两类目标任务计划：第一类是与型号总体技术方案相匹配的研制全过程的总任务目标计划，包括研制阶段划分、每个阶段的技术状态、研制批次、数量、总经费概算和技术保证措施等，这个目标计划和总体技术方案一旦经上级批准，就作为各承制单位全过程研制工作的依据。第二类是分阶段（年度）的目标任务计划，是总目标计划的执行计划，是保证总目标计划能按时完成、各承制单位开展研制工作的依据，也是检查、协调、考核各承制单位完成研制任务的依据。

钟山在每一个研制阶段（年度）任务结束后，都及时提出下一个阶段（年度）的任务目标。例如，1981 年 7 月，在结束方案论证工作后，立即部署下一阶段的工作，提出“上下齐动员，奋战一年半，完成设计攻关键，拿出模型遥测弹”，并下达了具体任务指标。部署任务时，钟山每次都要做动员报告。这时候的他就像是一位统帅下达作战命令，号召战士们冲锋陷阵，夺取胜利，很有号召力。

阶段目标任务部署后，院机关下达执行计划，并组织实施，这是目标管理的第二步，也是完成目标任务最重要的阶段，即组织实施阶段，在管理上也有得力措施。

日常科研活动的组织管理，在“红旗 -7”研制中最早运用了系统工程管理的重要手段——计划评审技术 PERT 网络法，实行了院、所（厂）、科室（车间）三级管理，形成了完整的型号研制计划管理网络，分层次逐级管理、逐级指挥、逐级负责，及时发现问题，及时解决问题。这种网络法既明确了任务目标，又有完成任务的保障，如物资、器材、生产加工等；特别是明确了完成任务的主要时间节点，可供检查、协调、考核。

钟山十分重视和支持这种管理方法，他要求将每年的网络计划图贴在自己

钟山主持型号研制工作会

的办公室，随时对照检查，掌握研制情况，及时处理问题，促进研制工作顺利开展。这种网络法是“两总”系统一种很好的管理工具。各承制单位依据目标任务计划，合理分配人力、物力、财力，科学开展研制工作，增强计划性，减少盲目性和物资浪费。比如，二部的武器系统校飞试验，有80多个事项，工作量大，涉及20多个单位，由于采取了系统工程管理方法，30多个架次的跟踪与制导系统的飞行试验，仅用40来天就完成了。

实践证明，“红旗-7”研制工作所制订的总目标、研制程序及其调整和实施方案，都是符合科研生产研制规律的，是有效的。

7. 种瓜得瓜

“没有质量，也就没有了一切。”钟山认为：“可靠性也符合‘种瓜得瓜，种豆得豆’这一唯物论观点。”

按照这种思维，1980年，在“红旗-7”研制之初，钟山就提出“自始至终狠抓可靠性，坚持质量第一的方针”，并反复宣传“可靠性是‘红旗-7’研制任务成败的关键，是武器系统生死攸关的大问题”。这一指导思想在“红旗-7”设计师队伍和管理人员中得到了高度重视和坚决贯彻执行，事实证明，最终实现了钟山设想的“预防为主、系统管理、一次成功”的目标。

“红旗-7”导弹武器系统是二院第一个运用了可靠性系统工程管理的型号。根据型号研制中的具体情况，钟山提出“多做试验、早做试验、强化试验、对比试验，提前暴露问题，提前解决问题”的具体做法，这在20世纪80年代的中国还是具有超前意识的。

“红旗-7”是中国研制的第二代防空导弹武器系统的第一个型号，其特点是自动化程度高，作战反应时间短，机动性能好，战术技术指标先进。然而系统的高性能不但增加了型号研制的技术难度，增加了装备的复杂程度，而且也

“红旗－7”发射制导单元

使得系统可靠性降低。解决这一矛盾的简单方法是大大提高对各类组件和元器件的可靠性要求，但单靠这一办法是不现实的，因为型号研制的经费有限，周期也受限。当时，中国电子元器件的失效率比国外电子元器件的高 1 ~ 2 个数量级，这是研制大型复杂系统并达到可靠性要求的一大障碍。

钟山意识到：在只具备研制第一代导弹的基础和水平的情况下，要在较短的时间内拿出第二代导弹，不仅要在工艺、计量、元器件、原材料等技术基础上花力气，下功夫，而且要在质量、可靠性工作的设计要求和管理工作方面，立足改革，勇于探索和实践，以适应第二代战术导弹的需要。

钟山觉得，提高武器系统的可靠性水平，首先要在“全”字上下功夫，对质量控制必须树立全面的质量概念，即性能、可靠性、寿命、安全性及经济性等，即全寿命要求、全过程控制和全员执行。

钟山说：“质量管理就像一张网，管理越细，控制越严，相当于这个网编织得越密，从网中漏掉的质量问题也就越少。质量管理的水平也就越来越高。”

钟山在设计师队伍中不断强调“将可靠性设计到产品中去”。1981 年，“红旗 -7”设计师队伍明确了产品的固有可靠性首先是设计出来的。随之从上到下，从总体到分系统、子系统，全面开展了可靠性工程系统设计，进行了武器系统可靠性建模、指标预估和分配，明确了可靠性薄弱环节和关键，制订了可靠性增长计划。

为使全武器系统的可靠性指标计算具有相对的合理性，设计师们参考国外数据手册，结合国内实际，对各单位、各专业的有关可靠性指标数据进行了统一规定，如各类元器件经过认证的基本失效率、在电路中采用的降额因子、用于不同整机的环境因子等。

钟山认为："抓质量和可靠性必须做到系统贯彻。在型号研制过程中必须经过设计、攻关、生产、试验等环节，在不同环节中不同的系统都必须与质量管理人员一道发挥控制质量的作用。例如在设计师队伍中将主任设计师以及子系统的主任、主管设计师，按照分工范围跨单位、跨专业，实施质量管理，对主管的产品质量负责；特别是在初始设计阶段和鉴定验收阶段，各级设计师按系统严格控制质量，贯彻质量要求，更加重要。在不同阶段中还有物资供应系统、生产指挥调度系统、计量测试系统等，都应系统贯彻质量要求和进行质量控制，绝不能把这些环节或过程的质量控制看成只与质量管理人员有关。要特别注意各个系统之间、各个环节之间的接合部，要使质量控制重叠交叉，绝不能出现漏洞。例如，物资供应系统与设计师系统在元器件、原材料的验收、入库、供应上的质量控制要充分结合；在生产过程中调度、检验、工艺与设计师要相互结合，共同控制生产加工与调试的质量；在不同工厂生产的产品之间，以总装厂牵头，建立厂际质量保证体系，等等。"

在工程研制阶段，各承制单位按照规定的要求和各项可靠性工程设计准则，普遍开展了整机的可靠性设计。认真选用元器件和原材料，对电子元器件普遍进行了严格的筛选；对关键的结构件、连接件进行了抗震加固，采取了三防措施；对电路进行了降额设计、冗余设计和热设计；对组件和整机普遍推行了环境应力筛选与整机老炼。

钟山还认为："抓质量和可靠性，怎么说也不会过头，怎么抓也不会过分，只可能有不足，够不着，而没有超过或多余。"

在钟山看来，对质量和可靠性要求，决心要大，要求要高，执行要严。为了不断加强全体人员对“军工产品质量第一”的认识，他经常宣传部领导反复强调的“质量和可靠性是航天部生死攸关的大事”，要求大家“把吃奶的劲儿都使出来，把质量和可靠性搞上去！”

1983年年初，钟山决定在型号产品上强制推行以高低温循环和随机振动为内容的环境应力筛选试验。后来，在可靠性大纲中也把环境应力筛选和整机老炼列为“红旗-7”的电子设备必做项目。

开始执行时，一些同志担心筛选条件是否苛刻，老炼时间是否太长，是否“吃掉”寿命等，因此，制导站原只准备用30%的组合试行此项目。随着工程实践的开展，大家顾虑打消了，制导站研制单位主动提出总装前所有组合都进行环境应力筛选和168小时的通电老炼试验，外加6×8小时的可靠性初步考核试验。

在“红旗-7”的一次闭合回路飞行试验中，暴露出导弹和制导站的一些质量和技术问题。设计师系统与质量部门开展了全武器系统的全面质量复查，并采取措施，防止问题再现。钟山要求各单位认真建立“失效报告、分析与纠正措施”，在原理上说不清楚、实践上没有验证时，决不再进行飞行试验，并进一步做好“故障模式、影响及危害性分析”工作；要求各单位都要制订“可靠性增长专

“红旗-7”发射瞬间

“红旗 -7”击落靶机

题计划”，并认真贯彻执行，为以后的试验做好进场前可靠性评审的技术准备。

经过 10 个月的全面努力，大家归纳并过滤了 57 个故障问题，通过多种试验验证，逐个落实单位和人员进行“分析与解决”，达到了消除隐患和质量问题的目的，终于在下一个年度试验中取得了成功，尝到了钟山要求的“决心正确、要求严格”的甜头。

钟山还特别注重完善规范。他认为“在研制过程中必须建立完善的设计规范，才能保证设计的质量”。在“红旗 -7”的设计阶段制订了《武器系统环境试验规范》，在各分系统任务书中明确规定了环境试验条件、元器件技术条件；在研制阶段制订了产品验收细则。在该型号的研制过程中，先后制定了《研制阶段质量管理措施要点》《产品质量信息管理细则》《可靠性工程若干规定》等十几项质量、可靠性管理办法和质量控制规范。

为了使武器系统能在不同作战环境下可靠工作，从 1981 年起直至设计定型，钟山始终要求把环境工程作为重要工作全面开展并如期完成。为了取得武器系统寿命期的可靠性数据，分别在严寒、湿热地区对部分整机、组件、工艺件进行了贮存试验，并在此基础上制订了《低空导弹武器系统环境条件》。设计师们还为机械工业部、电子工业部的 122 个协作厂家制定了 168 份技术条件和验收规范。

在整个研制过程中，钟山还坚持执行了质量复查、评审制度。每一阶段的结束、每一种技术状态的转换、每一次大型飞行试验前产品总装出厂、每一次技术攻关结果的鉴定，设计师系统和质量部门都要联合举行评审会议，对所涉及的技术和质量问题，都要“打破砂锅问到底”，弄清是非，不留隐患。真正做到“三不出厂”（质量不合格不出厂，设备不配套不出厂，文件不齐全不出厂）、“三不进场”（有遗留问题未解决不进场，有疑点或隐患不进场，可靠性无增长不进场）和“三不打弹”（有疑点不打，无成功把握不打，接地、接口、接合部不清楚不打）。这些举措保证了武器系统的高质量和大型试验的成功。

8. 实践出真知

有的同志说：“要找钟山真难，白天办公室里不见人影，晚上家里也不知去向。”

确实，有时候他几天都不回家，连妻子陆惠德都很难见到他。她体谅他，但也常常埋怨地唠叨：“我们家对他简直就像旅店，有时一夜一夜不回来，不知道哪儿去了。”一位知情者却笑笑说：“找钟山容易得很，只要打电话问一下调度员，哪个单位正在加班，钟山准在现场。”

“要知道梨子的滋味，你就得亲口尝一尝”。钟山经常语重心长地对年轻同志讲：“一定要尊重实践，高度重视实践，参加实践，勇于实践。由于系统的复

钟山在型号设备舱中检查工作

杂，多学科专业的交叉融合，这种系统工程的实践，机会极少也极为可贵。在工程实践中，能学到有用的真知。的确，有些工程上的体会，当别人告诉你时，有实践的人与没有实践的人，听后的感受与理解深度会截然不同。”

这是他的经验之谈，也是肺腑之言，也是钟山一辈子重视实践的真实写照。

钟山所从事的工作，让他不得不以一种诚惶诚恐的心态对待，兢兢业业，“摸着石头过河”。为了制订出切实可行的技术方案，钟山总是像小学生一样虚心向有经验的同志求教，刻苦学习和钻研有关技术资料，翻来覆去地同设计师们研究讨论。

钟山重视实践，尤其看重身体力行。在“红旗 -7”的研制过程中，钟山从设备分解、方案设计，到各个阶段的研制和试验，总是深入到第一线，以满腔热情投入到组织队伍、制订方案、落实任务的紧张工作中。

野战型载车是“红旗 -7”导弹武器系统的重要组成部分，也是研制最初的短线之一。为了协调载车研制生产中的问题，钟山经常奔波在全国各地的协作单位。1982 年 12 月 10 日至 25 日，为解决“红旗 -7”载车和自动驾驶仪研制中的问题，钟山和梁骥副部长先后在南京和上海召开协调会，解决问题。

为了确定车辆选型，钟山和研制队伍采取“走出去、请进来”的方式，充分对比、试验，征求部队、生产厂家等各方面的意见，在兄弟单位的积极配合下，进行了各种项目的对比和模拟试验，取得了多种数据；经过一年的时间，基本弄清了电动轮式车辆的操纵、行驶、越野、平顺、振动、噪声等方面的性能指标，以及履带车、普通轮式车改装存在的问题；最终，集中国内许多行业的高新技术，按照“自由恋爱、严格合同”的模式，确定国产电动轮式车为载车方案，搜索指挥系统和发射制导系统分别装在专门研制生产的电驱动轮式装甲车上。

在不同专业的技术讨论过程中，由于大家处境不同，看问题的角度不同，往往引发热烈的争论。大家经常争得面红耳赤，甚至冲钟山拍桌子，瞪眼睛，

“红旗－7”导弹出筒试验

钟山均不计较。他认为，争论有利于把问题引向深入发展，只要不钻牛角尖就行。技术观点不同，大声争辩，在所难免，只要是对事不对人，就不会真正伤和气。

争执不下时，钟山往往来一句“实践是检验真理的唯一标准”，这句话真是颠扑不破的真理。最终，大家通过实践或理论计算，仿真复现，达到了新的统一，促进了整个研制队伍的进步。

武器系统的设计、试验、仿真开发手段，不仅是系统设计和研制周期的重要保证，也是设计水平的重要标志。在“红旗－7”系统设计中形成了一整套较完整的设计、试验、仿真开发系统。钟山非常重视现代仿真技术的研究，他亲自参加模型校正工作，指导工作的开展，并为模型校验提出指标要求，为“红旗－7”导弹武器系统建立正确可靠的系统仿真模型起了重要和关键作用。

有了好的模型，钟山特别注意应用系统仿真技术解决指标论证、系统方案论证、系统设计、研制生产和靶场试验中出现的问题。例如在初制导、制导精度和引战配合等关键技术的攻关中，他提出仿真命题，或与有关人员共同拟定仿真命题，参与仿真试验结果分析，根据仿真结果做出相应的决策，收到了很好的效果，使得“红旗－7”在设计定型时由最初确定的要打 40 发导弹，经过仿真和与空军协调减至 18 发，最终打了 14 发就完成了设计定型试验大纲规定的试验任务，既缩短了研制周期，又节约了研制经费。

承担任务的各个单位都认真执行钟山提出的“早做试验，多做试验，对比试验，强化试验”这一方针，加快进行对比试验。所有弹上子系统，如发动机、自动驾驶仪、遥控应答机、引信、电池、变流器、安全引爆装置、战斗部等，无一例外地与“某样机”进行了各种对比试验，制导站各组合均在样车上进行过替换对比试验，型号研制队伍对于在试验中出现的问题和疑点，都要认真分析，找出原因，采取措施，确保性能与样机相当。

根据工作的进展情况，钟山经常率领院机关和总体部相关人员，深入院内外有关承制单位的科研第一线，了解情况，发现问题，协调解决问题，促进科研生产工作的进展。钟山曾多次到陕西，深入210所研制现场，参加发动机的有关试验。1982年4月中旬，210所研制的导弹发动机进行抽检试验，并与样机发动机进行对比试验。历时11天，钟山始终在现场参加试验，极大地鼓舞了全所职工，试验取得成功，为同年8月在空军试验基地进行模型遥测弹飞行试验打下了良好基础。

按照充分利用样机交叉工作，加速研制的原则，在“红旗-7”制导站尚未研制出来以前，就利用样机的制导站完成了闭合回路遥测弹的飞行试验，提前考核了导弹系统和弹上有关设备，缩短了研制周期。

1984年，钟山又重点强调“及早分析、跟踪分析、对比分析、系统分析”，以加强理论上的分析计算，与试验相结合。

钟山经常强调：“我们研制的武器系统是要打仗用的，一定要结合地理环境、作战对象、部队需求的使用环境进行研制。”在“红旗-7”研制的全过程中，导弹和制导站系统及其子系统全面经受了室内环境模拟试验及外场实际环境考核，保证了多次大型飞行试验的一次成功。

钟山

钟山院士传记

Academician Zhong Shan's Biography

第五章

沙场秋点兵

如果说研制过程是武器系统的“十月怀胎”，那么飞行试验就是武器系统的“一朝分娩”。“红旗-7”经历了大小靶场的多种飞行试验。戈壁滩上那些耀眼的火光和“隆隆”巨响，让钟山抛家舍子，魂牵梦萦……

1. 联合打靶

“红旗 -7”导弹武器系统由发射制导单元、搜索指挥单元、筒弹、地面支援装备四个分系统组成。历次外场试验各有所侧重地考核这些分系统的操作使用功能和性能指标。在大小靶场完成模型遥测弹飞行试验、独立回路遥测弹飞行试验、闭合回路遥测弹飞行试验、战斗遥测弹飞行试验这四种技术状态的飞行试验后，才能迎来关键的设计定型飞行试验。

“红旗 -7”试验主靶场阵地位于一望无际的戈壁滩上，地表全是沙石结构。来到这片戈壁滩，才算真正见识了“风吹石头跑，遍地不长草，天空飞鸟绝，大雁不落脚”的景象。靶场驻地风沙很大，即使躲在封闭的帐篷里，沙子也会吹进来。风沙大的时候，一碗饭里有半碗沙子，“吃饭时都不敢使劲嚼，怕硌到牙齿”。

钟山最早去打靶住的是寒区帐篷，最大的帐篷里可以住 12 个人。靶场昼夜温差很大，8 月份中午阳光强烈的时候，地面最高温度可以达到 50℃以上，完全无法休息；到 9 月份，夜里的气温就只有 4 ~ 5℃；一入冬，即使把帐篷封得严严实实也难敌寒冷，盖着被子都冻得直哆嗦。

联合打靶搜索指挥单元

水在这片戈壁滩上更是贵如油。洗漱时，拧开水龙头，你得先用手试一下水温，否则会被激得一抖——这水冰凉透骨。靶场的地下水盐碱度很高，又咸又涩，无法饮用，连漱口刷牙都觉得不舒服。洗衣服时，洗衣粉放进去，根本就不起泡沫……

就是这样的环境，在久经沙场的钟山嘴里却是“其实不苦，习惯就好”。他往往会“哈哈”大笑，指着身边的战士说：“你看他们常年住在这儿，都没被大风吹跑！”钟山似乎还挺留恋这样的日子，是呀，这里有那么多的战友啊！

改革开放后，中国有机会邀请外国同行开展军事技术比武。早在“红旗-7”方案论证过程中，为了贯彻中央首长的指示，加快研制进度，钟山大胆向上级机关建议：为了在实战中尽早了解样机的战术性能，提前暴露问题，加快研制进度，与装备同类导弹武器系统的外国友军进行联合打靶演习。

上级机关接受了钟山的建议。1981年7月，总参和国防科委组成装备组，出访期间与外方谈到双方技术合作问题时，提出了利用外方的同样设备来中方进行联合打靶的可能性。外方很感兴趣。事后，外方派空军高级将领来中国进行了实质商谈，为联合打靶开始了准备工作。

1982年，中央军委副秘书长张爱萍将军在某型号研制文件上批示：“引战配合是地空导弹最大的难点，而这个难点又往往是最后才试验，型号便因为攻此难点而严重影响完成任务的周期。”

这一段批示引起了钟山的思考：引信和战斗部的配合也是“红旗-7”研制

要遇到的最后关键问题，因为缺乏实践和认识，很可能会拖延研制进度。但是，导弹研制才刚刚开始，怎样才能知道发射后会出现什么问题呢？能否在考核引信和战斗部配合之前，就进行试验，提前暴露问题，提前解决问题呢？及早暴露问题，不就可以早做技术准备，缩短串行周期吗？与装备类似导弹的外国友军进行联合打靶，正好可以利用已有的部分设备及有利条件，提前暴露引信战斗部与靶机遭遇过程出现的问题。虽然设备不同，但其过程和原理相似，对需要解决的问题和测试记录设备及方法都有重要的参考价值。

1982 年 3 月，总参、国防科委给中央军委的联合打靶请示报告中指出：联合打靶对我们正在研制的“红旗 -7”导弹是有利的，“红旗 -7”以样机为蓝本，需要通过实弹打靶，尽早掌握其战术性能与测试技术，以加快研制进展，同时，对外方也有好处。在有关部门的积极努力下，外方也充分认识到：中外联合打靶对双方都有利。

联合打靶的具体任务分工是：国防科委负责统一组织协调和实施；空军制定联合打靶实施方案；二院负责联合打靶任务技术抓总，制定靶场总体要求、试验大纲技术文件，提供靶机与特殊测试记录设备，提出试验结果分析和总结报告。

中央军委批准联合打靶任务以后，二院开始积极准备。1983 年 4 月，钟山亲自指挥组织样机的校飞试验，进一步为联合打靶试验进行了技术准备，包括整个系统的通信、指挥，作战装备的操作，武器系统的精度和测试方法，检验及处理方法等。

1983 年 5 月 20 日至 6 月 20 日，作为试验队队长，钟山带队执行代号为“835”的中外联合打靶飞行试验。让大家没想到的是，用全套与样机相同的外方装备发射六发导弹进行的试验，五发不中，只有一发成功。导弹拦截靶机成功率不到 20%！这引起了部分领导和技术专家的疑虑：这个型号还值不值得搞下去。

当时有的专家抛出了“怀疑论”：请来的“老师”就这个水平，“学生”能好到哪里去?

2. 无妄之灾

一次联合打靶竟然引起了轩然大波，研制该导弹的前景似乎“暗淡”了许多。少数参加研制工作的技术人员忐忑不安:“人家技术比我们先进得多，尚且解决不了拦截成功率问题，我们自己怎么可能研制出满足指标要求的高性能武器系统？这条路恐怕行不通！”

尽管有些领导因样机存在的问题，对“红旗 -7”功能仿制的路子产生了怀疑，但二院领导，特别是钟山等设计师系统的领导，并没有怀疑样机的先进性和功能仿制对国防的重要性。

“联合打靶本来就是希望暴露问题嘛。”钟山安慰大家说，“请‘老师’来的目的就是为了让‘老师’暴露问题，教‘学生’少走弯路。”确实，联合打靶试验暴露了样机装备引战配合不好、设备维护不足等薄弱环节，也使钟山认识到导弹武器系统质量和可靠性的重要性。

联合打靶发射制导单元

二院为了避免在研制中出现类似样机存在的问题，在坚持功能仿制的同时，从技术上、元器件上、可靠性上、进度上以及“红旗 -7”研制中存在的一些问题上，有针对性地制定了 10 项措施，以指导“红旗 -7”的研制工作，并以二院党委的名义下发执行。

试验结束以后，二院在给上级机关的《联合试验情况报告》中，详细介绍了试验情况，充分肯定了中外联合打靶试验的实际效果。报告中指出：联合打靶试验检验了样机的探测威力、发现概率和指示精度，检验了样机的跟踪精度、目标指示精度和交班精度，摸索了武器系统的检测方法，实际记录了武器系统的作战过程；发现了样机系统存在的问题，特别是导弹存在的问题。通过此次试验，全面弄清了样机系统的主要战术技术指标及实际作战性能，解决了打靶试验的方法及试验结果评定问题，比较全面地掌握了样机系统的性能。

就在型号研制的紧要关头，钟山迎来了一场“无情风雨”：在 4 月的一次校飞试验中，有人私自观看港台录像片，由于赶上“严打”的节骨眼儿，“红旗 -7”研制队伍被认定为管理混乱，成了上级重点关注的对象。他这个队长只得一次次接受检查。

屋漏偏逢阴雨天。又一场灾祸落在他头上，正备战高考的大儿子因为参与打架斗殴被拘留。

20 世纪 80 年代初期，知识青年陆续返城，农民也获得了进城务工的自由，与返城知青争夺就业机会。城市中的待业人口越聚越多，一度超过 2000 万人。社会正处在大变革时期，青年犯罪案件频发。1983 年 8 月，中共中央做出了《关于严厉打击刑事犯罪活动的决定》，强调了依法“从重从快”惩处严重刑事犯罪分子的方针；9 月，全国人大常委会通过了《关于严惩严重危害社会治安的犯罪分子的决定》和《关于迅速审判严重危害社会治安的犯罪分子的程序的决定》。

本来是件普通的社会治安事件，不巧正好赶上“严打”，事情立马升级。二院党委领导以组织名义四处反映情况，希望为钟山总设计师创造良好的工作环境，鉴于孩子还未成年，建议从轻处理。没想到，执法部门一听更加上纲上线："别说副院长的孩子，连朱德的孙子都判了……"

在内外交困的日子里，白天，钟山东奔西跑，把全部身心投入到工作中，晚上回到家，有时像一摊泥一样，瘫在床上一动不动，有时又强作欢颜，以免让家人为自己担忧。

细心的妻子从他整夜的辗转反侧中自然明白他的苦闷。她有时偷偷掉泪，有时又情不自禁地同他争吵："你这副院长别当了，老老实实做点技术工作多好！"

是呀，他何尝没有这样想过呢？自从当上副院长、总设计师，就没有顾过这个家。别人家都现代化了，而自己的家里还是老样子；别人的孩子上大学，而自己的孩子……更难以忍受的是到处能听到的纷纷议论。

钟山感觉头上悬了一把利剑，心里急得像热锅上的蚂蚁，却又不能冲人发泄。终于，他的火气在一次汇报中总爆发了。

一次，航天工业部的一位副部长陪同国防科工委（1982 年 5 月，国防科委改组为国防科工委）、总参等国家机关领导前往视察和检查"红旗 -7"试验进展情况，并听取试验队汇报。

作为试验队队长，钟山进行了详细的汇报。他说："导弹发射失利，经技术专家分析，主要原因系遥控应答机故障所致，正在按故障原因进行进一步的分析和处理。"钟山还提出了分析、处理意见。

领导听完汇报，要求钟山故障归零要达到遥控应答机的元器件级。钟山一听就火了，当场顶撞："我没有本事归零到应答机的元器件，要定位到元器件，请部长去定。"

确实，导弹自毁爆炸时是无法定位到元器件的，诸多专家有同样认知：根据失利现象，只能分析到某个部件或者哪个回路出了问题，然后采取相应的处理措施。

发火归发火，该干的活还得接着干。一段时间后，钟山的身体再也支持不住了，医生诊断为甲亢加冠心病，钟山被迫住进了医院。压力加上生病，钟山的体重从 120 斤掉到 90 斤。

看到瘦骨嶙峋的钟山，有人好心劝他：不要再硬挺了，先好好治病，养养身体……

3. 拼命三郎

“人生能有几回搏，此时不搏待何时。”已到知天命年纪的钟山骨子里有一股不服输的劲头，他始终相信，只要有恒心、肯钻研、集中群众的智慧，就没有过不去的“火焰山”。

住院治疗的两个月里，钟山身在病床，心在研制工作前线。他每天召集基层的技术骨干到病房开会，一边打吊瓶一边主持会议，把病房变成了设计室。和他共事多年的院领导和科技人员都称他为“拼命三郎。”

根据钟山的部署，将联合打靶试验暴露的问题结合“红旗 -7”研制进展实际，设计师系统梳理出 100 多个攻关重点。虽然“怀疑论”没有动摇研制人员的信心，但 100 多个攻关重点却让他们备感压力。

看到大家心事重重的样子，躺在病床上的钟山，仍然笑呵呵地给大家打气：“我认定这是型号研制攻关的三岔口，勇往直前，一定能夺取胜利；坚持一下往往就是成功。”

他开导大家：“咱们这个型号与国外类似产品有许多重大的差异，及早发现问题对后续研制工作有重要参考价值，可使我们避免重蹈覆辙；同时，我们也要看到自己的优势，相信自己有能力、有信心解决难题，攻克关键，取得成功。”

上级领导、二院党委和广大群众的支持和信赖给了他克服困难的勇气。作为总设计师，他明白自己肩上的分量，他要率领大家拼命冲过去。钟山很快就拖着虚弱的病体回到研制团队。

在群策群力的分析和讨论之后，钟山把引起联合打靶拦截失利的可能性，按时间段总结为“初制导交班、动态制导精度、引战配合、目标特性”四项关键，对每项关键都从多学科、多专业的角度加以分析、讨论和求证。针对这四项关键技术，钟山还带领大家列出几十项有针对性的措施和攻关验证项目。几百名设计师在统一认识的基础上，从不同的专业技术角度协同一致，进行攻关。

1984 年 6 月，外方空军高级将领来华访问时，提出了 1985 年再次进行联合打靶试验的建议。中方表示同意，并经国防科工委请示、中央军委批准，合作方式及任务分工同第一次联合打靶相同。

中方认为再次联合打靶对双方都有利：外方可以利用中方的靶场条件对战备导弹进行验证；中方则可以进一步验证“红旗 -7”的设计指标和实战性能，提高靶场试验水平，即全面验证“红旗 -7”样机试样阶段成果，为系统鉴定试验做准备，为设计定型积累经验。

行进中的“红旗 - 7”
发射制导单元

钟山与试验人员共饮庆功酒

“有朋自远方来，不亦乐乎。”对常年驻守在戈壁荒漠的军人来说，承接靶试任务时就像过节一样。虽然在试验期间很辛苦，但是毕竟有人气。钟山率领队伍一到试验基地，基地机关职能部门就开始围绕试验任务全面运转，各站点积极做技术准备，整个基地都“活”起来了。

但钟山对试验队的调度人员强调，有了基地的准备，不等于试验任务的顺利进行，需要沟通、理解和熟悉基地的方方面面。试验队的调度们为了争取支持，在向基地八大科室介绍试验任务之余，还攀起了老乡，拉起了家常，大家相处得越来越融洽。

1984 年夏天，钟山又带领“红旗 -7”试验队进入试验基地。恰逢“八一”建军节，钟山抓住时机，经试验队党委同意后，决定进行拥军活动——与部队官兵聚餐。

如何犒劳好基地官兵？大家深知，部队最讲究战斗力，敬酒也是需要策略的。熟谙军人之道的钟山开始排兵布阵，他在基地八大科长这桌布上了地空处特别能喝的王调度这枚“棋子”。

饭前，钟山悄悄地对王调度说：“小王，你把基地的人喝顺了，什么事都好说。”结果，王调度以一挡八，大败基地八大科长。基地张东盛司令当场调侃道：试验队横扫基地。

紧接着，基地便回请试验队。为了找回面子，基地工作人员也动了心眼儿，只邀请试验队的领导。一贯豪爽的钟山兴高采烈地去赴宴，结果大败而归。

当时钟山已经50多岁了，完全可以推辞不喝酒。但如果真那样，他也就不是钟山了。基地官兵都认可钟山这样典型的川人作风：豪爽，实在，工作不服输，喝酒亦如是，至于喝坏了身体怎么办，想也不去想。

拥军活动后，试验队和基地上下建立了深厚的友谊，增进了相互了解，出现了“有问题共同商量、有风险共同承担”的大力协同的良好局面。

导弹能否定型，杀伤效果是决定因素之一，而被击落的靶机残骸是唯一的“铁证”。有一次，导弹在靶场进行鉴定试验。靶机起飞！两发导弹呼啸着飞向靶机，“轰”的一声，靶机被弹头碎片击中要害，化作一团火球坠入大漠，消失得无影无踪。雷达跟踪发现，靶机落点位于一片地理条件复杂的沼泽地带。基地搜索分队的官兵迅速进行拉网式搜索。

茫茫戈壁滩，车辆接二连三地陷入沙坑，大家只能徒步前进。战士们的迷彩服被骆驼刺划开了长长的口子，皮肤上渗出了鲜血。经过五个小时的拉网式搜索，终于找到了残骸。

大漠深处的一些营区，是国家靶场最小的单位。然而，无名小点，责任不小。导弹的战术性能优劣，要通过其空中飞行轨迹、杀伤效果的影像来判断。跟踪拍摄，就是无名小点肩负的任务。要拍到精彩瞬间，实属不易。从导弹发射到目标遭遇，再到靶机落地，只有短短数十秒，机会稍纵即逝，要求操作人员不仅具有沉稳、冷静、快捷的判断和反应能力，而且具有纯熟的操作技能。

一次，两发导弹离弦，几乎同时刺穿靶机。测天兵用数千米长的黑白胶片清晰并详细地记下了这历史性的一瞬间，留下了导弹运行的轨迹。

钟山常对试验队队员说：没有基地官兵的大力支持和默默奉献，没有各协作单位的精诚合作，就不会有型号按期完工。

钟山以诗记述了军民一心、众志成城取得独立回路弹飞行试验成功的辉煌历史：

仲夏晓雷响，
戈壁泪闪光。
两载汗水灌，
沙砺出海棠。
独枝不傲霜，
且使三花放。
众志宜成城，
何用效周郎。

酷冬风雪寒，
攻关岁月艰。
夜深星光伴，
冬迎春风暖。
夏至瓜果甜，
早盼艳阳天。
独回舞蓝云，
红旗迎风展。

4.攻坚克难

1983年年底，正当大家沉浸在独立回路弹研制初获成功的喜悦时，一个新的技术难题摆在大家面前。在地面试验中，导弹舵面出现非正常的高频振动，这种“舵振”现象会使导弹在飞行中完全失控，导致飞行试验失败。这是一种致命性的故障，不解决这个难题，试验就无法继续进行，研制工作将无法按期完成。钟山当初夸下海口的研制周期会直接受到严重影响。

"红旗 -7"导弹

残酷的研制周期摆在大家面前，没有时间按部就班地讨论分析试验。在这种情况下，钟山要求二部成立以导弹总体、控制系统总体、导弹结构、弹上电气系统与遥测系统等专业的专家和有关科研人员参加的"舵振"攻关试验队。任命导弹主任设计师于本水为攻关试验队队长，从而揭开了为期三个多月的独立回路遥测弹"舵振"攻关的序幕。

在攻关试验队成立动员会上，钟山开门见山地说："型号按时研制成功是国防的需要，人民的需要，也是二院生存的需要，我们没有退路。"他号召大家："现在是非常时期，我们必须用非常的精神，战胜困难。我相信，现在是黎明前的黑暗，无论研制过程中出现多大困难，我们都能克服。"

钟山语重心长地对大家说："我们都是严肃的科技工作者，应当具有科学精神、科学态度和科学作风，严格、严肃、严密地按科学规律办事。"

在攻关试验开始前，他带领大家结合导弹、地面综合测试设备和测试环境，对前一阶段综合匹配试验中发生的现象和获取的数据、曲线进行了详细的研究和分析，并达成共识：由于地面系统、弹上系统对各分系统产生作用和影响，而分系统、设备之间相互独立又相互联系和制约，一个分系统（或设备）的变化，不仅影响其他分系统，而且影响到整个系统。独立回路遥测弹的"舵振"是一个系统性的电磁兼容性故障，应当按照程序进行试验、分析和再试验。

钟山汇集大家的意见，提出了解决"舵振"的思路：首先，利用试验和对试验数据进行分析的方法，确定干扰源、干扰源的频段和功率；其次，研究分析干扰源引入途径，确定被干扰部位；然后，采取必要的抗干扰措施，消除“舵振”或抑制“舵振”到允许的范围内；最终实现独立回路遥测弹飞行试验成功的目标。

在钟山的倡导下，攻关试验队的专家和科技人员打破专业界线，以导弹为主要研究对象。大力协同，密切配合，整个试验队形成一个团结协作的集体，对组成弹上系统的各子系统和设备制订了以攻克“舵振”为目的的科学试验计划，进行了 20 余次大型的综合试验和对试验数据的分析。

一个疑点要经过上百次试验验证、上万组数据的分析和对比试验。大家加班加点地工作，没有星期天，也没有节假日。钟山在攻关试验的每一个关键阶段，始终和大家坚持工作在试验现场。他怀揣速效救心丸，和大家一起，一干就是一个通宵。

在“舵振”攻关关键性的试验阶段——寻找干扰源和干扰传播途径试验中，二部控制总体室主任张福安在详细观察、分析了试验过程中的现象、数据和遥测地面站的实时记录曲线后，指出弹上自动驾驶仪速率陀螺校正网络输出异常，这种异常是由自动驾驶仪系统外部干扰引起的。这一发现为攻克弹上系统的“舵振”故障，找到了突破口。

型号“两总”和二部迅速将这一重要发现反馈到各分系统，同时，组织攻关试验队的全体成员，把试验的重点集中到寻找造成弹上自动驾驶仪速率陀螺校正网络输出异常的干扰源上去。

经过三个多月的努力，终于找到了问题产生的原因：主要干扰源遥测发射机的高频信号以及弹上程序装置和弹上变流器的干扰脉冲，经传导或近场感应到自动驾驶仪速率陀螺的校正网络，引起它产生由其自身参数决定的低频自激振荡，这一低频信号被放大后加到舵机的输入端就引起了舵面振动。

寻找到了弹上主要干扰源和干扰传播途径，攻关试验取得了突破性进展，大家感到特别欣慰。此时，钟山提醒大家：在“舵振”攻关原理性试验成功的基础上，必须认真采取有效措施，消除“舵振”或将它控制在允许的范围之内。为此，钟山提出，组织更多的专家和科研人员，特别是弹上遥测系统、弹上控制系统和自动驾驶仪的专家研究抑制干扰的措施，并在弹上子系统大量试验和弹上综合试验的基础上，对产生干扰和引入干扰的弹上子系统和设备，采取相应的修改设计参数和改进电路设计的措施。

攻关试验队的全体科研人员继续进行了各种单项的和综合的试验工作，以验证经过修改设计后的弹上系统能否消除“舵振”或将“舵振”控制在允许的范围之内，从而保证弹上系统工作在预定的设计状态。比如：进行弹上控制系统与遥测系统联试，评定攻关效果；弹上电气系统工作性能检测及在实现弹上电池激活后，对弹上系统工作性能进行检测；电气、遥测、发射控制联合试验；全弹振动与冲击试验。

通过有针对性的修改设计和实验室验证，证实“舵振”现象已经消除，彻底摸清了“舵振”现象的机理。1984 年秋，“红旗 -7”的独立回路遥测弹飞行试验取得圆满成功。这进一步证明了对“舵振”现象处理的分析是正确的，所采取的解决措施是有效的。

通过这次“舵振”攻关，整个科研队伍对型号研制的严谨性有了深刻的认识，在后续型号的研制中，电磁兼容性得到充分的重视，制定了相应的规范，对装机设备进行严格考核。

在这一过程中，钟山悟到：总设计师不是万能的，只能是某个专业的专家，对其他专业只有先学习后综合判断。但总设计师必须善于把系统工程发生的某一问题分解为多学科多专业的专家均可以发挥自己专长的问题，通过分解、启发、引导，使光学、电子、雷达、飞行力学、气动力学、控制与制导等不同专业的专家，都能针对问题提出自己的精辟见解，并进行可行性分析。然后，通过综合分析、对比，做出判断，解决出现的问题，排除可能存在的隐患，对认为有效的措施优先采纳；当然，最终真正的裁判不是总设计师或专家，而是实践。

回想攻克技术难关的艰辛和成功的喜悦，钟山以诗颂扬自己精心培育的科研团队和试验的成功：

三梭织锦饰云天，
独回受控舞翩跹。
两冬换来春风暖，
百夜攻克舵振关。
披星戴月难入梦，
含辛茹苦盼瓜甜。
今朝痛饮劝留半，
来日兼程快挥鞭。

5. 小靶场练兵

1985 年 5 月 28 日上午 9 时，小靶场阵地上，随着一声震撼大地的巨响，一发喷射着烈焰、呼啸长空的试验弹腾空飞射，像一把利剑直插山峦尽处。引人关注的这次闭合回路试验，落点精度高，遥测数据全，超出了预想的结果，获得了圆满的成功！

试验阵地上一片欢腾，专程前来参观的国家科委主任宋健，航天工业部部长李绪鄂，副部长程连昌、刘纪原、鲍克明，政治部主任马云涛，以及二院王可立书记、徐乃明总指挥、王恒谦副书记，都十分高兴地向参试人员表示热烈的祝贺，二院来此参观的千余人热烈欢呼。

中午，在阵地附近聚餐庆贺，许多参加型号研制的同志激动万分，25 所夏所长即席吟就小诗一首：

利剑震天响，
天地应答忙。
五载心血劳，
方闻功酒香。

钟山也和上十六字令三阕：

（一）

山，
巍峨葳嵬耸云间。
劈二代[1]，
五载苦登攀。

（二）

山，
棘刀崖剑鸟兽难。
开新路[2]，
披荆越陡巅。

（三）

山，
陈仓栈道初过关。
酒莫酣，
再攀三七三[3]。

① 指某型号是中国第二代防空导弹。
② 指型号研制开创新的管理模式。
③ 指型号研制过程的下次试验。

钟山（中）与二院领导在靶场讨论工作

“红旗 -7”导弹武器系统的研制历时 8 个年头，共经历了 4 种导弹技术状态的飞行试验和定型试验，取得了 4 个大型飞行试验的一次成功：独立回路遥测弹飞行试验一次成功、闭合回路遥测弹飞行试验一次成功、战斗遥测弹飞行试验一次成功、全武器系统设计定型飞行试验一次成功。

在这些成功的背后，是“红旗 -7”研制队伍无数次的挑灯夜战，废寝忘食，苦干加巧干。为了充分磨砺这把利剑，二院还在北京附近地区开辟了几个小型试验场，在小型试验场做过试验后，科研人员当天就能回京进行后期数据分析，开展后期攻关。

“不管好坏，先拉出来遛遛。”这是钟山常爱说的话。到小靶场提前做试验，是在“红旗 -7”研制过程中采用的独特试验方法。早在研制初期，根据国家的迫切需求，为了加快进度、尽早装备部队，在“红旗 -7”的研制指导思想中明确提出：提前试验，提前暴露问题，提前解决问题，同时要节约经费。基于这个指导思想，作为措施之一，钟山等提出了大小靶场结合的外场试验方法。

大靶场是指位于大西北戈壁的国家试验靶场，那里有完善的测量、测试设备，在武器型号各研制阶段的任务完成以后，须到那里接受考核。小靶场主要选在北京附近的地炮靶场和高炮靶场，这些小靶场没有专用测量、测试设备，主要用于“红旗 -7”的摸底试验，提前进行专项测试，为大靶场系统试验做必要的准备。具体做法是：在某个研制阶段或某技术状态研制完成以后，在进大靶场试验之前，先在小靶场进行部分研制项目的考核或系统摸底试验。

小靶场的试验时间一般较短，少则一周时间，多则十天半月。相比大靶场，设立小靶场有诸多好处：

第一，能提前完成的研制项目（包括硬件和软件），可先在小靶场进行试验或摸底，可以提前暴露问题，提前解决问题。

第二，节省人力和物力。小靶场距北京近，有问题可迅速派人去解决，解决后人员可立即返回。因此，可派少数人员参加小靶场试验，使更多的技术人员留在单位搞科研。而去大靶场，乘火车需要两三天，坐飞机一周只有一个航班，有问题不能及时解决。

第三，节约时间和经费。在大靶场做试验要提前上报计划，试验收费很高，试验时间短则一个多月，长则三四个月，参试人员的消耗很大。

大小靶场结合进行外场试验的实际效果是显而易见的，既提前考核了部分研制项目，对一些系统项目进行了摸底，又提前暴露了隐患和问题，更有利于提前解决问题。例如，模型遥测弹研制完成以后，先在小靶场进行飞行试验，观察曳光器、发动机点火及其在飞行条件下的工作性能，检验弹上遥测系统和模型遥测弹发控系统的性能；然后再到大靶场进行试验，重点检验在发射飞行条件下发动机的工作性能和弹体结构性能，部分检验导弹与发射筒的协调工作性能和导弹弹道特性，测量导弹在飞行环境条件下的部分环境参数和发动机火焰的红外辐射特性。

闭合回路试验，也是先在小靶场利用样机设备的发射系统，提前检验导弹系统的工作性能与发射系统的协调性、红外位标器的工作性能、数字录取系统方案的正确性和工作性能；而后再到大靶场进行试验，采用全套武器系统装备，着重检验弹上遥控应答机、红外引信和安全机构的工作性能，导弹系统与地面制导站系统的协调工作性能，控制回路的引入质量和制导误差，以及地面支援设备与作战装备的协调性能和使用性能等；同时，根据早做试验、早暴露问题、早解决问题的指导思想，对红外引信的启动性能、引战配合和对实体目标的杀伤效果，提前一个研制阶段进行了摸底试验，取得了系统鉴定性试验的主动性。

“红旗 -7”导弹的独立回路遥测弹飞行试验、全武器系统设计定型飞行试验，都是如此进行的。有了小靶场的提前练兵，在大靶场进行的几次“红旗 -7”的大型试验，都是一次通过，圆满成功。

“红旗 -7”导弹武器系统在规定时间和预算范围内研制成功并装备部队，这在中国地空导弹研制史上是没有先例的。不能不说，“红旗 -7”研制过程中采用的大小靶场相结合的外场试验方法，不仅是结合实际的独创，而且确实对按时完成“红旗 -7”研制任务并定型、批产、装备部队，起了相当大的助推作用。

在大小靶场交替练兵的另一个重要原因是物价上涨。在国家批准“红旗 -7”研制任务书的同时，确定了经费概算指标，并要求注重经济效果，专款专用，进行限额承包，试行合同制。合同制加上科研拨款制度的改革，也是一项新鲜事物。在研制过程中，让钟山等为难的是遇到了外汇调价、物价上涨等一系列难题。

常言道：“巧妇难为无米之炊。”如何在规定的时间内，不突破概算指标，全面完成任务，必须精打细算。钟山等探索出一个指令性计划管理和合同制管理相结合的经济管理新模式，采取目标管理，推行限额承包，使技术与经济紧密结合，消化了物价上涨因素，保证了原定概算的实现。

钟山率先对“红旗 -7”采取计划、技术、会计三结合，充分发挥技术工作的潜力，节约经费开支。最突出的是调整导弹、制导站、支援装备的技术状态和批次数量。例如将导弹的批次由原定方案的 6 个批次调整为 4 个批次，仅此一项就减少开支近 2000 万元；又如采取大小靶场相结合的外场试验方法，在小靶场以较少的经费及早发现问题和解决问题，使“红旗 -7”整个研制阶段的几次大靶场试验都一次成功，其经济效益更是明显。

“红旗 -7”导弹发射

在“红旗 -7”的整个研制过程中，为确保质量，钟山十分强调多做地面试验。在每次试验中，都实行多专业采集试验数据，一试多取，一试多用，以减少试验次数，减少飞行试验导弹的数量，节约经费开支。例如进行闭合回路试验的同时，提前考核战斗部，确保下次试验的一次成功；利用外出试验的行车过程，兼做跑车试验；利用固体发动机的试车多专业录取数据，创造条件利用跑车试验兼做电子设备的振动试验，等等。

通过中外联合打靶和提前试验，钟山带领“红旗 -7”研制队伍提前确定了系统试验方案和数据录取方法，此后能做到在飞行试验后 5 分钟提供计算机处理的试验结果；提前配套研制出飞行试验所需的各种非标准测试设备，并积累了目标特性、发射环境参数等各种有用数据，为“红旗 -7”全系统试验实弹打靶，从技术上、方法上、物资设备上做好了准备，赢得了时间。

6.“成功服”传奇

钟山有一件具有屏蔽功能的米白色风衣，本来只是一件普通的微波试验工作服，却因为见证了钟山不同凡响的经历，成为了神奇的“成功服”。

每一次试验，钟山都穿上这件风衣。这件风衣披挂在这位神奇的老将身上，不断化险为夷，因此大家称它为“成功服”。这件普通而又不平凡的风衣，记载了这位老将如何带领科研战士攻克一个又一个技术难关，取得一次又一次的试验成功。每次试验成功后，这位老将都会激动地赋诗一首，并在风衣上留下一

身着“成功服”的钟山

钟山（中）身穿“成功服”陪同谢光（左）等领导视察靶场

颗五角星。这些五角星让这件风衣更加充满传奇色彩。

“成功服”上浸透着辛勤的汗水，染上过喜悦的泪花，凝聚着全体队员的信心，更寄托着队员们美好的期望。可是，世上没有常胜将军，这件衣服注定要染上斑斓的色彩。

在试验、工作之余，钟山还是一个多彩多姿的人，喜怒哀乐都写在脸上。打靶成功了，他要跳舞，就是半夜了，也得让大家跳；他还要唱卡拉OK，而且专挑新歌唱。看着他欢乐的样子，仿佛又看到了当年那个多才多艺的热血青年。

打靶后，写诗是钟山的保留节目，这些诗作和钟山的“成功服”一起，忠实记录了那些难忘的岁月。

1985年夏天，按计划在进行全武器系统闭合回路飞行试验的同时，提前对战斗弹进行摸底试验，以便提前解决暴露出的问题。由于是全武器系统首次大闭合，技术难度大，接口关系又比较复杂，试验开始一度打得很不顺利，两发导弹接连失利，而且在对战斗弹进行摸底中也暴露出了不少问题。

试验结束后，导弹分队从发射阵地撤回驻地。长达几十分钟的车程，车内一片沉默，没有人说一句话。

回到驻地，钟山紧急召开技术分析会。说着说着，会场就像炸了锅，天上的问题、地上的问题搅在一起，大家公说公有理，婆说婆有理，都等着钟山做决策。

在争论技术问题的过程中，不免出现一些过头的话。一位导弹分队的试验队队员气鼓鼓地对负责制导站的队员们说："我们导弹好比是一朵花，插在了你们这堆牛粪上。"

一位负责制导站的同志一听就火了，也一蹦三尺高地进行反击。连平时很文静的设计师们都争得脸红脖子粗。最后，发射阵地和基地的司机也都参与了论战。

这种情景，钟山见得多了，完全扛得住。他认为，试验中暴露出来的一些问题和众说纷纭的议论，说明研制工作正面临着一个关键时刻，冲过去就可能达到胜利的彼岸，退下来，便会前功尽弃。

下一步怎么办？不打靶，问题暴露不充分，后续工作如何进行？打靶吧，谁敢保证一定能成功？在这种严峻的形势下，钟山主持了多次试验队战前准备会。每天晚上都要开到一两点才散会，有时还要开到凌晨三点。造成打靶失利的原因逐渐明朗，大家对再次打靶的信心逐步增强。为慎重起见，钟山广泛征求试验队队员的意见，他问："明天打不打得？"每个队员包括负责运输的司机都要发言表态。

明天能不能成功？谁也没有百分之百的把握。已经出现的问题解决了，谁也不能保证还有潜在的其他问题不暴露出来。他们只能对暴露出来的问题进行表态，对明天的试验，每个人的心都提到了嗓子眼儿。

为了放松一下情绪，有的试验队队员发表完意见后，开玩笑地说："钟副院长，打吧，大不了你逃到巴基斯坦避难去。"逗得大家先是苦笑，看钟山大笑起来，就都心领神会地笑了。

大家都望向队长，本来就瘦小的钟山，变得更瘦了。钟山"霍"地站了起来，一拍桌子，大吼一声："打！"

他下决心再打一发弹。打好了，这是"救命弹"；打不好，他恐怕就得下台了。

全武器系统闭合回路飞行试验再次启动。在发射过程进入不可逆程序时，老天爷又来凑热闹，风速突然加大，加之目标机动造成的过载量又较大，大家眼睁睁地看着自己的"宝贝弹"迟迟追不上目标。在发射阵地前沿参观的人员情不自禁地追着导弹奔跑，一边跑一边使出吃奶的力气大喊："加油！加油！！加油！！！"大家嗓子都喊疼了，只恨自己不能上天去推它一把。

终于，大家的诚心感动了老天，导弹与目标"交会"了，战斗部爆炸击中了目标。只见天上一团火，地上一堆火。激动的人群怎么也停不下来，还在一个劲儿地往前跑，直到被基地安全人员拦住。

这个时候，兴奋的人们回头一看，"宝贝弹"的拉拉队还真够庞大的，除了操作人员，几乎全试验队都出动了，就连在指挥塔上的钟山也在队列中喊："加油！加油！"他的加油声最响亮，他是名副其实的拉拉队队长。

一时之间，队伍中群情激动，大家互相拥抱、握手，激动得流出了眼泪。有的人手拉手在沙地上乱蹦乱跳，有的人干脆高兴地在沙滩上打滚儿。

钟山含着眼泪跟试验队队员一一握手，互相祝贺。

钟山从靶场返回驻地，随队医生看他"红光满面"的，强行命令他体检。一量血压，把医生吓了一跳，高压高达 190。奇怪的是，这样高的血压，他自己却浑然不觉。这种激动、紧张的情绪，久而久之，对他这样一个本来就易激动的人来说，实在是一种对健康的巨大挑战，但钟山则无怨无悔。

1986 年初秋，燕北山区一片金黄。钟山率领试验大军，又一次来到小靶场练兵。

一进入试验现场，钟山他们就开始了紧张的试验准备工作。白天，他奔赴试验现场指挥作业，检查各方面的准备情况；晚上，他和各系统设计师们一次又一次地研究、分析试验中可能出现的问题及应急措施，经常工作到深夜 12 点多。

一天夜里，他忽然感到肚子疼痛难忍——几天来他一直拉肚子并伴有低烧，可一直没把这事儿放在心上。

同志们立即把他送到当地医院，一检查，诊断为急性痢疾，必须立即住院治疗。吃药、打针、输液……

试验就要开始了，钟山这个急性子哪能躺得住？住院不到 20 小时，病情刚一好转，他就要求医生提前拔下输液的针头，风风火火地返回了试验现场。试验队的同志们上午刚听说他住院，正为试验能否如期进行而担心，下午一见他回来了，大家既高兴又心酸。有的同志感慨地说："钟副院长真是在拼老命啊！"

精诚所至，金石为开。这次武器系统鉴定性摸底试验取得了圆满成功，取得了三发三中，击落三架靶机、靶标的好成绩。

钟山（左）与航天工业部副部长程连昌（右）在试验靶场

钟山有感而发，填词《浪淘沙》：

暮霭惊雷电，
袅娜硝烟，
巧逐天狼靶身残。
天围猎手竟磋叹，
妙哉引战！

六冬朔风寒，
长夜蹒跚，
前关后追愁苦绵。
众里寻他惊回首，
春满人间。

试验后，根据钟山等二院领导的意见，对六年以来“红旗 -7”的研制情况进行了总结，并写成书面报告上报国防科工委。

国防科工委主任丁衡高做出批示，高度赞扬“红旗 -7”研制工作，并呈报

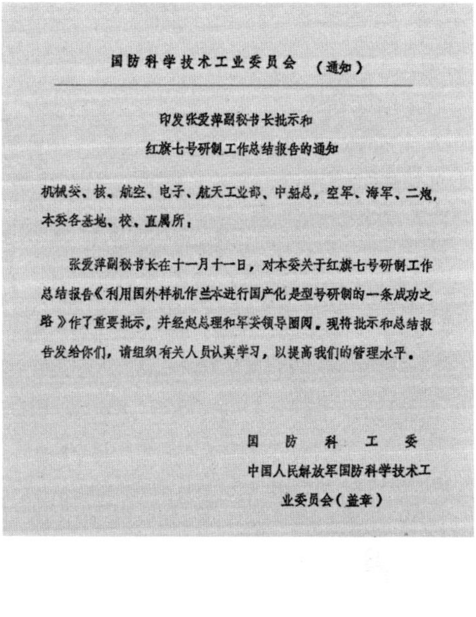
国防科学技术工业委员会 （通知）

印发张爱萍副秘书长批示和
红旗七号研制工作总结报告的通知

机械委、核、航空、电子、航天工业部、中船总，空军、海军、二炮，本委各基地、校、直属所：

张爱萍副秘书长在十一月十一日，对本委关于红旗七号研制工作总结报告《利用国外样机作兰本进行国产化是型号研制的一条成功之路》作了重要批示，并经赵总理和军委领导圈阅。现将批示和总结报告发给你们，请组织有关人员认真学习，以提高我们的管理水平。

国　防　科　工　委
中国人民解放军国防科学技术工业委员会（盖章）

国防科工委下发中央军委副秘书长张爱萍批示的通知

中央军委副秘书长张爱萍。次日，张爱萍做出如下批示：“航天工业部二院，在研制红旗七号低空防空导弹过程中，采用充分利用国外样机的基础上，进行功能仿制和反设计，实现国产化的路子，是成功的……请各级领导，尤其是专业技术同志认真研究，以利改变完全仿制和完全引进全套技术的依赖外国人的思想和作风。”张爱萍的批示经赵紫阳总理和中央军委多位领导圈阅后，由国防科工委发往各工业部和各军兵种及有关基地、院校、直属研究所。见到批示后，钟山如释重负，研制这一型号的广大职工也受到了极大的鼓舞。他们决心乘胜前进，向定型成功迈进。

钟山以诗贺试验的成功，并记述这六年来的苦与乐：

神箭寻的贯天沿，
洞穿靶身众傲欢。
汗渍簌簌肢堪累，
心血斑斑苦中甜。
六度浇灌果实见，
引战配佳险峰攀。
健儿呼唤三连冠[①]，
赢得夙愿凯歌还。

7. 双靶开花

1987年年初，“红旗-7”如期研制成功。3月至4月，钟山带着试验队前往国家靶场，进行“红旗-7”研制工作的最后一次大型试验，即武器系统鉴定性试验，并取得圆满成功。接下来，钟山又积极进行技术准备，组织迎接在国

① 指飞行试验取得三发三中的优良战绩。

家靶场对“红旗 -7”的全面考验。

由于试验场天气和靶机等问题，原定于 1987 年四季度进行的“红旗 -7”的定型试验推迟到第二年春天。

1988 年，春暖花开的季节，钟山率领试验大军又一次深入西北大漠，安营扎寨，与试验基地官兵一道，准备进行“红旗 -7”全武器系统的严格考核——定型试验。

戈壁滩上试验场又热闹起来了。

塞外大漠，黄沙弥漫。时而狂风大作，飞沙走石；时而烈日如火，丝风不见，凝固的空气和炽热的大地烤得人透不过气来。就在这样艰苦的环境中，钟山和试验队队员们同基地指战员们一起进行着紧张的试验准备工作。

导弹武器系统要进行第一次拦截机动靶机的飞行试验了，这天对钟山而言是一个永生难忘的日子。中央军委副秘书长洪学智、刘华清以及总参、总后、国防科工委、空军和航空航天工业部的主要领导也亲临现场参观指导，这使广大参试人员欢欣鼓舞，钟山更是心情激动。

“天有不测风云”。当试验进入 30 分钟准备时，忽然刮起六级大风，滚滚黄

钟山（右）与国防科工委副主任谢光（中）等在靶场

沙遮天蔽日，试验场上天昏地暗，几米之外不见人影。

人们在焦急地等待着。直到晚上 8 点多钟，狂风仍然不止，怎么办，打还是不打？钟山同有关领导商量后还是决定：“打！”

当晚 9 时，机动靶机在大风中歪歪扭扭地强行起飞了。导弹发射阵地雷达在旋转，各站位指战员在屏气凝神地等待着。当靶机进入预定空域后，指挥员一声令下，发射制导车顶部的发射筒“砰”的一声弹掉前盖，随后，一条火龙呼啸而出冲向目标。

由于强风干扰，导弹在飞行中急剧下沉。看到这情形，钟山感觉自己心跳迅速加快。但高性能的制导系统又把导弹拉起，眼看就要接近目标。两个亮点越来越近，忽然靶机却急速向上飞行，导弹紧跟其后迅速爬高。钟山的心再一次揪紧。看着导弹在强风中迟迟追踪不到靶机，不知谁情不自禁地喊了一声“加油！”整个阵地响起了“加油！加油！”的呐喊声。说也奇怪，在“加油”声中，导弹仿佛通了人性，居然扶摇直上，追上了逃跑的靶机。随着两个亮点相遇，天空中先是出现了一片火光，然后是一团烟雾，紧接着传来了一声巨响。

机动靶机被击落了！阵地上立刻欢声雷动，一片沸腾。

“红旗－7”击落靶机

洪学智、刘华清等领导从发射指挥中心来到发射阵地，洪学智向大家郑重地行了一个军礼说：“你们打得很精彩，我代表中央军委和三军将士向你们表示祝贺！”刘华清笑着走近试验队队员说：“刚才总设计师钟山说今天风大恐怕打不好，但你们冒着六级大风打下了靶机，这说明我们的兵器是过硬的！”

中央军委首长的赞扬和勉励温暖着大家的心，钟山更是激动万分，他在笔记本上写道：

大漠风沙屡风险，
风助靶机追踪难。
鹰击长空巧展翅，
雷鸣声处靶无还。

就在试验紧张进行期间，钟山继荣获“首都劳动奖章”后，4 月 24 日，又被中华全国总工会授予“全国优秀科技工作者称号”和“五一劳动奖章”。消息传到基地，钟山十分高兴，大家也为他祝贺。

“五一”晚上，二院机关调度组的同志想借机庆祝一下，可是用什么方式，拿什么表示呢？食堂关门，大漠中也没有餐馆，试验队里没有可用的东西。想

1988年，钟山荣获“首都劳动奖章”和“五一劳动奖章”

来想去，只能从简，简到什么程度呢?

晚上八九点钟，调度组都汇聚到钟山的宿舍。屋里有两张单人床、一台老旧的三屉桌和两把小方凳子，没有任何家用电器。大家因陋就简，摆开三屉桌，从隔壁借来板凳。钟山拿出一直没舍得吃的水果罐头，调度组的人找来一瓶还没喝的大瓶可乐，四五个人，围坐在三屉桌旁，以可乐代酒，祝贺钟山获得“五一劳动奖章”，预祝“红旗 -7”定型试验成功。

大家喝得很尽兴，可钟山没有在祝贺声中陶醉——他知道，更严峻的考验还在后面呢。

导弹武器系统的飞行试验仍在继续。一次，要进行双目标拦击试验，两架靶机先后起飞，一号靶机到达预定空域在空中飞行了几圈后，而二号靶机却没出现。根据计算，一号靶机再飞两分钟就没有燃料了，人们心急如焚，钟山却冷静地告诫大家要沉住气注意观察。就在这最后的两分钟，二号靶机突然进入空域！随即，一声令下，两发导弹相继飞出，各自奔向目标。转瞬间，两发导弹几乎在空中同时开花，两架靶机同时坠落。

这一奇观使在场的许多人瞠目结舌，惊叹不已。当人们清楚地看到两架靶

钟山获得的“全国优秀科技工作者称号”和“五一劳动奖章”证书

机双双坠地时，才从惊异中清醒过来。一个个欢呼雀跃，争相评说。

钟山欣喜赋诗一首：

姊妹相继腾云天，
各奔东西自觅伴。
瑶池同开花两朵，
霞光异彩照宇寰。

过了一关又一关，一关更比一关难。

试验的最后一天是拦击超低空靶机，这是整个试验中难度最大的关键一战。由于靶机距地面很近，不仅给雷达搜索跟踪带来极大困难，而且导弹触地的可能性极大。

然而，“红旗 -7”这一空中骄子没有辜负研制者的期望，当指挥员一声令下，导弹如一条火龙风驰电掣般掠过低空，像老鹰捉小鸡一样直扑目标，超低空靶机又被一举击毁。

这一超水平的空中表演，干脆、利落、漂亮、壮观！

当人们看到超低空靶机被一举击落后，欢乐的泪水再也无法抑制，相识的、不相识的人们，拥抱在一起欢庆胜利。钟山和在基地工作的老同学吴克总工程

钟山（左一）等观看被击落的靶机

师久久拥抱在一起，互相拍打着肩膀，任凭泪水欢淌。

超低空打靶试验成功的这天晚上，诗兴大发的钟山写下：

超低靶快地连天，
影伴头摇众心悬。
骄子不负万人愿，
洞穿长空颂精尖。

在整个设计定型试验中，“红旗 -7”一举荣获了国内四个首创，即首创超低空、双靶、五弹中五靶和首次通过武器系统全面的战术性能使用试验。也正是因为设计定型试验的难度大、要求高以及国家对一次定型试验成功的迫切要求，同样引起各级领导的高度重视，所以，在试验期间的 4 月 12 日至 27 日，中央军委、国务院各部委、各总部、国防科工委、空军、海军、航天工业部主要领导、二院的主要领导，先后乘七架飞机分四个批次，到试验基地指导和参观，给钟山和参试人员以支持和鼓舞，增强了大家对设计定型试验一次成功的信心。

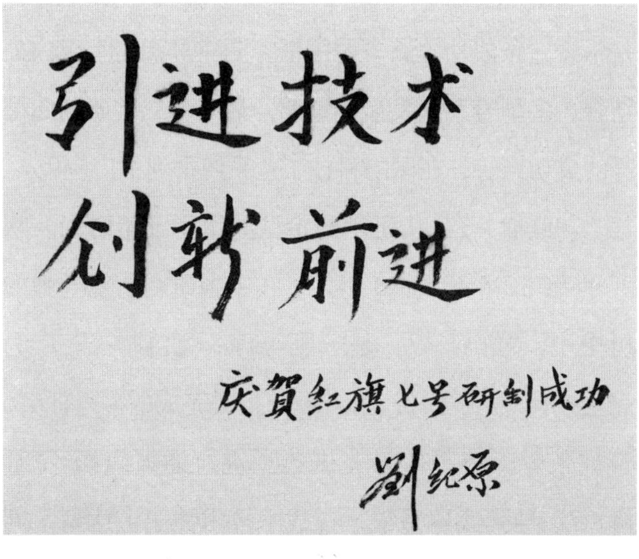

航天工业部副部长刘纪原为“红旗 -7”研制成功题词

回首三年前，“红旗 -7”曾写下“联合试验拦截靶机成功率低”的沉痛历史；三年后，却换来了可歌可泣的辉煌战绩。

到 6 月底，整个试验圆满胜利地完成了。钟山在试验基地的 100 多个日日夜夜是怎样度过的？妻子陆惠德并不知道，她只知道老伴是带着一大包药进入戈壁滩的。因此，她一直在为他担心：老伴能挺得下来吗？

当试验队队员们满面春风光荣凯旋的时候，钟山回家了。虽然又黑又瘦，精神却很好。妻子悬了三个多月的心放下来了。这使人想起钟山引为座右铭的诗句——“衣带渐宽终不悔”。

钟山成了功臣，常被张爱萍将军挂在嘴边。此前，张爱萍副秘书长已在一份报告上批示：“航天部二院红旗七号地空导弹研制的路子是成功的。”也正是沿着这条成功之路，中国低空防空导弹走上了内外结合、多型号系列发展的道路。后来，二院研制此型号的成功经验，在国防科技工业系统得到推广应用。

“红旗 -7”从研制到定型共用了 8 年时间。从 20 世纪 60 年代到 80 年代，在中国研制防空导弹的历史上，“红旗 -7”是一座丰碑。“红旗 -7”作为完全按计划、按经费、按指标、按时完成的型号任务，曾被张爱萍将军作为先进典型进行通报表扬。“红旗 -7”导弹武器系统，在战术技术性能上达到了同

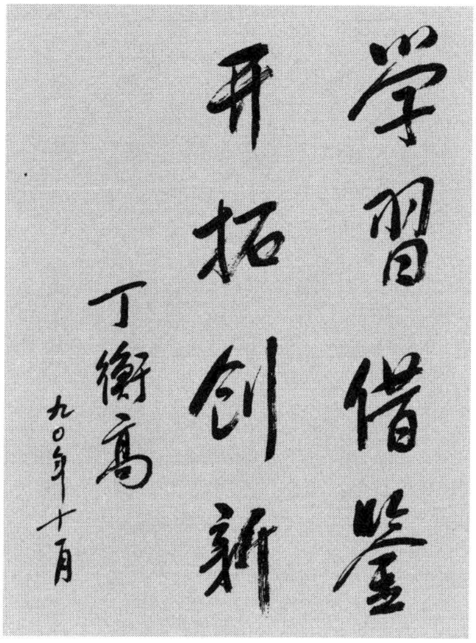

国防科工委主任丁衡高为“红旗 -7”设计定型题词

类产品 20 世纪 80 年代的国际水平，极大增强了中国低空和超低空的防御能力。

由于当时“红旗 -7”导弹武器系统尚属机密，这一切都没有见诸报端。钟山和他的战友们虽已战功赫赫，社会上却无人知晓。走在街上，钟山看起来不过是一位精瘦的普通老人。

定型成功，军地双方皆大欢喜。空军、陆军相继订购“红旗 -7”武器装备。“红旗 -7”成为中国军队装备的第一型第二代防空导弹武器系统。

但是，“红旗 -7”的新主顾——某军防空旅对防空导弹武器系统接触较晚，从原理到使用比较生疏，这意味着，钟山打靶的故事未完待续。

8. 人人是好汉

“红旗 -7”导弹武器系统获得 1992 年度国家科技进步奖特等奖。作为“红旗 -7”的总设计师，钟山在获奖者名单上位列第一，他还荣幸地受到党和国家领导人的亲切接见。

1993 年 3 月 1 日，二院在人民大会堂隆重召开颁奖庆祝会，钟山做报告。他在回顾型号研制的过程时，多次哽咽。当他深情回忆那些故去的老战友时，全场听众无不动容。

他在报告中说：“在国务院、中央军委、国防科工委、空军和航空航天工业部的关怀、支持和指导下，在机械、电子、化工、兵器、航空航天等

200多个研制单位的大力协同下，经过8年多的艰苦奋斗，攻克了关键技术45项，关键工艺87项，关键元器件、原材料、机电产品500多项，圆满完成了研制任务。通过11次40多发导弹的飞行试验和设计定型试验的全面考核，充分显示了第二代导弹武器系统的性能特点……曾获航天工业部部级科技进步奖178项，其中一等奖13项，二等奖75项，三等奖90项。这都是设计师们在不同岗位上废寝忘食、绞尽脑汁、攻破关键、无私奉献的丰硕成果。”

他深情忆起战友们忘我奉献和奋斗的感人事例：

“‘红旗-7’发射制导车的主任设计师乐美康，热爱发射制导车胜过他自己。老乐整天泡在战车里，对每一个部件、每个信号都了如指掌。他看的是车，摸的是车，想的还是车，简直入了魔；为了战车，他经常提前半小时就上班，常常工作到深夜；爱人、

钟山（前排左一）在颁奖庆祝会上做报告

女儿在家里几乎见不到他，面对家人的关心、体贴和埋怨，老乐无言以对。他对自己自顾不暇，边幅难修，经常饥一顿饱一顿，以至于得了胃炎和溃疡病。在病中，他仍然关心着战车，不顾夜里风大，亲自察看战车、维护设备。由于他精于钻研，精通业务，他负责的发射制导车提前完成设计、生产和总调任务。在试验中他多次抢救险情，转危为安，迎来胜利。研制工作8年，老乐和战车朝夕相处了8年，也是‘当穷光蛋，拼命干了8年’。‘红旗-7’研制成功，发射制导车性能良好，赢得国内外异口同声的赞扬，而我们的老乐却因忘我工作，未能及时休养治疗，引起严重胃出血，不得不把胃切除三分之二，这是对‘红旗-7’的忘我奉献。

“以老乐为代表，还有一批制导站的设计师、工人、管理人员，几年如一日，在战车内外工作。战车发动机、发电机运转的噪声，每日震耳欲聋，致使他们听力下降，甚至影响终身。负责8011战车的307厂高祖彭总师、湘潭电机厂的牟惟迁总师都是年近六旬，身体有病，他们认真负责，身体力行，深入生产第一线，亲自把住了质量关，对战车做出了贡献。

“再如弹上应答机的主任设计师李明章同志，在研制应答机过程中突破了高温低温关、双频关、微波功放链的调试关、电磁兼容关，真是一关更比一关险，终于使得应答机指标合格，可靠性提高，体积减小了10%，重量下降了340克。为此，老李冥思苦想，日夜奋战，随着应答机重量的减少，他的体重也下降了几公斤，并落下了老寒腿的顽疾。

“在研制过程中，不但有艰苦的攻关，还要冒千钧一发、生死关头的风险。有的总体设计师，导弹设计师，战斗部、发动机、火工品的设计师，工人师傅，时常在没有经验、随时有爆炸伤人的危险情况下操作、试验。例如：第一次在简陋条件下，土法上马，建起防雷电、防静电的屏蔽室；在随时随地都有可能遭受死神袭击的惊险中，一支敢冒风险的小分队平安地分解了一发带着火工品的战斗弹。

“设计师们第一次在试验场进行了战斗部的爆破试验和发动机的点火试验；还曾在一发不知什么原因发射不出去的战斗弹旁边，组织了抢险。队员们冒着危险，分析原因，排除故障，拆换导弹。他们将危险置之度外，精心操作，细心分析，排除故障，换来了皆大欢喜的成功、胜利。

“在8年的研制中，忘我工作、勇于奉献的‘红旗-7’科研人员还有很多生动事例，深深地铭记在我们的心中，特别是在二院‘红旗-7’设计师队伍中有6位主任主管设计师由于艰苦奋斗、积劳成疾，因条件较差而英年早逝。他们都是勤奋工作，在生命最后一刻还念念不忘‘红旗-7’的进展。在得到特等奖的今天，我们以十分激动的心情对他们表示哀悼和怀念。还有副总指挥耿锐副院长，对‘红旗-7’全力支持，亲自跑各协作厂所，组织协调指挥，我们十分感谢他，怀念他。还有二院外的204所、307厂、803所等单位，有几位设计师同志也先后离开了我们，他们都将活在我们的心中。

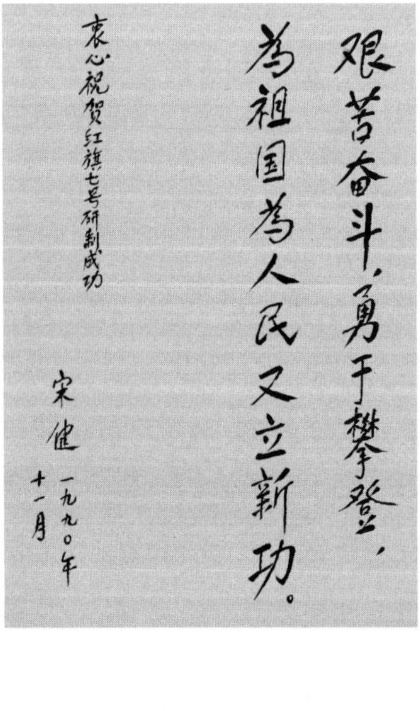

国务委员宋健为“红旗-7”研制成功题词

钟山（右一）与国务委员宋健（右二）在“红旗－7”颁奖庆祝会上

“在获得特等奖的今天，我们不会忘怀过去对‘红旗 -7’积极支持、热情帮助、真诚关心过的总参、国防科工委、空军、机电部、航空航天部以及各级机关、各个兄弟单位的领导们。没有领导们的支持、关心、帮助，就没有‘红旗 -7’的今天。这些领导有的已经离退休了，今天到会的也只是部分代表。在此，我代表‘红旗 -7’全体同志向到会和不到会的，在工作岗位和不在工作岗位的老干部、老同志，表示衷心的感谢和崇高的敬意。

“‘红旗 -7’是全国大协作的产物，‘红旗 -7’导弹武器系统能获得特等奖，是协作单位各自努力、大力协同、密切配合的结果。‘红旗 -7’特别是空军的空司高炮部、科研部、国家靶场、空五所、军代表室等军队同志和研究设计单位并肩战斗的胜利成果。空军和我们拧成一股绳，同呼吸，共命运，有问题共同解决，有困难共同克服，从而赢来了大型试验 5 次成功、4 个首创。

“在获得特等奖的主要完成单位中，由于名额限制，只有 20 个单位，实际完成一、二级主机配套任务的还有十几个单位……在此，我们对这些单位表示衷心的感谢和崇高的敬意。

“对获得特等奖的主要完成人按规定报了 27 名，但实际上还有一些曾任副总师和许多主任设计师同样做出了重大贡献。譬如：担任过第一副总师的吴北生、方辉煜同志，担任过总指挥、副总指挥的柴志、刘从军同志，以及全力支持‘红旗 -7’的程荣之同志，还有一些配套厂家的领导和技术专家，这些研制人员虽然未入 27 人名单，只是由于名额的限制。在此，我特别对吴北生、方辉煜等诸多有关人员表示衷心感谢和崇高敬意。

“‘红旗 -7’导弹武器系统获得特等奖只是历史长河中的一段，而为国防、为部队服务将是较长时间的宗旨……”

让钟山念念不忘的好汉还有太多。

钟山曾经统计过许多技术骨干的加班时间，如按 8 小时折合 1 个工作日，在这 8 年中大家加班的时间可折合 2 年，相当于大家用 8 年时间干了 10 年的工作，用生命和健康赢得了 2 年的研制时间。

在这 8 年里，“红旗 -7”战线上的广大设计师们把早日攻破技术关键放在压倒一切的地位，把一切个人问题，如名利、地位、孩子升学、教育，以及父

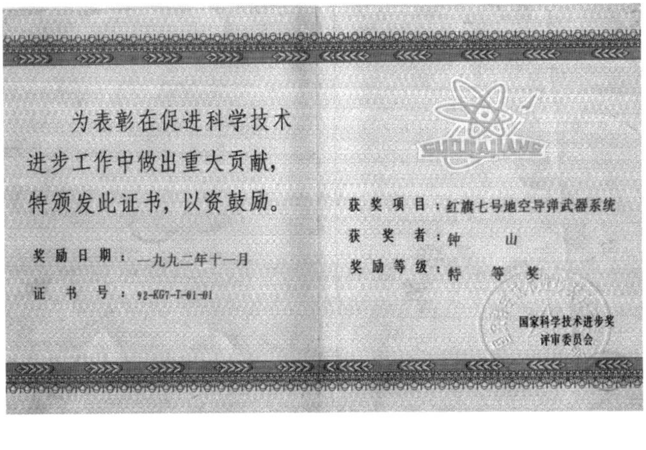

“红旗 -7”荣获国家科技进步奖特等奖

钟山（前排左二）参加“红旗 -7”荣获国家科技进步奖特等奖颁奖庆祝会

母子女或者本人的伤痛、疾病、亲情、友情，放在次要地位，其中有不少单位和技术人员还工作在偏僻的三线山区，他们真正为国防事业做到了“献了青春献终身，献了终身献子孙”。

“红旗 -7”获得国家科技进步奖特等奖后，航空航天工业部批下 30 万元的奖金指标，钟山亲自指导奖金分配。获得奖金的除了直接研制单位，还包括政工部门、勤务保障部门和 721 医院等，对一些主任设计师和机关的一些主管人员分不同情况给以奖励，留给他自己的不过几千元。

钟山

钟山院士传记

Academician Zhong Shan's Biography

第六章

海上树盾牌

钟山充分利用“红旗 -7”的研制经验，以发展的思维，确定了“海红旗 -7”的技术特征和研制主攻方向，并做出了一系列重大决策，为二院实现核心技术自主研制奠定了基础，为海军装备现代化做出了重大贡献。

1. 走向大洋

在新中国成立30多年后，中国海军还是主要围着黄海转的“黄水海军”。当时，“飞、潜、快”（飞机、潜艇、快艇）是中国海军的主要兵力结构，海军更多的是作为陆军的辅助力量，完成沿海反登陆作战任务。这一切在西沙海战后，悄然发生了改变。

1974年1月，中国海军南海舰队与民兵协同，对入侵西沙永乐群岛海域的南越军队进行了自卫反击作战。海战结束后，中国军队乘胜发起登陆作战，从南越军队手中夺回被占的甘泉岛、珊瑚岛和金银岛三岛，但对于更远的南沙群岛，就只能望洋兴叹了。

20世纪80年代，海洋在世界政治、经济、军事斗争中的重要性已经日趋突显，中国与周边海洋国家围绕海洋权益的斗争越发尖锐复杂，包括海洋资源开发、专属经济区的划界、大陆架的走向、部分岛屿的归属和开发，这些争端和分歧十分严峻，海洋经济、海上交通运输对海上安全的要求也越来越高。国家高层也做出决策，开始逐步调整海军部署，充实和加强我海域的保卫力量。可是，十年陆军，百年海军。建设大海军，需要一个大工业才能支撑。中国军方希望通过引进技术和购买装备，快速改变海军落后的面貌。

1980 年 3 月，英国国防大臣皮姆访华，确定了双方军事技术合作的重点。1981 年 6 月，中英双方明确了对英国重型装备“海标枪”区域防空导弹的改进设计方案，以提高中方单舰防空导弹的作战能力。

就在中英谈判合作的蜜月期，1982 年 4 月 2 日至 6 月 14 日，英国和阿根廷之间爆发了历时 74 天的马岛战争（英国称为福岛战争）。这是人类战争史上第一次大规模导弹大战，双方使用的精确制导武器有 17 种之多，在战场上取得了惊人的效果。

马岛战争中，虽然英国取得了最终的胜利，但是付出了巨大代价，阿根廷海军使用法制“飞鱼”反舰导弹击沉和重创了三艘英军舰船（谢菲尔德号驱逐舰、大西洋运送者号运输船和格拉摩根号驱逐舰）。中国海军最心仪的“海标枪”舰载防空导弹在战争中暴露出明显的缺陷，在中国海军心目中的形象大打折扣。这种专门对付高空高速目标的武器系统，在对付低空掠海攻击的“飞鱼”导弹袭击时，显得捉襟见肘。

谢菲尔德号驱逐舰

法国“飞鱼”反舰导弹

“飞鱼”反舰导弹（舰射型）射程为 50 ~ 70 千米，贴近海面以高亚声速飞行。中国近海作战的数十艘舰船没有对付这种超低空反舰导弹的能力，反空袭作战能力也极其有限，在高精度智能兵器攻击面前等于不设防的商船。海军有识之士指出：如在中国海域发生冲突，甲午海战的惨剧有可能重演。

“飞鱼”的战绩给钟山留下了深刻的印象。“一发百万美元的‘飞鱼’导弹，竟能造成英国上亿英镑的巨大损失……”

海军的严峻形势引起国家及军方领导人的极大关注。1982 年 8 月，刘华清出任海军司令员。刘华清责成海军相关部门研究引进舰艇防空及反舰导弹的装备问题，并在引进的基础上部署国内研制工作。此时，二院研制的“红旗 -7”导弹，刚刚完成首批模型遥测弹的试验。

1983 年 1 月，在对中英合作引进合同进行最后审查的联合评审会议上，中国船舶工业总公司联合航天工业部，列举马岛战争中英国谢菲尔德号驱逐舰的欠佳表现，据理力争，表示可以依靠中国自己的技术力量，在相同时间内研制完成并达到相当的技术指标，而经费只需引进合同的一半。经过综合考虑，1983 年 2 月，中国政府决定放弃谋求与英国合作设计新型驱逐舰的计划。引进“海标枪”导弹最终未获批准，合同自动撤销。

1983 年 3 月，解放军历史上第一个专门从事海军武器装备发展战略研究的咨询机构与智囊团队——海军装备论证研究中心成立。10 月 19 日至 22 日，海军装备论证研究中心在京召开“红旗 -7”装舰可行性座谈会。4 月，由刘华清主持规划的新型导弹驱逐舰经中央军委批准正式立项研制。以此为标志，我国海军主战装备研制全面启动。

机会永远垂青有准备者。钟山在主持“红旗 -7”研制的同时，组织“红旗 -7”导弹武器系统总体设计人员参与了海军武器装备引进的调研、论证工作的全过程。他们阅读了大量资料，收集了世界各国舰载防空导弹的技术数据，经过反复比较、核算，结合中国舰载武器装备的实际安装情况，从技术角度提出美、苏、法、英几种战术技术性能相当的防空并兼顾反舰导弹的武器系统，作为引进的方向。

可是，除英国外，中国从其他西方国家引进技术也不如人愿。最后，中国将学习先进技术的希望寄托在法国身上，并将目光聚焦到“海响尾蛇”导弹武器系统上。

法国“海响尾蛇”是对付中、低空飞行的飞机和反舰导弹的新一代舰空导弹武器系统，20 世纪 80 年代初期交付使用。该导弹射程约 8 千米，射高为 5 千米，最高速度为 750 米 / 秒，可反击速度为 600 米 / 秒、掠海高度为 4 米的反舰导弹；为跟踪海面目标，采用了红外与雷达多传感器组合跟踪的体制，使其具备既可跟踪空中目标，又可跟踪海面目标的能力。

海军武器装备论证组经反复深入讨论，形成一致意见：法国汤姆逊公司成功研制“响尾蛇”导弹，其出色的反飞机作战性能，必然在“海响尾蛇”导弹武器系统中得到继承。“飞鱼”反舰导弹是法国研制的产品，汤姆逊公司的技术人员必然熟知这类目标飞行、攻击方面的设计思想、技术特性和关键技术，也必然论证出反击此类目标的方法、作战过程、系统配置、所应达到的技术指标等，从而在“海响尾蛇”导弹武器系统中得到充分的体现。

与此同时，钟山责成二院总体人员对中国驱逐舰、护卫舰的安装环境进行详细调研。他们调阅了舰船的图纸、资料，对舰体结构、舰上雷达和情报系统的性能、接口、供电、供水、通风、电磁环境以及作战使用等各方面进行研究，还登舰实地考查，与舰员座谈。最终形成了装舰方案，为引进的“海响尾蛇”装舰可行性给出了明确答案:“海响尾蛇”是兼顾防空和反舰导弹的理想的导弹武器系统，而且适合在中国主要类型的作战舰船上安装。这为后来二院研制“海红旗 -7”舰空导弹武器系统埋下了伏笔。

二院的意见正式成文后上报海军。军方及军工部门的认识不谋而合，向法国派遣考察团的报告顺利通过审批。海军及军工部门上下为之瞩目的重要装备引进工作，开始启动。

1987 年 2 月，刘华清主持制定的“近海防御”海军战略及《海军 2000 年前的发展设想和“七五”建设规划》，正式上报中央军委，并获得批准。按照“积极防御，近海防御”的战略思想，增强海军舰艇部队的防空自卫能力，着眼于 20 世纪 90 年代的作战环境，研制一种精良的舰载防空武器已是迫在眉睫的任务。

1987 年 4 月 18 日，“红旗 -7”导弹武器系统以四发四中的佳绩成功完成鉴定性飞行试验。各级领导纷纷赞扬这次试验的圆满成功，肯定“红旗 -7”研制道路是一条“多快好省”的成功之路。6 月，中央军委下文指示“海红旗 -7”研制与“海响尾蛇”导弹引进同时进行。

2. 上兵伐谋

“上兵伐谋”，用兵的上策，是以谋略取胜。作为型号总设计师，一开始的顶层设计尤为重要。在总体方案论证中，钟山审时度势，做出一系列重大决策：组建指控显示分系统，采用分布式体系结构，控制软件自主研发，创建信息化手段，实现武器系统的对接联调。这些敢为人先的重大决策，使得“海红旗 -7”研制走上了“总体、功能借鉴，核心技术自主研发”的道路，并为后继型号的计算机化、网络化、信息化打下了技术和人才基础。

“海红旗 -7”与“红旗 -7”虽只有一字之差，却完全是更新换代的产品。“海红旗 -7”的主要特征表现为：对付目标类型多、要求高，既要反飞机，还要反掠海导弹、空地导弹等导弹目标；超低空掠海高度低到几米；最大飞行速度还要进一步提高。这些要求是过去从未有过的。实现上述目标，需要采用一大批高新技术，攻克一系列技术难关。另外，作为新武器，“海红旗 -7”在抗干扰能力、可靠性、维修性、保障性、环境适应性、电磁兼容性等诸多方面均需满足高要求。

新型导弹的最大特点是模块式结构。舰上武器装备十分拥挤，导弹上舰，只能见缝插针。汤姆逊公司就是将“海响尾蛇”导弹武器系统按专业功能设计成数据处理、显控台、雷达发射、雷达接收、指向器、发射架、供配电、导弹及装填等十来个模块，它们以机柜或转塔的形式出现。一个庞大的武器系统，被有机分隔，分散安装在甲板上下各舱室中；需要对空对海的两个直接作战部件——转塔，则装在舰面之上相对空旷的部位。然而，对如此分散的系统如何进行有效控制，使其协调动作，共同完成作战任务，则是系统性、原理性问题，涉及武器设计的方方面面，特别是在恶劣海情船体剧烈晃动的情况下，如何保证武器系统始终牢牢抓住目标并将导弹引导到目标，这是设计在稳固的地面上实施对空作战的导弹武器系统时未曾遇到的问题。

从“海响尾蛇”模块化的配置，钟山意识到，模块化即意味着设备包括所属软件的分散化、系统功能执行部件的分散化，也就意味着分系统的独立性。必须有一个高水平的总体系统，才能把相对独立的各分系统整合为完整的系统，成为一个有机协调地发挥作战效能的武器系统。而且，仅有跟踪制导、发射控制、导弹及弹上设备等基本的三个分系统是不够的，不能实现高度自动化集中控制的功能，不能胜任分散的设备连接成为一体协调作战的任务，也不能适应分散处理集中控制这样一种发展形势。因此，有必要配置第四个分系统，利用最新的微电子、微处理机等技术承担相应的新任务。

1987年8月25日，钟山主持召开“海红旗-7”研制策划工作研讨会，院、所领导及副总师等技术人员出席了会议。这次会议在落实“海红旗-7”的技术攻关工作的基础上，专题研究软件开发及分工，这是中国在导弹研制中首次将软件研制作为关键项目，并在总体方案论证阶段就及时部署软件的开发工作，开创了作战软件自行研制之路。

会上，钟山做了精辟的分析：“新一代防空导弹武器系统，新就新在计算机化、信息化和软件实现上……组建一个新的指控和显示分系统，就是为了适应这种形势，是科技发展的必然，是研制具有反导能力的新型防空武器的需要。但是，与其他三个分系统不同的是，它研制的范畴、面临的任务，在深层次上涉及另外三个分系统。因此，它并不完全像其他分系统那样相对独立、自闭合。指控和显示系统研制工作的性质，是涉及全局的总体性的。它应该设置在总体单位，与武器系统总体协同，从控制体系、信息连接、软件实现、系统总成诸方面，参与、协调全武器系统的研制工作，与此同时，指导、落实本分系统设备的研制生产。”

对于第四个分系统的名称，技术人员提出多种方案，最终，钟山确定为“指控显示系统”。它所面临的任务可以概括为“信息连接、人机界面、作战控制”。

关键技术是影响型号研制进程乃至成败的高难课题，关键技术能不能攻克是总体方案能否成立的决定性因素。在可行性论证和总体方案论证阶段，必须对确定的关键技术项目进行深入研究，辅之以必要的试验，给出在未来的研制进程中确有把握能够实现的论证报告。那么，哪些技术项目是研制第三代防空导弹的关键技术呢？

大家提出的关键技术很多，钟山会同副总师、总体部和各专业所学术带头人，经反复讨论、研究认为，一些不涉及原理性的项目，如采用大规模集成产品替代以往型号中的小规模集成电路的全新设计，大型机械结构的设计、制造等，不列入关键项目。因为，经过科研人员在型号研制周期内努力工作，有把握最终实现功能部件的升级、制作、试验并顺利定型。

钟山认为，关键项目的判别原则应该是：

第一，较之“红旗 -7”防空导弹武器系统在原理上有所突破的，如贴近海面的近炸引信系统、新体制雷达的信号处理系统等；

第二，在武器中纳入新装备并需要进行系统整合，需要大动干戈的，如红外跟踪器；

第三，关系到全局的控制系统——中心计算机系统。

经过认真研究，最终确定了红外跟踪器系统、中心计算机系统、雷达信号处理系统、近炸引信、固体火箭发动机、红外位标器、制导雷达双波段天线系统、指向器伺服稳定系统、制导雷达微波发射机和全相参发射机、全相参频综接收系统 10 项关键技术项目，并形成报告上报航天工业部及海军。随即二院成立攻关组，启动了关键技术项目的科研试验。

在 20 世纪 80 年代，能够认清这种形势，做出科学预见，运用全新的科技资源开发新一代导弹武器系统，确实需要对科技发展的远见卓识、超越常人的意志和魄力。1997 年出任“海红旗 -7”副总师的小魏说：“在参考国外产品和借鉴国际先进技术的基础上，结合二院的实际情况和国内的水平，走独立自主自行设计之路，这种指导思想在当时是比较切合实际的。跟踪制导系统参考借鉴的只有外观、操作界面，其他核心部分都只能自行设计。这为型号研制走上一条顺利之路打下了基础。钟山不愧是团队的领军和灵魂人物。”

1988 年 2 月，航天工业部任命钟山为“海红旗 -7”技术总负责人，并任命分管系统总体和 4 个分系统的副总设计师：袁起、黄槐、马翰秋、于本水、杨存富，

2002年，钟山（前排左四）与“红旗-7”系列“两总”合影

他们分别负责武器系统总体、跟踪制导系统、发射转塔及供电系统、导弹系统、指控显示系统的研制工作。一批学有所长、年富力强的技术带头人组成了强大的研制阵营，为保证型号研制成功奠定了人才基础。

按型号研制步骤，“海红旗-7”研制工作分成可行性论证、方案论证和技术攻关、试样研制、系统试验和定型5个阶段。1988年11月，海军装技部主持召开了武器系统方案审定会，正式通过了武器系统方案。1989年，“海红旗-7”关键技术攻关工作相继取得突破，到12月，先后完成了10项关键技术攻关评审，拟定了各分系统的研制任务书。1990年1月，“海红旗-7”开始转入武器系统全面研制阶段。

3. 走自行研制之路

钟山清楚，制订一个既技术先进又切实可行且符合实战要求的总体方案，必须具备防空导弹设计的基础知识和丰富经验，也必须掌握20世纪80年代科技发展的最新状况。而“海红旗-7”导弹武器系统当中能够体现当代科技发展水平的指控显示系统是一个重要方面。首先，钟山引导科研团队深入研究，新型防空导弹武器系统在哪些方面有所突破，有所超越？

在“海红旗-7”的整个研制过程中，对于指控显示这样一个全新的分系统，钟山给予特别关注，并具体指导。在袁起副总师主持下，各主管设计师进行认真反复讨论，结合当时计算机、数据传输技术的发展分析研究，确定本系

研制成功的“海红旗－7”八联装发射转塔

统6个研究方向：计算机体系结构、信息交换方式、传输控制协议、计算机网络、信息协议、人机界面设计。这6个研究方向中的每一个，都渗透了20世纪80年代科技的最新发展。

从计算机控制系统的体系结构看，分为集中处理控制方式和分散处理集中控制方式。在系统控制领域，分散处理集中控制方式较之集中处理控制方式有一系列优点：处理任务分散，按层次、模块划分的处理任务，分散到各分系统，有利于全系统研制工作并行启动，全面铺开；分散后的处理任务与各分系统紧密结合，处理软件专业化程度高，有利于数据库程序的使用和专业软件的继承，加速研制进程；任务分散后对单机的压力减轻，因而对单机的要求可适当放宽；可分散矛盾，缓解集中处理控制方式在资源使用中出现的冲突；扩充软件不牵动全局，分系统自检和维护方便，分系统鉴定、验收容易实现；分散处理使得计算机延伸到设备，是设备升级换代的有效途径；更重要的是，普遍采用微机控制满足了各级设计师掌握新技术、追求工作完美和成就感的心理，将极大激发其研制工作热情。

钟山在与指控显示分系统设计师们接触中，及时掌握他们的这些想法，同时收集相关资料，了解这一领域的发展动态。钟山清楚，导弹武器系统涉及多学科和多专业，每一专业软件的实现必然经历漫长的需求设计和软件编制调试过程，先后有近百人参与。如果集中在一台中心计算机上，没有一个既精通作战总体需求又熟悉软件组织结构、专业规范的权威，必然出现胶着状态，研制工作难以铺开，后续工作大量矛盾交叉、冲突，必然牵扯总体及软件设计师们的大量精力，进行无谓的协调，以至不能自拔。分散处理确实是解决大型软件集中在一台计算机上造成瓶颈的一条路径。

分散处理集中控制方式也存在风险，包括大型复杂多模块互相紧耦合的处理任务，拆开来分散下去独立处理，最终能否捏合得起来，实时性能否保证，适应分散处理集中控制体系结构的高速数据交换方式如何设计，分散处理集中控制中信息传递延时对系统的控制性能有多大影响，等等，都是关系到导弹武器系统成败的原理性问题。必须对可行性进行周密的分析论证，才能保证不出现颠覆性的问题。

钟山召集二部总体和各专业所总体人员组成论证组，梳理分散处理集中控制体系结构可能出现的问题。专业组从控制理论、控制系统体系结构、高速数据交换、实时性与控制品质等方面进行了分析论证，最终肯定了分散处理集中控制体系结构在防空型号中应用的可行性。只是，大家担心：中心计算机系统自行研制的口子一打开，其他分系统也必然放弃仿制的框框，放手自行设计。对研制任务有没有风险？周期能不能保证？需要高层决策。

钟山（左二）主持某分系统方案审查会

通过自下而上设计师广泛参与的大讨论，钟山的思绪逐渐明晰。首先，总体设计队伍熟悉导弹武器系统工作原理、作战过程、数学模型，但是不熟习武器控制的逻辑过程和模型如何变成软件人员能够理解、接受的东西，也就是国外所称的“需求分析”；而软件人员虽是软件编程的高手，但不具备总体人员系统的专业知识。因此，承担并完成“海红旗 -7”导弹武器系统控制的大型软件工程，主要是建立行之有效的沟通机制，实施强有力的组织和协调。其次，软件工程问题，是计算机、网络科技发展提出的新问题，必须培养知识、魄力、组织才干兼具的领军人物。第三，作战维护软件是导弹武器系统的核心，这是绕不过去的坎。

钟山亮出了他那种“大胆决断，敢于负责，敢于承担技术风险”的主事风格，敲定：二院自行研制“海红旗 -7”的全部控制软件，软件按专业划分，分别配置到多计算机上进行处理，数据快速交换，由中心计算机进行功能性的集中控制；同时研制通用型加固中心计算机，以及配套的实时操作系统。这极大地减少了研制期间各专业软件协调的工作量，将各分系统集中在一台计算机上“串行”开发的过程变为在多台计算机上“并行”开展工作，降低了研制风险，缩短了研制周期。

通过控制系统体系结构充分的分析论证，在二院涉及型号的软件产品研制走什么道路的问题上，大家也统一了思想：软件按专业划分，由各分系统研制本系统的控制软件，配置到专用计算机上进行处理，总体部研制武器系统级的控制软件，由中心计算机进行功能性的集中控制。采用分散处理集中控制体系结构，使得“海红旗 -7”软件的总体配置以及由此引发的数据网络、信息流设计，与作为研制借鉴原型的“海响尾蛇”呈现出本质上的差异。

自行研制意味着无数的难关和巨大的风险，钟山做这样的决策是要冒巨大风险的。但是，这条路一定要走下去，不走，二院就没有前途。

钟山体验用于弹上设备挂飞的水上飞行器

当时刚参加工作，后来担任某型号总师的小石回忆这一段工作时说："'海红七'与'海响尾蛇'和'红七'都不一样，是防空导弹领域第一个把集中控制改成分散处理集中控制的，这是充分考虑了二院和中国具体国情做出的决策。我记得，当时争议是很大的。我觉得这是既有技术又有管理的一个综合决策，直到今天还有现实意义。一个单位不可能把全系统的处理全包下来，分散处理能够利用全院各个所的优势协同地完成各自的研制任务。但是，对系统总体设计及协调要求高了，对总师的要求也变得高了。"

4. 力克"拦路虎"

自行设计软件，在中国防空导弹武器系统研制历史上毕竟是第一次。钟山预见到，人机界面的智能化以及自动化维护测试功能的实现，最终将落实到软件上。为了不让软件工作成为"海红旗 -7"研制的"拦路虎"，影响整个研制周期，在钟山的倡导下，"海红旗 -7"研制初期用了三年时间大打软件之仗。钟山提出"三突"要求（突出软件、突击软件、突破软件），严格按软件系统工程程序办事。

钟山多次组织相关副总师、分系统学术带头人、专业所的专家召开座谈会，研究对策。他在报告中指出："现代武器系统的研制，软件占有很大的比例，属核心技术。不解决软件的自主开发问题，就不能实现真正的武器系统自主研制。"

在钟山建议下，经二部机关安排，1992 年秋季，"海红旗 -7"的软件设计工作会在烟台养马岛举行。会议期间大家抽空参观了刘公岛。

甲午战争中与日舰鏖战的“镇远”舰

从海底打捞出来的“济远”舰前双主炮，现陈列于刘公岛上的中国甲午战争博物馆

刘公岛之行绝不是一次轻松的观光游览，钟山和“海红旗 -7”的设计人员默默地看着中日甲午战争的照片，心绪难以平静。所有的人都在思索，假如再来这么一次海战，我们有多少胜算？

钟山顺势向大家讲起了在自己的少年时代，日寇借着掌握制空权，对中国四川、江浙一带人口稠密的城市狂轰滥炸的情景。

“天下虽安，忘战必危。”钟山心情沉重地对大家说：“对于中日甲午战争的失败，从政治腐败以及军力、经济力衰弱等多种因素去分析，无疑是正确的。但失败的根本原因，还是海洋观念落后。落后的观念最终导致了有海无防，有防不固。没有强大的海军就会处处受制于人，这已被近代百年屈辱的历史所证实。失败的教训鞭策我们建设强大的海军，建设坚固的海防，这是国家民族的重大战略利益之所在。”

钟山在“海红旗-7”软件设计工作会上发言

前事不忘，后事之师。特别是在中日甲午战争的战场之一重温誓言，身临其境，激发了设计师们强烈的民族自尊心和固我海防的使命感。

在此次工作会上，大家本着对国家、对民族负责的态度，按照“高标准、高要求、高起点”的原则，对“海红旗-7”的软件工作开展了广泛的讨论，达成了共识。大家纷纷表示，要采用新技术、新概念，在参考和借鉴的基础上大胆创新，攻克核心技术，逐步走向自行研制的道路。

钟山在软件设计工作会上生动形象地讲道：软件摸不着，看不见，个体开发难控制，更改过后无痕迹，出现问题难检查，故障机理难复现。这与硬设备的“开放性”形成鲜明的对照。现在，控制软件功能越来越完善，模型越来越复杂，软件规模越来越大。我们研制的软件，不是过去靠少数人就能完成的产品，而是集体合作的结晶……我们要采用软件工程的方法，重视阶段性文件的归档和版本“固化”，尽可能早地发现问题并改正，从而把代价降到最低。

会上，钟山指出了型号软件开发存在的问题，将其条理化，总结为六个方面：软件研制工作往往是在需求分析欠缺甚至不明确的情况下开展的，程序设计的个体手工方式不能满足大型软件的研制要求，缺乏软件质量的审查和测试，软件的“可复用”性及环境适应性差，难以在原有软件基础上开发新功能进行升级，软件开发和维护的文档资料的编写、归档没有得到应有的重视。

针对以上存在的问题，总师系统明确“海红旗 -7”的控制软件按照软件工程“需求分析、概要设计、详细设计、程序编制、单元测试、整体验收测试、运行及维护”等七个步骤开展研制；武器系统总体要尽快行动起来，着手进行“需求分析”论证，为后续工作开个头。

同时，采取一些行之有效的措施，如对软件产品实行第三方测试，实行软件开发人员双岗制，建立武器系统通用软件库避免重复开发，建立更改单制度记录软件研制状态，严格软件版本归档制度。这些措施保证了软件产品设计规范化，可读、可查、可追溯，完全受控。

在钟山等的倡导下，二院还建立了软件评测机构，编制了软件工程有关的标准、规范。在此后三年多的软件研制过程中，明确了系统总体与软件研制团队的沟通渠道，整合了系统总体和软件编程这两个截然不同的科技领域的设计人员。二院防空型号的控制软件由仿制时代的照搬照抄、少数人掌握、修修补补、个体劳作的原始状态，步入了全盘自主开发、集体协作的现代化大规模研制的通途，为二院软件研制开创了一个崭新的局面。

烟台工作会后，正值旅游旺季，回京车票成了大问题。二院机关工作人员多方努力，只买到一张软卧、几张硬卧和一些硬座。把卧铺分给钟山和老同志，硬座给年轻同志后，地空处杨世东和院办秘书小米则只剩下了站票。

傍晚，火车从烟台开出后，没有座位的杨世东四处找同事聊天。火车进入夜间运行，旅客开始休息，小杨心想：找找小米，两人一块找个地方熬过这晚。杨世东遍寻不着，一直走到软卧车厢。长长的车厢过道里，昏暗的灯光下只有一个熟悉的背影——钟山副院长。他正独自坐在包厢外的小椅子上。

杨世东忙问：“您怎么还不休息？看到小米没有？”

钟山说：“小米在烟台遇见校友，上车前喝了‘三盅全会’（指白酒、葡萄酒、啤酒），喝多了。”这时候，杨世东才知道，小米在钟副院长的铺上猫着呢。

杨世东急忙说："我去叫醒小米，您赶快休息。"钟山坚决不肯，说："小米睡得那么香，就让他睡吧，我在走廊坐着就行。"

一看钟山坚决不同意，杨世东赶忙到硬卧车厢找到单位的同事商量办法，最后，朱美娴和戴玉玲两位女同志挤到一张硬卧中铺上，强迫钟山睡到腾出来的下铺上。

火车到京已是清晨。小米醒来，一看自己在钟山的铺位上睡了一夜，十分尴尬。大家打趣地说，钟副院长心甘情愿给你当秘书，为你站岗。

这件事让大家感触很深，都觉得"跟着钟山干，终身无遗憾"。

5. 塞北演兵

导弹武器系统能不能跟踪、摧毁目标，不经过飞行打靶试验，无法得到最终验证。钟山与型号"两总"们反复研究，提出武器系统试验分两阶段进行，按照"先陆上、后海上；先方舱（试样）、后正样；先试验舰、后正式舰"的程序来实施，决定先在小靶场进行摸底试验，在上舰前解决关键技术问题。

实践证明这种研制程序合理、可行，好处颇多：一是先在陆上联调和飞试，分别解决了雷达、红外、导弹等多方面的关键技术，因此有利于减少舰上联调时间，缩短试验周期；二是由于缺乏在舰上配套和试验的经验，通过装方舱上试验舰，对舰上电磁兼容问题、船摇稳定、海杂波及多路径影响等问题，有了从理论到实践认识上的飞跃；三是通过在试验舰上的各种试验，对红外位标器、跟踪器等与导弹发动机尾焰的相互影响和与导引规律的关系有了深刻的认识，积累了丰富经验，为攻克制导关键难题打下了良好基础。

1994年10月19日，在二院召开的"海红旗-7"陆上闭合回路试验进场动员会上，钟山以他极具鼓动性的洪亮嗓音做动员："陆上闭合回路试验总的要求概括为六句话："程序发射，正常交班，上下闭合，导弹受控，精度合格，数据完整。”

他说：“这次试验是承上启下的第一次全系统试验，是决定后面的海上试验能否如期进行的重要一战，当然也是涉及二院声誉的开局一战。

“我们对试验的难度要有足够的认识：第一，站架分离，导弹受控顺利交班有难度；第二，数字化接收、雷达信号处理、导弹支路截获－跟踪的转换是跟踪制导分系统研制中的难点；第三，我们第一次自行编制武器系统控制软件，正确性、实时性、可靠性要经过试验检验，这是最大的难点。

“大家思想上要有充分准备：要克服麻痹、松懈思想，要高度重视，行动起来，开动脑筋，设想各种困难，预防各种可能出现的问题，千方百计予以解决；要有首发摸底不成功的准备，要通过失败找出整改途径，走向成功。”

在讲述了试验初步安排及要求之后，钟山从座位上站起来，手拿话筒大声说：“同志们，明天试验队就要出发。感谢同志们前一段所做的艰苦努力，取得了系统联调及八发导弹总装测试的重大成绩，顺利完成了各项准备工作。但要看到，陆上闭合回路试验只是基本具备条件，还有更远的路要走，更多的困难要去克服。我们要发扬航天精神，发扬‘红七’的光荣传统，百折不挠，不怕失败，先摸底，后成功，直到全面胜利！”

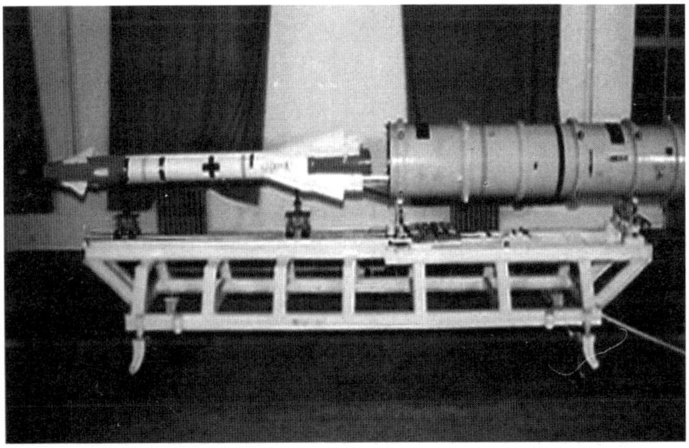

“海红旗－7”导弹及弹筒

他振臂高呼："陆上试验必成！闭合回路试验必胜！"学生时代积淀的语言和表现功底，使得钟山的动员报告充满感染力和鼓动性。听了总师动情的动员，群情激昂，会场上响起长时间的掌声。

海军领导机关、国防科工委、中国航天工业总公司等上级单位对这次打靶试验高度重视，在不同试验阶段均派遣代表密切关注试验的过程。

按照惯例，正式打靶前，必须对经过拆卸、运输、重新安装的"海红旗-7"系统进行全面检查，以确认其功能是否正常、指标是否变化，对能否进行打靶试验得出明确的结论。系统检查必须通过设备单机测试、模拟发射、校飞试验三个主要步骤，步步深入，检查到系统的每一个设备、组合。

试验队的组成主体是各分系统副总师、主任设计师和设备的主要设计人员。试验队队员一丝不苟，严阵以待。钟山更是不敢有一丝一毫的懈怠。每天晚上的汇报协调会钟山必到，他细心聆听每一个人的汇报，发现、分析打靶试验中各种潜在问题，部署第二天的工作。在设备方舱、指挥控制间，经常可以看到他的身影。

一次，他走进一个用于软件检查、调试的房间，看到总体组与软件组几个人站在靠墙的小黑板前，讨论红外位标器截获目标的软件处理问题。

钟山拿过一把椅子坐下，倾听他们争论，听着听着，钟山不自觉地加入了论战，不断拿起粉笔在黑板上对框图发表意见。

初出茅庐的小石、小张转而与钟山据理力争。"在站架分离的情况下，导弹由红外位标器引入雷达波束，在射击不同高度的目标时情况复杂，处理方法不同将影响到引入概率。"这就是他们争论的焦点。

小石嘟哝了一句："要是能试验验证一下就好了。"

钟山马上意识到这是个好主意，忙问："你们需要什么条件？怎么试验？"

小石提出一个大体想法，现场人员你一言、我一语地展开讨论。最后，钟山归纳了靶场硬件实施方案，并安排试验时间，明确由小石主持这项试验工作。

进入21世纪，当年的小石已经成长为新型号的总师。回忆起那段令人难忘的往事时，不禁感慨:“一个副院长、专家，能够不讲身份和我们不谙世事的年轻人一起讨论技术问题，那么较真儿、深入，甚至争论，讨论过后说干就干，当即拍板。这种深入、扎实的工作作风是我们应该继承发扬的。”

由于气温过低，特别是夜间气温最低达到零下20℃，暴露在旷野的两个转塔性能下降，系统模拟发射试验通不过。钟山召开现场调度会，经分析，由于转塔体积大，夜间经受长时间低温环境后，白天设备内部温度上升缓慢，致使一些模拟电路性能产生变化。因此，关键问题是夜间保温。转塔设计师提出具体措施是外加一层保温材料。白天设备工作产生的温升被保持，夜间即使降低，不致降到性能超标的程度。采取保温措施后，问题得到了解决，试验项目按计划进行。不过，这次试验也暴露出个别设备在环境适应性方面存在问题，有待改进。

打靶试验的零时日趋临近，试验队召开动员会。钟山在会上做了充满感情的现场动员报告，现场总指挥就试验程序、系统状态、指挥口令、安全保证等做了部署。打靶前全系统每天进行红外位标器测试检查、导弹顺序器测试检查，并多次进行模拟发射测试检查，期望从中发现潜在的问题。这些经常要做的检查测试项目，被试验队队员们戏称为“老三篇”。

1994年11月，“海红旗-7”进行首次打靶试验。零时前两小时，各战位操作员就位，进行了最后一次操练。临近中午，靶机放飞，进入预定航线。在距离“海红旗-7”大约20千米的位置，搜索雷达捕获目标，向“海红旗-7”发送目标指示。“海红旗-7”调转指向器，顺利捕获并跟踪目标，发射转塔随动……一切正常，靶机飞抵预定距离和高度时，现场指挥员下达倒计时口令：“10、9、8、7……”

随着发射按钮按下，系统进入不可逆发射过程，弹筒抛前盖，导弹从发射架上呼啸而出，直奔靶机，在与靶机交会的瞬间，战斗部引爆，随着爆炸的烟

“海红旗－7”陆上打靶试验

云，靶机坠落。现场爆发出欢呼和掌声，一张张长期处于紧张状态的脸上绽放出欣喜的笑容，大家欢呼雀跃。

陆上闭合回路试验圆满成功预示：“海红旗－7”系统总体设计和各分系统设计已不存在颠覆性问题和重大设计缺陷，可以转入海上试验准备阶段。

晚饭前，靶机残骸找到并被运回驻地。晚餐后的舞会上，钟山迈着他特有的“正步走”翩翩起舞。女试验队队员们纷纷取笑他生硬的舞姿，钟山听了哈哈一笑，“走”得更起劲了。

6.“旱鸭子”下水

陆上打靶试验撤收后，“海红旗－7”的试样设备以方舱的形式安装在试验舰上，敷设了与舰作战指挥中心、舰武备系统的接口线缆及供电电缆，进行了舰载系统对接调试等。导弹武器系统由陆上搬到舰上，变化最大的就是必须引入舰上搜索雷达给出的目标信息和舰体姿态等舰上信息，并与舰上其他武器的信息“兼容”。而且，作为装舰第一版本，必须按软件工程化规范，需求分析、概要设计、详细设计、程序编制、单元测试等步骤一一进行。上舰型软件的研制、大量文档的拟定等繁重的工作落在指控显示系统软件设计师身上。

40多岁的丁永革患上了高血压。到“海红旗－7”装舰、海上打靶时，随着连日加班加点，他的病情日趋严重，身体已经非常虚弱，血压经常在180以上。大家劝他暂停工作喘口气儿，去医院检查一次身体，他却一拖再拖。终于，在一次软件协调会上，丁永革彻底倒下了，再也没起来。临终前，丁永革还嘱咐他爱人，记得把手里的所有报告、总结交到软件组。听闻这一切，“海红旗 -7”研制团队陷入了巨大悲痛之中，一些女同志更是泣不成声。

中国航天工业总公司及二院领导对于丁永革去世高度重视，栾恩杰副总经理代表总公司党组看望丁永革家属，并送上慰问金。钟山也多次看望丁永革家属。为了不影响装舰联调试验，软件组强忍悲痛，加倍努力地投入到组长留下的工作中。与丁永革一起开发作战软件的张进承担起部分软件的研制任务。钟山所倡导的软件“双岗制”在关键时刻发挥了作用，在很短的时间里，型号研制工作恢复了正常。

1995 年 6 月至 12 月，二院试验队分两次奔赴海军基地，进行“海红旗 -7”导弹武器系统首次海上试验。这次试验计划发射六发导弹，其目的是对武器系统作战功能的正确性进行检验，在试验舰条件下对系统以雷达为主传感器的拦截空中靶机的工作性能进行检验，并对引战配合性能进行摸底，对红外跟踪器为主传感器的超低空作战模式进行原理性验证。

海军领导机关、国防科工委、中国航天工业总公司、海军军代表室、海军试验基地、中船工业总公司等上级机关和单位对打靶试验高度重视，均派遣常驻代表密切注视试验的全过程，从不同角度参与此次试验的现场决策。舰上其

“海红旗 -7”试验队慰问导弹试验舰指战员

他武备系统——舰情报指挥中心、警戒雷达、导航系统等，凡与“海红旗 -7”有信息关联的，其研制单位均派出不同规模的试验分队，为打靶试验提供有力的支持。同样，在京各总部机关领导也密切关注试验的进展，期待着成功的喜讯。

正式打靶前，必须对前期已装在舰上的系统进行长达 20 多天的全面检查。在安装舰上设备的同时，在试验舰经常停靠的泊位上还竖起了标校器。这是一个模拟目标和导弹的设备，是“海红旗 -7”进行岸边全系统试验检查时不可或缺的设备。

试验期间没有周末，大家每天早上 5 点起床，匆匆吃过早餐后乘车赶赴码头。到位后，大家开机在现场指挥姜东波的安排下做“老三篇”：红外位标器测试检查、导弹顺序器测试检查、模拟发射测试检查。这三项测试检查覆盖武器系统的绝大部分设备。测试通过，打靶一般应没问题。

随着真刀真枪打靶试验的日益临近，大家的心情日趋紧张。海上打靶试验必须同时具备四项基本条件：第一是天公要作美。打靶需要光学测量、电视摄像等设备，该设备的运行均要求晴空少雾，恶劣的天气还会影响舰艇的出航和靶机的施放。第二是试验武器系统正常。第三是军舰及舰上参试装备正常。第四是靶机及机场设施正常。四项条件缺一不可。

钟山参加海上试验归来

大家终于迎来了同时满足这四项条件的打靶日子。试验舰开赴预定水域，钟山在舰上指挥方舱里亲自督战。系统开机，临战前夕再一次演练了口令。各战位显示屏、指示灯表明系统一切正常，操作人员紧盯控制面板，等待舰指挥中心给出对海上靶标的“目标指示”。

通话设备传来发出“目标指示”的口令，雷达指向器调转，制导雷达和红外跟踪器捕捉到目标并在显控台屏幕上显示出来。作战软件处理和判别表明，雷达和红外跟踪器处于稳定跟踪状态，站在显控台操作员身后的指挥员下达倒计时口令，“零时”口令发出前，操作员已掀开发射按钮的保护罩。随着“零时”话音的发出，操作员按下红色发射按钮，全舰感觉到导弹发射的震动，听到发动机的轰鸣……第一步顺利迈出去了，交班成功。但是，设计师们很快发现，导弹越飞偏差越大，竟然启动了自毁程序，炸毁后坠入大海。

参试人员和海军官兵一片茫然。

试验舰上数十名二院和相关单位的参试人员、试验舰官兵的目光转向钟山，等待他下一步决策；岸上试验队支援人员、海军基地各职能部门、观测台站乃至北京的上级领导机关在等着钟山的消息和下一步的打算。

出师不利，钟山马上召集副总师、现场指挥员进行布置：“第一，总体、各分系统主要设计师调出记录数据判读分析，操作人员回顾试验过程，不放过一丝一毫的异常；第二，由指挥调度人员向各相关部门通报第一发‘试验失利，原因待查’的消息……”

记录数据判读分析结果出来了，汇总到分管各分系统的副总师那里。在钟山召集的现场会上，副总师们汇报了记录数据分析结果，没有发现问题和异常，各分系统保证自己所属部分状态正常。

钟山再次组织重点复查，确认目标指示信息稳定、连贯，打靶当时风平浪静，舰体姿态信息平稳，而且，从“海红旗 -7”制导雷达伺服数据未出现突变

"海红旗-7"发射瞬间

来看，也验证了舰上信息的正确性。检查红外跟踪器状态和目标跟踪数据，亦正常。两个传感器互相验证了对目标跟踪状态的正确性。有人提出是否由外部偶发因素所致：海面强阵风？波浪反射阳光与低角度发射情况下对设备的偶然干扰？可是，这些因素已无从考证。

在记录数据说明系统状态正常的前提下，钟山认定此次失败是一次小概率事件。时间不允许再拖下去，太阳已经开始西斜，再过一小时对光测、摄像将十分不利。于是他拍板，打第二发！第二发导弹试验成功。

但是，第一发失利的原因必须弄清楚。第二天，钟山一大早就召集副总师及现场指挥、技术骨干开调度会，研究如何找出首发弹试验失败的原因。各攻关小组均从打靶记录数据的判读、分析入手，用计算机把连续冗长的数字处理成表格，绘制成曲线，并将数据互相印证。连续工作几天后，第五天晚上，总师系统及技术骨干对分析结果进行了汇总，一一排除后，问题集中在红外跟踪器上。系统总体设计师提议对红外跟踪器捕获、跟踪目标和导弹的软件再次进行审查，包括对环境处理方法的审查，并将框图、模型、判据一一拿出来讨论。可是，这很难与试验失败对上号。

在无计可施的情况下，一个设计师贸然敲响了钟山宿舍的房门，想讨教一下。一进门，看到钟山坐在办公桌前翻看笔记本上的会议记录，桌子侧前方摆放着一排药瓶，再看钟山已是两眼通红，这个设计师立刻打消了聊聊攻关问题的想法，连忙催促钟山去看病。钟山笑着说："药早都准备好了，到医院看也是这些药。”院机关同志知悉后，连忙找来随队医生给钟山量血压，结果让大家吓了一跳，高压 180。大家连推带拽地把钟山送到基地卫生院。医生查看眼底后，不由分说，强制钟山住院治疗。

住院第二天，钟山就将设计师们召集到病房，听取攻关情况汇报。他左臂打着吊针，左手撑着笔记本，右手握笔时不时地做记录。设计师们对这样的情景已经见怪不怪了，在汇报后听他安排下一步工作。钟山建议：大家按规定的手续采取纠正措施，尽可能想办法安排试验验证，同时拟写攻关总结。鉴于试验基地有年度试验计划安排，攻关不宜长时间地拖下去。他特别嘱咐让现场指挥员准备下一个科目的试验。

经过几天的治疗，钟山的“红眼”症状消失了，血压也下降了一些，但仍比正常值高得多，钟山坚持出院。他仔细审查了攻关总结，做了必要的修改。试验领导小组组织现场及北京地区的专家到场听取汇报，观看了有关验证试验。评审组认为：试验团队对武器系统进行了全面的检查和记录数据分析，采取了改进措施。这些措施有待实际打靶试验证实。攻关情况上报上级领导及试验基地领导，试验继续进行。

7. 惊涛骇浪

在一个风和日丽的日子，按计划要实施试验序列 3 号和 4 号的打靶试验。

试验舰开赴预定海域后，按前两次的试验程序打出了第三发导弹。遗憾的是，这发导弹发射不久即坠入大海。

现场人员再次陷入茫然。想到从“红旗 -7”到“海红旗 -7”那么多次打靶，还没有出现过这么现眼的惨败，想到舰上、岸上千百双期待的眼睛，想到……压力和杂念分散了对排除故障的积极思考。

钟山来到现场给大家减压，要大家集中精力想问题，排故障。在了解了记

装备“海红旗-7”的导弹驱逐舰

录数据的初步分析后，他说，从现象看，导弹在初制导阶段就失去了控制，可怀疑的部位比较集中。他建议大家就这些部位逐个环节思考，不局限于数据。数据采集不可能面面俱到，特别是导弹出筒瞬间及之后的状态，哪些因素可能造成导弹失控？列个单子，一项项地过，问题总能找出来。

试验舰在原地漂泊，时间不断流逝，基地指挥部催促试验舰返航，因为天气形势向不利的方向发展。过后，又传来上级领导要求暂停试验的指示。

这犹如当头一棒。钟山仍寄希望于找出问题，排除故障，完成原定两发弹的试验计划，他尤其担心会影响后面的计划安排。为此，他无法理解指示精神，自言自语道：“将在外，军令有所不受。”于是，他将这些信息限定在领导层。被“屏蔽”的设计师们未受干扰，继续紧张地进行排除故障的工作。

天公不作美，风浪提前来临。基地指挥部根据气象预报，海浪有可能达到三级以上。在这种情况下靠岸比较危险，命令试验舰到附近锚地抛锚等待。试验队指挥调度组随即与舰领导协调，安排队员们的晚餐和住宿。

舰上厨房为试验队 90 来人准备了简单的晚餐。风浪越来越大，不断有人晕船，呕吐不止。雷达总体主任设计师谢占鳌是一位资深的老同志，晕船反应严重，呕吐得连假牙都喷出来了。奇怪的是，钟山和总指挥王尚虎两位年长者反倒不晕船，他们一个舱室一个舱室地看望大家。眼看 90% 的队员都处于晕船状态，故障分析工作只好停了下来。

战士们腾出铺位给老同志和反应大的队员休息。大家晕乎乎地猫着身子钻进铺位，不敢动弹。没有床铺的，不得不在会议室的桌面上休息，甚至睡到甲板上。上舰的女同志共 36 人，被安排在一个会议室里，大家在木地板上席地而睡。初秋的天气夜里较凉，好在大家都带了军大衣，裹着大衣一个挨一个挤着睡。如果夜里哪一个人上洗手间，回来以后她的位置肯定就没有了，相邻的女队员一“松快”就挤了过来……

钟山夜不能寐，将近两个月了，三发均不顺利，已打了一半。再这样下去，后续的装战斗舰的工作以及定型工作必将受到影响，联想到上级的指示，如后面再来个满盘皆输，团队肯定精神涣散，后果不堪设想。

第二天一大早，钟山找试验队现场领导小组研究下一步工作的部署。有的领导成员提出按上级指示办，暂停试验，继续做深入细致的工作。领导层出现意见分歧，暂时休会。

钟山约总指挥看望试验队队员们。走了一圈儿，大部分同志夜里没得到好好休息，面色蜡黄，无精打采，个别人员起床就晕，想吐。风浪虽然有所减弱，对于晕船的人仍然是很大的挑战。看到这种情况，钟山继续在当天打靶的想法

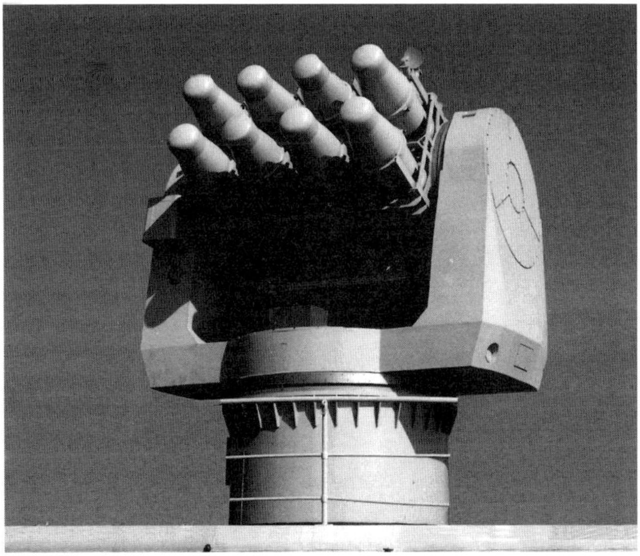

“海红旗 -7”导弹发射控制系统

动摇了，“两总”商量决定暂停试验，上岸休整，排查故障。

第三发导弹发出后即坠海，发控系统成为怀疑的重点。发控系统设计师们顾不上疲劳，在马翰秋副总师的组织下投入工作。在舰上对数据已经进行了分析，看不出任何问题，设计师们按照钟山的思路，开始怀疑数据记录监测不到的环节。钟山再次强调大家要广开思路，设想各种可能，然后进行检查验证。

有人提出陀螺反转问题，就是说，发射令前陀螺在发射架上要先转起来，导弹打出去，转电，由于相序不对，往相反方向转，这中间转速要先回到零再加速，在这个过程中导弹肯定会掉下来。这可能是造成打靶失利的原因之一。

就陀螺反转问题，钟山问主管导弹测试设备的老邢：“能不能在你们测试设备上验证一下？”老邢考虑从插头上焊开接线做这种测试也是可以的。但在现场动测试设备事关重大，要先与室主任徐兆林商量，所以，她当时没给出明确的答复。

回到驻地的第二天早晨，钟山在楼下等着，见老邢下来，忙问：“老邢，锻炼去？”

老邢答：“嗯。”

钟山高兴地说：“好，一起跑步去。”

跑了一阵，钟山忍不住问：“老邢，你跟我说实话，到底能不能测陀螺反不反转？”老邢只好坦白说：“从原理上可以测，但测试要破坏接线，还得动设备，反正得费点劲儿。关键是要先和徐主任商量商量。”

钟山一听有办法，连忙说：“我去找老徐，你先准备起来……”与徐主任协调之后，钟山又找到主管顺序器的小杜，讨论测试方法。待老邢处理好接线电缆之后，小杜拿来陀螺，进行了实物验证测试。试验结果表明，不存在陀螺反转问题，这不是第三发失利的原因。

老邢对这个过程记忆犹新，多年之后她回忆说：“钟山办事真认真，为验证试验他来回找，一定把事办成，不留隐患。”徐主任感叹：“钟山总是亲临现场，深入到技术细节，一一落实，有了问题，一定要弄个水落石出。”

问题一个一个过滤，疑点一个一个排除，对于导弹发射后很快坠海的问题，仍没有找到确切的原因。

钟山梳理几天的工作，导弹能够顺利发射，说明地面系统应该没有问题，导弹方面不可逆过程也如实执行了，下面涉及稳定回路控制和指令控制。当时所发出的指令有记录可查，是正常的；对遥控指令发射机硬件也进行了检查，没有问题；弹上陀螺反转问题也测试了。唯一可怀疑的就是指令接收机，但导弹坠海已无从考证。主管导弹的设计师认为，10 多年来多次遥测弹飞行试验测试结果以及打靶试验说明，弹上设备经得住考验，系统各设备均不同程度地出现过问题，只有弹上设备没出过。这次即使是导弹出现的问题，也是极小的概率事件，而且，在舰上将导弹这种火工品撤下来进行检查是不允许的。

试验现场领导小组成员听取设计师们的汇报后，纷纷发表看法。有的领导认为打靶失利是不可重复的偶然事件，主张继续试验；有的则认为虽然已将故障定位在一个较小的范围里，但其机理还是不清楚，继续打靶有风险……几天的彻夜难眠，在失败的阴云笼罩下，停止试验对研制计划的影响、对团队士气打击的严重后果令人担忧，“多做试验，早做试验，暴露问题，解决问题”的原则又浮现在钟山的脑海中。

钟山同意并坚持继续试验的想法。他以沉重的语气指出："海军同意在此次试验成功的前提下，一面进行设计定型一面装战斗舰。这一违背常规的做法，说明海军急需这样的防空武器。我们一定要想部队之所想，急部队之所急！科学试验允许一定比例的失败，要求每一发都成功是不可能的。"

钟山历数了形势的严峻，指出停止试验对后续工作影响的严重性，同时对型号研制进行了客观的评价。他说："陆试成功说明系统没有原理性的问题，第一发的失利说明我们对超低空海面目标的拦截还有认识不到的地方，第三发很可能是随机的质量问题。设计师们已经做了很多工作。总之，进场以来设备恢复、调试和试验已经表明，系统绝大部分是经得起考验的，出现问题是局部的，涉及的分系统设备是明确的。"

按照现场领导小组的决定，打靶试验继续进行。不幸的是，关键性的第四发没有命中目标。参试人员沮丧到了极点，钟山仍然镇定地安排后续工作。他特别叮嘱各位设计师下载记录数据，以便返回驻地后仔细分析。

试验舰靠了岸，试验队队员们一声不响地走下舷梯，大巴上没有出现以往常见的打靶胜利后的祝贺和喧嚣，食堂里面更是鸦雀无声……失败的氛围不但笼罩着试验队，也波及远在北京的"海红旗-7"型号线上的所有人员。

8. 逆境飞扬

1995 年 9 月 12 日，中国航天工业总公司栾恩杰副总经理及机关人员到二院，宣布总公司的决定："海上闭合回路试验要立即停止，试验队撤回。支持二院对试验进行整顿，总公司协助整顿验收合格后，组织第二次进场试验。"

钟山在海军试验驻地拿着总公司的电文发愣之际，试验队总体分队的小侯给他送来了试验分析报告。推开门一看，钟山在掩面痛哭。第一次遇到这种场面的小侯惊呆了，看到钟山手里拿着的电文，缓过神来，连忙劝解、安慰钟山。

10 分钟后，钟山稳定了情绪，平静地来到调度会现场。同志们看到的钟山少了往日的轻松，多了一份刚毅。他传达了中国航天工业总公司要求试验队回京整顿的决定，并宣布：就试验队撤场的各项工作，对基地、中国船舶工业总公司等协作单位的善后工作，落实责任人等事宜请总指挥考虑……

全程参与这次海上试验的设计师们后来对钟山有了更深刻的认识：“他把防空导弹事业视为生命，永远充满着激情，而且，无论碰到什么事情，他都百折不挠，并把大家带回到战斗状态。”

试验队返京后，二院于 10 月中旬召开了海上闭合回路试验整顿工作会。陈定昌院长、王可立书记出席了会议，试验队及有关人员 90 余人参加。大会由钟山主持。

大会分总体、雷达、红外跟踪器、导弹、发控供电、管理 6 个小组，对 74 个问题进行了讨论和协调，拟定了解决问题的措施，并布置了下一阶段的工作。通过整顿，大家从思想认识、技术问题、管理方面进行了认真的分析和总结，提高了对整顿工作必要性的认识。会议还讨论了导弹控制回路问题、红外跟踪器问题、雷达航迹平滑对精度的影响等问题。

可惜的是，因为“海红旗 -7”导弹武器系统留在基地试验舰上，设计师们没有试验和复验的条件和手段，加上认识得有一个过程，再次进场试验，问题仍未得到解决。

1995 年年底，试验队返京后，针对打靶试验的失利，各有关单位进行了深入细致、严肃认真的全面总结和分析验证。设计师们采取故障模式、影响及危害性分析的方法，开展了针对系统、设备，特别是控制过程的全面复查；对作战软件则采取软件工程化的方法，再次进行第三方评测；管理人员对整改当中发现的问题进行梳理，对验证性试验进行跟踪，监督质量归零的全过程。

通过整改重新审查技术设计，设计师们针对薄弱环节提出了改进措施，并按审批程序予以落实。期间，发控系统设计师进行了彻底的检查，发现了事故原因：发射架连接弹筒的一条电缆绝缘层局部破损，在发射架动作的情况下时有短路现象发生，导致弹上速率陀螺供不上电，导弹失控坠入大海。

经过半年的全面整改，在分清故障机理、落实技术措施后，钟山再次率领试验队于 1996 年 4 月中旬到 8 月下旬进行海上试验，验证整改效果，完成 1995 年海上试验未得到考核的项目。

试验共发射了四发导弹，分为三个序号。序号 1 为定轴模拟目标发射，取得了成功；序号 2 用两发导弹拦截空中靶机，击毁了目标；序号 3 为拦截超低空浮靶，目的是验证整改后采取措施的有效性，取得部分成功。此次试验是在海上环境下首次击落 B-2 靶机，使该武器系统的基本性能得到验证，表明海上闭合回路系统试验取得成功。

试验队返京后，经过短暂的休息，1996 年 9 月 5 日，试验领导小组扩大会适时召开。钟山对海上试验做了总结并部署了下一阶段工作。

钟山以他极具号召力的洪亮嗓音、抑扬顿挫的语调讲道：“海上试验取得了

装备“海红旗 - 7”的海军舰队

成功，这是‘海红旗 -7’战线上全体工作人员艰苦奋斗的结果。它使我们看到了成绩，增强了信心。但同时也应看到，我们尚存在不少问题，‘海红旗 -7’距设计定型、上舰形成战斗力还有很长的距离，不允许我们有丝毫的懈怠，必须以只争朝夕的精神全面做好‘海红旗 -7’设计定型的工作。概括起来，就是突出一个中心，全面安排两个方面，抓好三个战场，把握五个节点，落实十项要求。”接着，钟山阐述了狠抓中心研制工作的重要性，规定了必须完成相应任务的“五个节点”，以及对设计师和管理部门的“十项要求”。

最后，钟山提高嗓门，挥动右臂，向“海红旗 -7”研制团队发出动员令：“海上试验取得成功已成为过去。下阶段的任务更加艰巨繁重。型号未定型已有五套订货，这表明海军对我们的信任与支持，也说明国防现代化的急需。我们的成果能迅速转化为国防必需的装备，能壮大海军现代化装备，作为国防科研人员，我们感到由衷的高兴和责任重大，同时也深感我们的工作在时间、质量上与海军的要求差距甚大。在这种形势下，我们别无选择，只有急海军之所急，想国防之所需，振奋精神，按照已定的奋斗目标，在确保质量的前提下，力争明年下半年转入设计定型阶段，尽快为‘海红旗 -7’形成部队战斗力而奋力拼搏，勇于奉献，不达目的，决不罢休！”

钟山出席“海红旗 -7”设计定型审查会

1997年1月，已66岁的钟山卸下了“海红旗-7”总设计师的重担。金其明和陈国新分别继任“海红旗-7”总指挥和总设计师。虽然钟山没有亲自带领“海红旗-7”研制队伍走完研制全程，但让钟山备感欣慰的是，他的战友和弟子们以出色的战绩圆满完成了研制任务。

1999年10月，钟山荣获“9901”工程突出贡献奖及个人一等功；11月，当选中国工程院院士；12月，因在担任某导弹驱逐舰副总师兼某舰空导弹武器系统总师时贡献突出，钟山第二次荣获国家科技进步奖特等奖，在获奖者名单中位列第五。

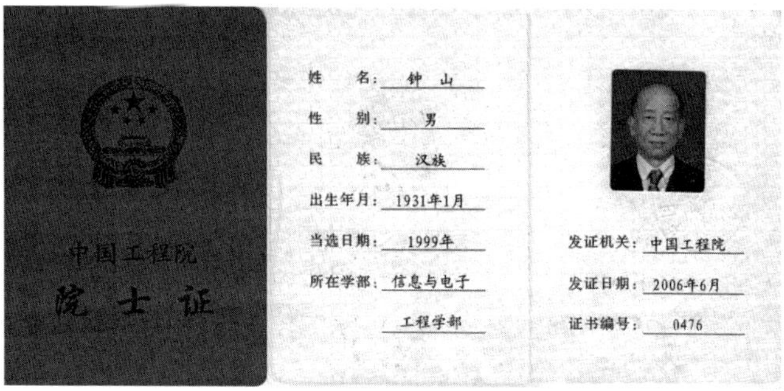

钟山当选中国工程院院士

某导弹驱逐舰荣获国家科技进步奖特等奖

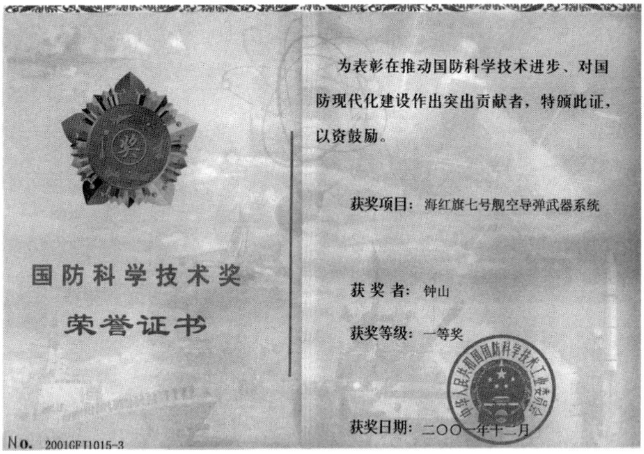
国防科学技术奖
荣誉证书
No. 2001GFJ1015-3
为表彰在推动国防科学技术进步、对国防现代化建设作出突出贡献者，特颁此证，以资鼓励。
获奖项目：海红旗七号舰空导弹武器系统
获 奖 者：钟山
获奖等级：一等奖
获奖日期：二〇〇一年十二月

“海红旗 -7”舰空导弹武器系统荣获国防科学技术奖一等奖

2001 年 12 月，“海红旗 -7”荣获国防科学技术奖一等奖，在获奖者名单中，钟山位列第三。

后来，“海红旗 -7”改进型的设计师由钟山培养出来的年轻专家担纲，成功实现了武器系统的升级换代。钟山欣然赋诗一首：

十载相思今朝见，
海上骄子戍边关。
动力更新飞高远，
魔眼换代看精尖。
更赞固态小型化，
敢叫战斧来无还。
喜看新青同会聚，
低冠三军永向前。

钟山

钟山院士传记

Academician Zhong Shan's Biography

第七章

军贸出奇兵

钟山先后担任低空、超低空五个型号的总设计师，将第二代防空导弹型号的研制引向完善基本型、进行改进和系列化发展的道路。这些第二代防空导弹不但装备陆、海、空三军，并成功地出口创汇。

1. 逼出一条活路

在“红旗 -7”即将完成定型之际，国内国际形势出现了变化。当时，国内军方正处在技术储备、战略调整的“忍耐”阶段，订货不多。航天工业部门也处在从计划经济向市场经济转变的过程中，科研经费面临压缩短缺的境地，航天人才流失严重。二院把目光转向富裕的海湾国家，派出队伍出国进行调研，寻求军贸出口机会。

根据国际市场的需要和已掌握的先进技术，1987 年，二院提出了在“红旗 -7”的基础上开发军贸型号的设想。在中国精密仪器进出口总公司的协助下，钟山等二院技术人员走访了十几个国家，结果有三个国家表示了购买兴趣。

1988 年 8 月 20 日至 25 日，钟山主持召开“红旗 -7”改进出口型方案审定会。根据国外用户的需求，在“红旗 -7”的基础上提出了 18 项技术和配套设备的改进设想。

为慎重起见，二院党委召开扩大会议，刘从军院长和王可立书记召开二院各单位一把手会议。会上，针对为何要推出出口型号展开了激烈的讨论。大家都清楚，困难无非有两个方面：钱和队伍。

钟山（右三）率团出访

有些型号骨干不了解领导苦衷，坚决反对。理由是："红旗 -7" 正处在定型的关键时间，"海红旗 -7" 又开始论证了，再加一种型号，纵有"三头六臂"也干不出来呀。他们看到调研结果后，更是感觉在短时间内很难完成一系列的技术改进。大家倒不是怕苦怕累，而是觉得完全不具备条件，干不出来。有的人干脆说：这又不是国家指令性任务，赚的钱并不多，签完合同，一旦兑现不了，还得挨罚。冒这么大的风险，何苦呢？

王可立书记说：军贸型号上马很难，如果不上马，二院的生存环境更难。虽然出口型号现在看起来赚不了多少钱，但对于稳定队伍意义重大。20 世纪 80 年代末，在市场经济大潮的冲击下，研制队伍中的年轻人不断流失。如何稳住研制队伍，成了各级领导们不得不考虑的问题。

最终，大家统一了认识，决心去开辟另一片天空，并将军贸型号代号定为"飞獴 -80"。

1989 年 8 月 22 日，在二院召开的专题研讨会上，钟山汇报"飞獴 -80"导弹的研制改进与国外需求情况。

经过近两年的技术改进设计和攻关，"飞獴 -80"初具规模，二院开始对外宣传，争取用户。

钟山一直被同学们戏称为"靠嘴皮子就能赚钱的人"。这位与国防科研打了大半辈子交道的总设计师，开始做起生意来了，而且还是国际贸易。

和外国人打交道，谈合作，对钟山和他的团队来说，还真是个崭新的领域。

参加珠海航展的“飞獴－80”导弹武器系统沙盘

从技术谈判、试验验收、技术支援到售后服务，处处要字斟句酌，必须从技术、商贸、政治等方面全面考虑；还不能和人争吵，毕竟人家是用户，是“上帝”。关键是这“上帝”自认为富有，中国缺钱，劳动力便宜，不把中方前去技术支援的人当回事儿，有一次竟然将这些技术人员安排住在已废弃的战士宿舍里，连早饭都得自己做。

有一个海湾国家财大气粗，刚一放出购买防空武器的消息，生产防空导弹的世界各大公司都蜂拥而至。法国的产品每套报价 700 多万美元，把“飞獴－80”的价格压到每套 500 多万美元。谈判异常困难，二院先后派出了六七批人员赴中东国家进行谈判和技术支持。钟山也多次前往。

在与各国进行谈判和技术支持时，由于生活单调，大家都感到有些寂寞。每到周末，钟山就把大家召集到一起，吩咐人到市场买菜。钟山自创了“三吃鸡”：辣子鸡、凉拌麻油鸡丝和酱鸡爪。杨存富最拿手的是做上海菜，尤其擅长做鱼。大家自己动手，在异国他乡品尝家乡菜，其乐融融。

饭后，大家一起玩扑克牌，钟山玩得最起劲儿。他就像一个孩子，赢了，会开怀大笑；输了，就会激动地站起来，高喊“一个三，谁敢要”。弄得大家哄堂大笑，他更是开心得很。

钟山还喜欢唱歌，但不喜欢唱传统歌曲，而喜欢唱年轻人唱的流行歌曲。他最拿手的歌是《九十九朵玫瑰》。一唱起来，立即进入角色，前俯后仰，声情并茂，十分投入。就像一首歌词写的那样：唱得红花遍地开，唱得果树长满坡。

大家也在欢声笑语中与他同乐、同享受。

闲暇时，钟山最爱到处溜达，体验风土人情。很快，他就有了“猫司令”的绰号。在推介“飞獴-80”导弹的过程中，他也和各国的猫结下了不解之缘，成了爱猫人士。钟山爱猫，无论走到哪一个国家，他都喜欢逗猫。没想到异国他乡的猫也跟他心有灵犀，波斯猫、土耳其安哥拉猫、索马里猫、缅甸猫和暹罗猫等各种猫都爱围着他转。为了逗猫，每天饭后，钟山都要省点“口粮”随身带着，走一路，逗一路。有时候，他身后会跟着20多只波斯猫，看起来还真是盛况空前。钟山对此很得意，于是，“猫司令”就传开了。

经过两年的艰苦谈判，最后目标聚焦于A国。虽然该国家人口素质较高，但是跟欧美国家相比还是差距较大。欧美工业化国家的武器性能好，对人员的要求也很高，需要大量的高素质操作使用和维修保养人员和相关体系，而且，在战时无法短时间建立这种体系。A国军方认识到：先进武器没有良好的保养维护和操作，没有备件来源，用不了几年就会成为废铁；中国的防空武器某些部分虽然没有欧美国家的先进，但在技术支持和维护体制上还是比较先进的。

按照A国的需求，钟山率领杨存富、陈国新、陈永嘉等搞了个“特别订制”：“飞獴-80”导弹装于4联装发射架中，连同雷达装于特制4×4作战车辆上，

友好使者

射程为500米～12千米，射高为30米～5.5千米，一个基本作战连配备1部搜索指挥车和2～3部发射车，其主要改进包括抗干扰、降低高度、自动化电子摄像机、高可靠计算机等，增强了防空作战能力。

2.“飞獴”的来历

既然是“特别订制”的军贸型号，“飞獴-80”与“红旗-7”相比，在性能指标、系统组成上都不相同，钟山集思广益，给它起了一个很独特的名字——“飞獴”。

看过李安导演的电影《少年派的奇幻漂流》，会对獴有所认识。主角“派”在岛上看到了无数只可爱的细尾獴。很少有人知道，这种看起来“又呆又萌”的小动物，竟是蛇的天敌。通常情况下，只要蛇在其眼前有动静，它就会一口咬住蛇的心脏，然后用锋利的爪子抓烂蛇的身体，最后将其吃掉。在蛇獴大战中，如果蛇反击，獴总会聪明地避开；最终，它会咬住蛇的脖子，将其置于死地。据说，一只半米长的獴可以制服一条体长几乎是它两倍的眼镜蛇。

獴是蛇的天敌，大家希望新型号青出于蓝而胜于蓝，超过“红旗-7”仿制的“响尾蛇”导弹，即中国的“獴”比法国的“蛇”还厉害。加一个“飞”字，不但读起来“响亮”，而且“飞獴”的汉语拼音和英文（flying mongoose）的首字母都是“FM”，很有意思。

各国都对这个名字印象深刻，西方国家更是深表关注。美国的《防务新闻》报道中国的“飞獴”导弹武器系统时，曾意味深长地说：这种“獴”看起来很小，但要是被它咬一口会很疼。

相对“红旗-7”，“飞獴-80”空域加大了。钟山预计，扩大后的空域，最低限度要备七发飞行试验弹，才能基本摸清其性能。

按理说，“飞獴-80”应该算是新型号研制。可是，当时，整个航天工业部经费紧张，二院的财务状态也是捉襟见肘，好不容易从各个型号里挤出一丁点儿研制经费给军贸型号。而能分给导弹系统的费用，更是少而又少，大约只有一发飞行试验弹的五分之一。也就是说，要用一发导弹五分之一的经费生产出七发导弹来。这简直是天方夜谭！

怎么办？不干吧，二院后续的经费在何处？干吧，巧妇难为无米之炊，真是难哪！万不得已，徐乃明和钟山两位老总号召大家想办法。钟山提出："要花小钱，办大事！"他把这道看似无解的难题出给了总师办和地空处。地空处把那点钱扒拉来扒拉去，拆了东墙补西墙，补来补去，仍然没解开难题。

大家愁得几天几夜寝食难安，眼看就要开军贸型号工作会了，在会上如何向各单位交代？如将这点钱分下去，就像撒胡椒面，根本不够用；可不给钱，指挥调度如何工作？

凭着多年的经验，地空处的工作人员想来想去，觉得并行研制"飞獴-80"的关键，是能够调动一线的型号人员。如果他们所在的各厂所一把手不给这些骨干出难题，院里便可以直接指挥到一线人员。而院里的这点小钱只能支付加班费和购买关键的元器件、原材料。也就是说，各厂所必须无条件支持院里，一分钱也不能伸手向院里要。

钟山听了地空处的汇报，高兴得连拍办公桌，称好主意！接着便问地空处："你们说，要我干什么？"一向活跃的调度小王说："一线干活的人由我去摆平。您的任务是摆平各单位的一把手，要求他们不向院里伸手，不能阻拦院里直接指挥调度到科室车间。此项工作要特事特办。"

钟山说："好，就这么办！"接着，又开玩笑地说："我也听从你们指挥。"

"飞獴-80"工作会如期召开。在聚餐时，钟山端上酒杯，带着地空处的同志，到各单位一把手的餐桌前敬酒。他说："各位，'飞獴-80'经费的困难局面大家都看到了，军贸开发成功，挣大钱的机会有的是，现在大家必须做出牺牲，与院里共渡难关。

“这七发导弹的生产，由地空处的王调度代表我，直接指挥调度到你们的一线，即科室、车间的技术人员和工人。各位不得挡驾。”

为了将任务落实下去，钟山号召大家按照“花小钱，办大事”的方略，因陋就简，千方百计地凑够起码的摸底试验导弹。

在“飞獴-80”工作会之后，二院地空处会同研制人员、生产人员、总装测试人员，将“红旗-7”研制中余下的协调试验弹、力学试验弹、存贮试验弹及其弹上设备都找出来，甚至去翻找废品库，将过去的超差产品也找出来，修修补补，翻新补旧，用到摸底飞行试验中去。

为了确保飞行试验性能，钟山要求：对该更换的元器件、原材料，要下决心购买，该花的钱一分都不能少。在各单位领导的大力支持下，广大科技人员和生产测试人员精打细算地开展研制工作，按计划完成了八发飞行试验弹的出厂验收。院计财部和市场部的同志们高兴地说，到时侯一定给你们发创汇奖。

1990年10月至11月，在钟山的带领下，试验队奔赴陕西小靶场进行“飞獴-80”全系统的飞行摸底试验。在试验中，有些试验弹性能较好，有些较差，甚至有一发试验弹飞出不久便钻地了。这在以前“红旗-7”研制中是从未发生过的，有人觉得很好笑。

二部科技处领导小侯说：“大家不要笑话，这些弹都是王调度捡‘破烂’东拼西凑装出来的。能打成这样，已经很不错了。”

钟山接着说：“说的是大实话，实际情况就是这样。别人有钱，是花大钱办小事。虽然我们的试验还不完美，但是，已经达到了预期的目标，为扩大空域的武器系统获取了大量的必要数据。回到二院后，我们要继续发扬这种精神，将‘飞獴 -80’搞出来，推向国际市场。”这番现场动员，说得大家兴致高涨。

到了年底，看到院机关当初承诺的创汇奖没影儿了，钟山和徐乃明两位老总从自己不多的年终奖中各拿出 100 元，作为对王调度的奖励。王调度非常感动，连连推脱，怎么也不肯接受。

1991 年 5 月至 8 月，钟山担任队长，带队在小靶场进行“海红旗 -7”和“飞獴 -80”飞行试验，达到了摸底试验的目的。

1992 年 1 月，航空航天工业部下发通知，任命钟山为“飞獴 -80”总设计师，徐乃明为行政总指挥；任命钟山为“海红旗 -7”总设计师，王尚虎为行政总指挥。加上“红旗 -7”，钟山同时身兼三个型号的总设计师。

在这身兼数职的几年里，二院防空导弹战线多型号并举的研制正处在如火如荼的紧张时期。钟山和他的团队面临多项技术难题，经历了多次灵魂与肉体的严峻考验。

“飞獴 -80”发射制导单元

有一次，试验不成功，又找不到问题所在，钟山四天四夜睡不着觉。在长期巨大的压力煎熬下，钟山患上了心脏病、糖尿病、高血压和甲亢。不同的任务，不同的需求，钟山总是带着各种药物不停地奔波。每次出行，他的旅行箱里多半都是药品。

1992 年夏天，“飞獴 -80”导弹武器系统对外培训与“红旗 -7”导弹武器系统首批的批抽检试验几乎同期举行。两大任务都需要使用协调弹，但协调弹只有一发，怎么办?

经钟山主持的会议协调，要求批抽检试验为培训让路。这样，批抽检试验队就没有了协调弹。

本次批抽检试验要进国家靶场参试的测试台，是 210 所生产的第一个测试台，以前还从来没有测试过飞行试验弹。如果进场之后，测试中出现了问题，便分不清是导弹的问题还是测试台的问题，届时，这些深陷茫茫戈壁的试验队便没有补救的办法。为此，批抽检试验队的几个副队长，尤其是 283 厂的副厂长杨勤波愁眉苦脸地找到抽检试验队的调度组协调。王调度心想，北京的培训试验队没有协调弹虽不方便，但条件比较好，背靠二院，设备全，人力、物力调动方便，解决问题比较便利。而批抽检试验队，进场的是工厂的生产人员，技术分析人员很少，一旦出了问题，如果没有协调弹做依据，可就一点办法都没有了。权衡之下，王调度心一横，道:“先装走。”杨副厂长说:“我可不敢。”王调度说:“我负责任。”就这样，协调弹被批抽检试验队偷偷地运进了国家靶场。

后来，“飞獴 -80”培训队找不到协调弹，就来向钟山汇报。钟山听说协调弹被运到了国家靶场，气得直拍桌子:“这个小王，回来我非处分她不可。”

三个月后，批抽检试验三发三中，获得了圆满成功。试验队胜利返回二院。钟山在听取试验队汇报中，得知由于 210 所保驾人员无经验，测试台自检总也过不去，后来又陆续出现一些问题，多亏有协调弹做依据，否则不可能像这样又快又好地完成任务。钟山也就高兴地不再追究了。

散会后，王调度悄悄地问钟山："钟副院长，还处分我吗？"钟山大笑起来："你这个小王，我真是怕了你了。"他紧接着又说："你这是按实际应急情况处理问题，事后又报告了，所以是允许的！"

1993 年 6 月 26 日，钟山作为代表团团长，赴某国就"飞獴 -80"发货、技术保障和售后服务等问题达成协议，签署《谅解备忘录》。

3. 六级大风打靶

1993 年 10 月 3 日，在六级风速环境下，"飞獴 -80"在 A 国空军靶场一举击落靶机。这是让钟山最为自豪的事情。每当给青少年举办讲座时，钟山都爱回顾这个为中国人赢得声誉的亲身经历，以此互勉共励。

钟山先形象地进行科普介绍："在这里我向同学们介绍一下所谓的打靶试验。就是用无线电控制的导弹去拦截空中任意方向飞来的一架飞机，飞机用无线电遥控，专门用作打靶，所以叫靶机。"

为了便于同学们理解，钟山还打了一个形象的比喻。他说："在一间大厅里，同学们用一个很长很长的蝇拍去打一只飞进大厅的小苍蝇。这个过程和导弹打飞机有相似之处，必须经过四个环节：一是要发现苍蝇（搜索目标）；二是盯住苍蝇，看它怎么飞（也即跟踪目标）；三是要用蝇拍瞄准苍蝇（也即控制导弹飞向目标）；四是要击落苍蝇（也即导弹接近目标后摧毁目标）。

"中国自已研制的防空导弹是用光或电的设备发现来袭目标，然后跟踪目标描出航迹，在适当距离发射导弹，受控的导弹飞向目标，在距目标很近时，启爆战斗部，炸毁目标。打靶机的过程比同学们用蝇拍打苍蝇难得多，就在于试验场的环境气候比较恶劣，变化无常。我们的靶场一般都选在荒无人烟的戈壁沙滩，天气就像孩子脸，一日三变。真像顺口溜所说的那样'早穿棉袄午披纱，

钟山（左二）与外方商谈试验事宜

围着火炉吃西瓜'。"

国外靶场的情况也是类似。不巧的事终于发生了。一次，某国空军司令员亲自驾驶飞机带来了一批议员客人到了试验现场，准备参观中方的打靶机表演。天有不测风云，突然刮起了六级大风，滚滚黄沙，遮天蔽日，伸手不见五指。这样的坏天气怎么还能打靶呢！

钟山向司令员提出，等到下午风沙过去以后，再做表演试验。司令员恳切地说："客人都是从外地赶来参观的，下午还要返回去开会。钟先生不能让我们失望啊……"此外，他又问钟山："假如敌人的飞机在刮风时进入贵国领空，你们中国人会叫它飞回去，等风停以后再来，行吗？"

钟山听了以后，很不是滋味：难道敌机飞来不怕大风，打飞机的导弹还怕大风吗？这不是简单的个人面子问题，而是涉及对中国军工产品的看法问题，是国家的尊严和荣誉问题。

钟山心想，不能后退和逃避。他与团队成员协商了片刻，认为：只要外方能让靶机升空，我们就能打！

于是，钟山机智地说："司令员，由你方放飞靶机，靶机起来后，让我观察3分钟立即答复你。"钟山心里盘算着：这么大风看看你们能否用无线电遥控把靶机放飞到天上，如果你能放得起来，我的导弹也是用无线电遥控制导，而导弹动力更大，一定可以成功。

外方准备了三架靶机，前两次放飞都失败了。第一架靶机由于风太大未能升空，第二架靶机升高到几百米时被大风掀翻了。经过多方准备以后，最后一架靶机好不容易歪歪斜斜地飞起来了。中方的雷达设备在风沙中已经牢牢地抓住了靶机，并跟踪测量了它的飞行数据。钟山拿来数据一看，大风引起靶机在空中飞行不稳定，上下左右的摆动大约在几米之内，将这个数据与过去曾经多次成功打下靶机的数据对比，心中立马有了数。

钟山立即告诉司令员：“这样的大风我们可以拦截，你下口令吧！”

司令员下达了发射令：“10、9、8……3、2、1，发射！”

在飞沙走石的天空，随着一缕红光，一条火龙呼啸而出，风驰电掣般地直奔摇摇晃晃的靶机。只见到两个光点逐渐接近，紧接着一片火光闪亮，一团烟雾弥漫，一声轰天巨响，靶机被一举击中，粉身碎骨在空中开了花。掌声、欢呼声、惊叹声混杂一片。

空军司令员伸出大拇指说：“钟先生的导弹真了不起，在六级大风中仍然是百发百中。”

钟山摘下风镜，擦去激动的热泪，回答司令员：“不是钟先生的导弹，是中国人的导弹了不起！”

在当时召开的现场会上，这位司令员又把中国人的导弹经得起风吹雨打，

“飞獴－80”打靶试验

能在极端恶劣的气象条件下打下靶机一事表扬了一番。其实在第一架靶机起飞时，我方战车的数据采集器已将拦截目标的相关数据采集下来，并及时做出了判读分析。

为什么这件事让钟山终生难忘呢？后来他多次向听众道出了自己的感悟。他说："要把祖国的荣誉和尊严放在第一位，祖国的利益高于一切。如果只是为了个人的声誉，我一定会避开大风天气以后再试验，这样做有利无害。但是，在外国人面前，可以为个人抹黑，决不能为国家丢脸。是这种国家尊严不可侮的思想支配着我，我下定决心，在大风中迎接考验。"

钟山实事求是地说："勇敢接受环境挑战必须建立在科学客观的基础之上，要避免盲目性。我当时要求外方放靶试飞，是为了做几分钟观测，获得依据。别看这几分钟的数据，可给了我们信心。一是观察靶机的飞行情况，用以对我导弹飞行情况进行对比，因为导弹的推力和速度以及控制性能要比靶机高得多，如果靶机都可以受控，相比之下，导弹就会更好地高精度受控了；二是用科学的测量数据与我过去已有的经验数据对比，这是非常客观可信的结果，因此我满怀信心地决定可以拦截。这个经验告诉我们，一定要尊重科学，要重视实践，只有实践才能出真知。"

根据国外用户需求，"飞獴 -80"导弹武器系统可进行要地防空，也可自行机动保护野战防空部队。与 20 世纪 90 年代国外装备的低空防空导弹相比，"飞獴 -80"在反应时间、作战空域、对付多目标能力方面都有一定的优势，其反应速度、射程、带弹数量都优于英国的"长剑"、德法两国的"罗兰特"等知名防空导弹武器系统。

从"飞獴 -80"立项、攻关、研制到与国外谈判、签订合同、试验交付，钟山带领团队历时 4 年攻破了一系列技术关键，改进了导弹的超低空作战能力，增大了 25% 的作用距离，提高了系统抗干扰性，按合同要求出色地完成了军贸

工作状态的“飞獴－80”发射制导单元

任务，取得了两次靶试成功，为我国赢得了声誉。

二院向 A 国交付了价值近亿美元的设备。后来，二院的军贸型号源源不断地为国家赚取了大量外汇。

1993 年 12 月 6 日，“飞獴－80”导弹武器系统被评为部级科技进步奖一等奖。

“飞獴－80”导弹武器系统还荣获 1994 年度国家科技进步奖二等奖。在申报研制成果时，为了鼓励和培养年轻设计人员，调动更多设计师的积极性，顾全大局，钟山带头主动放弃报奖，并且动员副总师们也不参加报奖，留下了一段总设计师们弃奖的佳话。

4.“飞獴”升级

为适应 20 世纪 90 年代国际军贸市场的需要，钟山率领大家，从 1992 年开始了“飞獴－90”的预研攻关工作。

“飞獴－90”导弹武器系统的基本组成是：搜索指挥车 1 辆、发射制导车 1 ~ 3 辆、支援装备 1 套、导弹若干发。研制“飞獴－90”导弹武器系统的基本指导思想是：以“红旗－7”和“飞獴－80”为基础，吸收“海红旗－7”舰空导弹的先进技术，进行改进和提高。

“飞獴－90”导弹武器系统可有效对付歼击机、直升机、无人飞行载具、巡航导弹、空地战术导弹和反辐射导弹等多类空中目标。其主要改进是导弹速度、机动能力和作战空域等有所提高。导弹发动机推力更大，因而速度更快、射程更远、机动性能更好，雷达系统抗干扰能力更强，搜索、跟踪距离提高到 25 千米和 20 千米，射高提高到 6 千米，最大射程为 15 千米，比“飞獴 -80”提高 25%，能更早地拦截高空来袭的飞机和导弹；导弹速度最高可达 880 米 / 秒，单发命中率增至 80%。这些主要战术性能与 20 世纪 90 年代国际上的同类导弹武器系统具有可比性，尤其对于打击海湾战争后发展势头越来越迅猛的巡航导弹、低空直升机很有帮助。

“飞獴 -90”导弹武器系统用更新的使用了超大规模集成电路芯片的计算机替换了原有的火控计算机；采用了新的三波段脉冲多普勒雷达，具备更好的动目标显示和抗干扰能力；改进了电视跟踪系统，增加了数据链、红外成像系统和激光跟踪器。改进后的系统可在严重的干扰和地面、气象杂波环境下作战，具备了更完善的低空反导能力，能够实现完善的全天候作战能力。因此，“飞獴 -90”的探测能力、抗干扰能力在“红旗 -7”和“飞獴 -80”的基础上大大提升。

更吸引人的是，这些先进技术和国外“海响尾蛇”舰空导弹武器系统具有兼容性，这对国际市场上早期装备“海响尾蛇”舰空导弹的国家来说，可以进行单项技术改进、维修升级或更新换代，使其具备或部分具备新一代防空导弹的战术技术性能。

“飞獴 - 90”导弹武器系统

“飞朦 -90”导弹武器系统具有相当广阔的市场前景，有三类用户市场：一是“飞朦 -80”的老用户，要用改进型支持；二是法国“响尾蛇”的老用户，当时有 13 个国家订购了成百套制导站、上千发导弹，都急需大修和升级；三是“飞朦 -90”的新用户。对钟山他们来说，时间就是金钱，必须在两三年内抢占大修和升级换代市场。

从 1992 年开始预研，只用了短短一年时间，1993 年 9 月，“飞朦 -90”正式立项。此后，便开始了武器系统、导弹系统、制导站系统的攻关工作。

1994 年一季度，钟山组织召开了 20 多次系统、分系统和单项攻关项目的专题会议，进一步明确了武器系统、导弹系统、制导站系统和地面支援装备的技术状态、战术技术指标、攻关项目和时间节点。

3 月 28 日至 30 日，在钟山的主持下，召开了所有配套厂、所参加的“飞朦 -90”专题工作会议，进一步明确了目标，统一了思想，确定了状态，协调了接口，突出了关键，落实了任务，讨论了型号管理问题。

在工作会上，钟山做了动员报告。他在报告中指出：“二院发展军贸、开拓市场，是搞活二院的必由之路。已有的军贸对二院在财务、技术、队伍、质量、管理等各个方面均起到支撑、稳定和促进等作用，是当前和长远发展的重要支柱。在军贸市场，目前我们有萎缩、原地踏步的危险，如果我们不奋起直追，拼命挤进去，就有被挤出来的危险。‘飞朦 -90’是超低空希望之星，我们要高度重视，迅速过关，以求发展。”

经过第一次执行军贸合同，钟山收获了外贸工作的经验和教训。在会上，他特别提出要“实行管理模式合同制和两条线管理；严格执行质量控制；吸取教训，加强‘飞朦’系列对外的一致性、协调性，实现统一的基本条件，比如验收大纲、环境试验条件、寿命、使用环境，统一资料、标准和编号；对备件、组件也要纳入渠道，严格管理。”

“飞獴-90”导弹

针对大家担心“飞獴-90”攻关面临的困难和某些疑惑，钟山说：“如果方向对头，技术过关，国外有需求，一定要搞下去，这是发展的需要，二院的需要，广大技术人员的需要。好货一定有人要，要的一定是好货。”

2000年在第三届珠海航展上，“飞獴-90”首次亮相，引起观众瞩目。

在科研人员的不断努力下，“飞獴”系列不断发展壮大，作战效能不断提高，形成了“飞獴”家族。在后来的历届珠海航展上，中国航天科工集团公司多次展出了具有世界先进水平的“飞獴”系列地空/舰空导弹武器系统。

2008年，新一代“飞獴-90”防空导武器系统亮相珠海航展。在新一代“飞獴-90”防空导弹武器系统的改进过程中，人们不仅看到了一款具备国际先进水平的防空导弹的诞生，更重要的是看到了中国防空导弹在新体制雷达总体技术、光学传感器技术、高精度智能引信、高性能固体火箭发动机、先进战斗部以及固态雷达器件等方面取得的实实在在的巨大进步。这些技术进步在“飞獴-90”防空导弹几乎所有子系统中都得到了体现，也最后促成了“飞獴-90”防空导弹整体性能的飞跃提升，而这些技术不仅可以用在其他国产近程防空导弹上，也让中国防空导弹的整体技术得到了全面提升。

5. 基本型系列化

1993年1月25日，钟山给军委副主席刘华清写了一封信。他在信中写道：

“红旗 -7”作为第二代防空导弹武器系统已经定型，获得国家科技进步奖特等奖，并投入了小批量生产。根据当前国际形势的发展，作为一名长期从事国防科研的战士，愿在有生之年，竭尽全力，为巩固国防、发展现代化防空技术再作努力。特向您提出建议：积极开展新一代机动、越野型低空、超低空防空导弹的研制工作并尽快装备部队。”

钟山在信中进一步讲述了发展这种新一代防空导弹武器系统的重要性：海湾战争表明，一旦发生局部战争，低空、超低空的空中威胁仍然是主要的。现代化是体系对体系，为发展中国防空体系，当前陆军急需发展一种性能指标更先进、具有反导能力的野战防空导弹，既能弹炮结合，又能在行军中防空；为战争中部队快速转移提供防空保障，也为坦克师的进攻提供保障；同时，也可更有效地拦截空地导弹、巡航导弹、反辐射导弹等小型空袭兵器。新型低空导弹重点提高抗干扰、抗隐身飞机和抗精确制导武器的三抗能力。

他在信中阐述了已具备的有利条件：“一是国防科工委已决定引进俄罗斯当时处于世界先进水平的低空、超低空防空导弹，可以利用良好的中俄关系，向俄罗斯学习先进技术；二是‘红旗 -7’这支研制队伍经过实践，具有配套的协作关系和较高的设计水平，加上一部分年轻同志，老、中、青结合发展，愿为新一代上水平做贡献；三是‘红旗 -7’研制队伍已有借鉴国外、促进攻关和加快研制的经验。我们认为充分发挥西欧、俄罗斯和中国三个‘脑袋’的作用，可能在较短时间内既能满足周边战争的需要，又可在局部技术上超过国外型号，起到‘杀手锏’的作用；四是经过初步分析，我们将在多传感器、复合制导技术以及抗干扰、抗隐身飞机和抗精确制导武器等能力方面，超过俄罗斯的武器系统，并处于 2000 年前后的国际先进水平，使我军防空能力显著改善。”

这封信引起刘华清等军委领导的高度重视，为以后一系列型号的立项发挥了积极的作用。此后，从 20 世纪 90 年代中至今，中国防空导弹开始了第三次跨越式发展。其特征是防空导弹武器系统从第二代跨越到第三代，从应对有限的电子干扰跃升为应对强电子干扰，能够同时跟踪拦截的目标数量增加、种类增多，作战功能从点防御扩展为面防御，即从要地防空跃升为区域防空、战区防空。

以“红旗 -7”为起点，在钟山的主持和推动下，“海红旗 -7”和“飞獴”系列相互继承和创新形成了通用性、标准化设计，为国内外用户提供了简单实用的导弹武器系统。同时，为研制“红旗 -7”而开发出来的某些关键技术，如雷达信息处理、软件设计、红外成像技术、系统仿真等，已用于中高空、中远程防空导弹等有关型号上。

进入21世纪，针对低空的新“三打三防”要求，钟山对“红旗-7”系列发展提出新的建议：尽快全面配套，将“红旗-7”系列形成低空反飞机、反巡航导弹的有效战斗力；编写教材，组织联网指挥，充分发挥系列模拟器的作用；建立中继级维修基地，培养维修人才；将持续发展创新改进纳入规划，逐步实施。加强“红旗-7”和“海红旗-7”的通用性、标准化设计，使系列能为海、陆、空三军服务，且在后勤、技术保障方面有很多共同点。抓紧改进型研制，进一步改进“红旗-7”将弹炮结合一体化设计。与其他型号共用C^3I联网，利用早期预警信息，提高“红旗-7”在低空拦截的效费比。将“海红旗-7”的有效先进技术移植到陆军和空军用的“红旗-7”改进型之中。由于“红旗-7”可以优先利用“海红旗-7”的光电制导成果，能拦截几米到十几米高度飞行的巡航导弹，性能超过了半主动雷达寻的制导体制。根据军贸得来的经验，对陆军用的“红旗-7”进行了改进，可以满足陆军野战防空要求。

通过“红旗-7”系列化研制，二院完善了系统仿真、软件开发、信息处理、环境试验等的设计手段和试验手段，培养造就了一支具有真才实学的防空导弹研制队伍，为研制第三代防空导弹武器系统创造了条件、奠定了基础。

短短几十年，二院从重返地空战线，一举实现了地空型号的小批量生产，也为二院承担陆、海、空导弹武器系统批量生产奠定了基础。回想当初，在“红旗-7”型号预算会上，钟山提出的经费预算和定型时间使当时国防科委的领导觉得不可思议，这位领导被钟山奋不顾身的干劲所感动，笑着说：“你这该不是‘钓鱼工程’吧！”意思是用较少的预算夺标，然后再一点点追加经费。但后来的事实证明，钟山没有妄言。

对二院来说，谁说当年争来的“红旗-7”导弹武器系统不是“钓鱼工程”，不然，后来接踵而来的一条条“大鱼”又缘何而至？只不过，这些“大鱼”都

钟山主导研制的“红旗－7”系列化导弹武器系统

是靠二院地空战线成千上万人顽强拼搏、敢于创新换来的。

2004年7月，在某型号地空导弹武器系统飞行试验成功后，钟山赋诗一首：

甲申低空逢久旱，
仰盼甘霖人祈天，
红七不负众夫愿，
两的险过折戟关①。
老朽喜闻新青显，
英才辈出志优前。
超低系列持发展，
固我长城慑敌顽。

① 指某型号批抽检，取得两发两中的战绩。“的”（dì）指靶标。

6. 全寿命周期

在开发军贸型号的过程中，钟山和团队获益匪浅。特别是当他们与A国签订数额巨大的维修和技术支援合同后，更是对导弹武器系统如何通过维护、确保其全寿命周期的可靠性有了深刻的体会。钟山始终强调，在研制中要全过程实施质量控制，确保导弹武器系统的使用可靠性。

钟山在技术设计之初就提出，要高度重视导弹武器系统的可靠性，并在研制中将可靠性作为重要抓手，把可靠性作为系统工程来抓。在钟山的提议下，对于型号研制，建立了从上到下的可靠性设计和管理队伍。对此，他在一篇有关可靠性的论文中从四个方面进行了论证。

钟山在文中写道：

可靠性是设计出来的。在防空导弹武器系统的设计过程中，要考虑先进性、现实性、经济性的结合点，要制订出切实可行的可靠性保证计划，明确提高可靠性的措施，实现可靠性指标的重点和难点，才能做到心中有数，方向明确，措施具体有效。

可靠性也是生产保证出来的。设计可靠性指标再好，没有相适应的工艺保证，其结果还是可靠性不高。工艺过程中的公差、材料等事项的处理均与生产出成品的质量、指标、寿命、环境适应性密切相关。设计出来的可靠性指标必须依赖合理的工艺设计，工艺过程控制和处理，元器件及零部件的严格加工、筛选、装配和调试全过程。

可靠性也是管理出来的。生产过程中的质量、可靠性除依赖于工艺设计和过程控制外，还依赖于管理。管理的核心在于建立一个全过程有效的质量可靠性体系。这种依靠“程序、组织、培训、归零、评审”的管理模式，可以将人为因素减至最少，通过程序及归零，落实质量责任制。

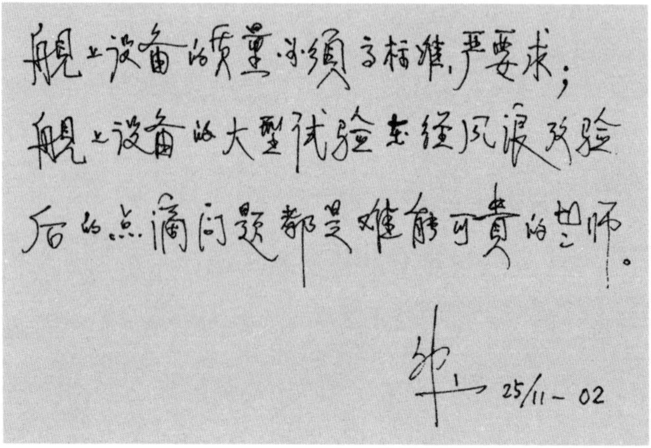
舰上设备的质量必须高标准，严要求；
舰上设备的大型试验在经风浪考验后的点滴问题都是难能可贵的老师。
钟山 25/11-02

钟山为《故障启示录》一书题词

> 可靠性是不断增长出来的。因为从产品设计到生产，需要有一个不断深化认识，逐步改进、完善的过程。有针对性地改进设计和工艺，按照试验—分析—改进过程，产品可靠性才能不断提高。

可靠性增长试验是在研制特定阶段按特定方法、有计划地实现可靠性指标提高的一种试验。可靠性增长试验本身不能提高产品可靠性，只有采取了有效的措施来防止故障再现之后，才能达到可靠性增长的目的。

钟山在文章中总结了“红旗 -7”系列研制过程中推行的管理措施和方法——对设备的可靠性验证方法。对于可靠性指标较高、设备组成复杂、庞大的设备或系统，可对其组成的分机、部件进行验证，积累各组成部分的数据，对该设备或系统做可靠性综合评定。除在地面分别进行设备验证、导弹验证、制导站验证以外，最后，还需对全系统进行飞行试验，包含系统功能性能考核和可靠性指标验证，对导弹武器系统进行全面考核。

可靠性系统工程强调过程控制、动态调节、不断改进，在研制周期中力求可靠性指标有所增长。例如，可靠性指标从导弹武器系统顶级分配到各个分级、设备的过程中，按不同阶段对可靠性指标进行调整，应多次反复，由粗略达到精确；对指标的试验、验证也是多次反复，发现问题，采取措施，不断调整，直到最后获得满意的结果。

钟山认为，必须充分认识统计曲线的10倍率，对可靠性及质量要及早抓，从头抓，自始至终抓紧抓好，一抓到底，不能有丝毫的松懈、麻痹。所谓10倍率，是指在问题发生阶段，其经济损失将成10倍增长。针对导弹武器系统的可靠性增长，他还提出了有效措施：重视源头、抓好基础，把可靠性金字塔的基础建立在元器件、原材料以及工艺保证的基础之上；抓好可靠性预估和设计，通过预估和设计的反复过程，找出导弹武器系统中可靠性的重点项目和薄弱环节，有的放矢地制订出可靠性保证计划和可靠性增长计划；优选协作厂家，生产定点，稳定工艺，稳定质量，以增长可靠性；导弹武器系统生产后交付部队，必须对使用中存在的问题进行收集、分析、分类，并及时地处理和解决这些问题。只有通过这种从使用到设计生产单位的闭环反馈控制，才能最终增长可靠性，提高战斗力。

钟山还强调：要确保导弹武器系统使用可靠，必须坚持全寿命周期全过程管理，可靠性的提高是防微杜渐、永无止境的。

7. 创新与继承

自从党中央提出建设创新型国家的号召后，为各地自主创新出谋划策，也就成了两获国家科技进步奖特等奖的钟山生活中的重要内容和一大乐趣。

“航天就是典型的集成创新成果。不管是载人飞船，还是卫星、火箭，都是把光学、电子、飞行力学、空气动力学、机械结构等多专业、多学科、多领域的技术集成起来，组成一个跨行业、跨地区、跨部门的大系统……”谈起集成创新，钟山滔滔不绝。

钟山认为，集成创新不失为全国各地加快发展的一个新选择。“自主创新包括原始性创新、集成创新、引进消化吸收再创新。原始性创新，需要新理论、新材料，难度大；引进消化吸收再创新，对于中小企业也不现实。因此，我鼓励他们从集成创新入手，寻找新的经济增长点。很多中小企业，家家都有创新点，但只靠单干，每家都难把产业做大。建议他们联合起来，对这些创新点进行集成，形成具有更多功能、更大用途的成果，就可以做大产业。”钟山如是说。

2001 年，钟山在二院某研讨会上做了题为《系统工程的创新与继承》的演讲。在演讲中，钟山生动地阐述了系统工程的创新与继承的关系。

钟山认为：新与旧，创新与继承是对立统一体。之所以叫“创新”，是为了突出主观认识的能动作用。“创”表明不是坐等客观条件的慢慢成熟，而是发挥人的主观能动性促使条件成熟。新与旧的矛盾事物加上人的主观行为以后，将成为创新与继承这一对立统一体。

创新是灵魂，是方向，是前进和发展的动力，但创新的产生必然是在原有的客观条件下与主观能动性相结合，没有原有的继承就不可能有创新。因此，继承是创新的基础和前提。在今天经济全球化、社会信息化的时代，掌握国际发展的动向和水平，继承已有的（含国内和国外）科技成果，更需充分发挥主观的钻研、创新精神，特别是结合中国实际，走一条有中国特色的创新之路，这是中国科教兴国的必然途径。

针对系统工程类型的技术创新，钟山认为：复杂系统工程的创新过程实质是少部分创新，大部分继承，但要紧紧抓住创新是灵魂这个要点。一个复杂的系统要把全部子系统完全更新、一蹴而就，从经济上、时间上、效果上都是不现实的。因而只可能在某些关键技术上、某些重要的局部指标上进行创造性劳动，使得全系统产生飞跃。如果改进太多、步子太大，或者继承得太少，就有可能欲速则不达，费时而效果差。

钟山强调，对于复杂系统工程，要处理好创新与继承的关系，创中有继，继中有创，但都要以“自主创新”为灵魂，指导自始至终的系统工程活动。系统工程要突出综合集成型的创新，从理论上到工程实现上，将不同的众多子系统有机、协调地合成为统一的具有重大新用途的复杂系统，实现工程目的，并

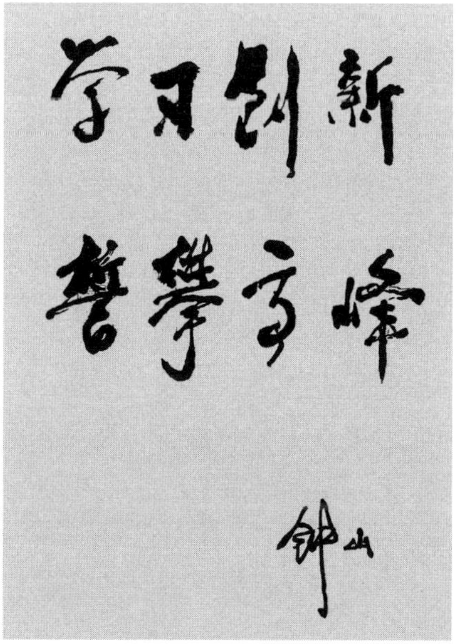

2001年研讨会后，钟山题词

呈现1加1远大于2的效果。

钟山认为，基本型、系列化、持续发展、不断创新是复杂系统工程发展的成功之路。复杂系统工程的特点在于组成复杂、系统庞大、构件数量多、生产周期长、经费投入大、风险和效益高。基本型成功以后，不断改进、完善，走系列化、模块化、持续发展的道路，有利于有效地应用创新与继承的手段，推动系统工程快速发展。

从“预研—研制—生产”的“三步棋”到“生产一代，研制一代，预研一代，探索一代”的管理模式（简称“四代论”）是推动系统工程进一步创新的重大举措。对于“生产—研制—预研—探索”四个阶段不同类型的科研管理，其本质的差别在于创新与继承的内涵及比重不同。生产阶段的创新侧重于工艺、质量、批次性、一致性等问题；研制阶段的创新侧重于系统设计、计算与试验、综合与集成等方面；预研阶段的创新侧重于专业技术或综合集成技术、部分原理等的攻关和验证；“探索一代”是在预研之前，对理论、原理、方向性技术方案进行探索性研究，在理论创新的深度、广度方面比前三者比重大得多，要允许多次失败和挫折，要突出理论与实践检验的一致性。“四代论”突出了探索研究的重要性，必将推动全国的科技创新，特别对系统工程将有深远的助推作用。

系统工程本身就是创新与继承、对立与统一发展的产物。认真分析这一对矛盾在不同时期的共性与个性，找出它的规律，从而发挥主观认识的积极作用，发挥规划、政策的引导作用，发挥经验教训的借鉴作用，相信科技创新必将迎来百花绽开的美景。

2005 年，钟山在《某型号舰空导弹研制的回顾与展望》一文中写道：通过工程实践认识到在创新与继承的关系上要注意以下两点，即在敢于创新指导思想下注意继承；在充分继承基础上勇于创新。要防止墨守成规、不敢越雷池半步的保守思想；也要避免未弄清吃透、急于求成的浮躁情绪。实事求是、勇于创新、善于继承是成功之路。

钟山

钟山院士传记

Academician Zhong Shan's Biography

第八章

献计国防

退居二线的钟山成为空军科技发展和人才建设顾问，为部队培养了一批人才。他从国家战略的高度为中国航天事业的发展、高新技术的未来以及重大工程项目把脉，多次为国家顶层决策提供建议。

1. 携手防空旅

“没有空防就没有国防”，中国军队深刻地认识到了现代战争的这一重要变化，并于1991年在机构设置和军校教育方面采取了相应的措施；同年，在某军成立了解放军第一个由地空导弹和高炮混编的防空旅。“红旗-7”研制成功后被列入国家重点装备系列，在装备空军后，又装备陆军防空部队，为陆军野战部队提供防空，为指挥/通信枢纽、机场、后勤设施提供要地保护。

1992年5月，二院组织导弹批抽检实弹射击，打靶成功后，这批导弹即将装备某军防空旅。为此，防空旅一位副参谋长带了20多人去现场观摩。这位副参谋长回忆说：“那是我们第一次看打导弹，心里那个激动啊，就盼着自己打导弹的日子快些到来。”

中国陆军第一次打地空导弹的日子终于到来了。1993年8月26日，华北某靶场，某军防空旅组织第一次导弹实弹打靶，这次“里程碑”式的打靶有“三多”：从科研单位和生产厂家以及空军请来的保障人员多，足有120多人；前来观摩的人多；现场领导多。

一位在现场的高层领导问防空旅领导：靶场上怎么有那么多老百姓？真打

钟山为某军防空旅官兵们上课

起仗来，你们还能带那么多“保姆”吗？

没有人才，中国陆军的防空之剑就是一把钝刀。装备靠配发，人才得靠自己培养、开发。防空旅很快制订并下发了“人才培养三年计划”，鼓励支持干部报考硕士、博士研究生。同时，与科研院校签订人才培养协议，聘请钟山、乐美康、韩平等 17 名专家、学者为防空旅的人才顾问、客座教授，请他们定期到旅里给官兵们授课。

钟山对防空旅可以说是鼎力相助和有求必应。让防空旅的官兵们津津乐道的是钟山的讲座。钟山每年都会到部队，为官兵们讲解信息化建设以及国防前沿技术动态。每一次讲座现场都是座无虚席，讲课内容的深刻与理性深受基层官兵们的好评。

为了让防空旅的官兵尽快“上手”操作装备，钟山还发动型号研制队伍的老同志一起出谋划策，为部队排忧解难。他们和官兵们一起风餐露宿，住帐篷，睡大通铺，吃大锅饭，毫无怨言。由于航天型号任务饱满，在完成一线任务之余，很多老专家抽空奔赴部队为官兵们讲解装备使用技巧，破除了他们对高科技装备的畏惧，增强了“玩转”新装备的信心。这些专家还帮助防空旅建成了陆军第一批数字化野战情报系统——C^3I 系统。

经过几年的磨合，令防空旅官兵们感到骄傲的 1998 年到了。这年 6 月，防空旅在河北某靶场举行实战演习，两发导弹齐射，全部命中目标！钟山等专家只是充当看客，欣慰地目睹官兵们的精彩演练。

这次演习中，防空旅在指挥岗位和重要技术岗位上挑大梁的，都是本科以上的高学历年轻人。总指挥张晓明 39 岁，射击指挥孙卫国 37 岁，技术保障总指挥李树芳 40 岁，关键技术岗位上的主要负责人，如导弹营长、导弹连长才 30 出头，而工程师的年龄都在 25 岁至 32 岁之间。有这样高素质的"磨剑"之旅，防空旅官兵打造"防空利剑"的信心更足了。

11 月上旬的一天，微风习习，云遮蓝天。华北某地靶场上空气球高悬，彩旗猎猎。营区里，"塞北山头赤胆忠心练精兵，渤海沙滩忘我拼搏试身手"的标语格外醒目。阵地上，一台台擦拭一新的战车排列整齐，一发发导弹昂首待发。靶场上，扮演"主考官"的钟山和部队首长谈笑风生。

"导弹再好，使用导弹的人没有高素质也等于零。防空旅的官兵们，你们把我们这个型号的导弹打出了国威、军威。你们为军队的信息化建设做出了了不起的贡献！"实弹打靶成功后，钟山对防空旅发表了热情洋溢的讲话，话里话外不吝对官兵们的赞叹。

在塞外靶场、在部队驻地、在导弹测试一线，防空旅的官兵们给这位老科学家留下了难以磨灭的美好记忆。

"我被他们刻苦研究的精神深深感染了。我给自己下了命令，就是再忙，也要扶植这支部队。"提起和防空旅最初的合作，钟山感慨不已。他盼望着自己珍爱的武器装备，能在陆军部队训练好，使用好，发挥出最佳效能。

1999 年 3 月 24 日，以美国为首的北约武装干涉南斯拉夫联盟共和国内部事务，发动了科索沃战争。当地时间 5 月 7 日夜间（北京时间 5 月 8 日清晨），从美国本土空军基地起飞的美军战略轰炸机用 5 发巡航导弹从不同角度袭击了中国驻南联盟大使馆，导致中国 3 名新闻记者牺牲，20 多名使馆人员受伤，馆舍严重毁坏。

消息传来，国际震惊，中国震怒，海内外华人更是难以置信。这和世界对即将到来的21世纪充满的和平与发展期待形成了过于悬殊的对比。

在这个世界上，最后还是要拼实力的。我们要卧薪尝胆，一定要争这口气！一句话，我们决不做软骨头。大家都要化义愤为力量，促进学习和工作。全国各个行业、各个领域的同志都要进一步做好本职工作。只有坚持埋头苦干，把中国的经济实力搞上去，把我们的国防实力搞上去，大大增强我们的民族凝聚力，我们才能永远立于不败之地。

这是江泽民同志在中共中央政治局常务委员会会议上关于以美国为首的北约用导弹袭击中国驻南联盟大使馆问题三次讲话的要点。

面对世界风云变幻，全军开展了"新三打三防"训法战法演练。巡航导弹最大特性是什么？怎样才能打出最佳效能？防空旅官兵们在训练中提出了一个又一个问题。但他们一不等二不靠，旅长薛爱国带着技术人员匆匆来到中国航天工业总公司二院，敲响了钟山的房门。

"电子维修车的计算机老化了，运行起来非常慢，要是能升级一下就好了。""导弹战车的配置较低，必须与发电车联在一起，不利于战场环境，需要自己解决电的问题。""发电机烧航空油，价钱太高，应该改成柴油。""战车的作战程序在电压不稳的时候容易造成紊乱，应该增加一个保护电路。""战车油门拉线比较重，使用起来不灵活，需要改进。"……

落座没几分钟，大家向钟山一口气提出了19个问题。面对这些年轻的面孔，钟山起初感到惊讶，继而暗暗佩服。

回忆起当时的情景，钟山感慨地说："这些问题提得很有深度，涉及装备的发展和改进，涉及武器的安全和性能，本来是专家和技术人员考虑的事，却被防空旅的官兵们研究得如此透彻。那19个问题，我和专家组逐个研究改进，使武器系统的各项性能更加完善。"

钟山为部队讲解防空武器装备知识

在交谈中，钟山深切感受到官兵们对知识、尤其是现代高科技知识的渴求。当防空旅提出请他及专家组的同志担任人才培养导师时，钟山愉快地同意了。就在这次登门求教后不久，钟山带着专家组一行十几人来到防空旅，签订了协议，开始了第一次辅导。他说："面对这样一支好部队，我责无旁贷！"

在以后的接触中，双方结下了深厚的友谊。让钟山欣慰的是：虽然防空旅有些战士文化基础并不是很好，有的甚至学历较低，可是一旦进了防空旅的大门，立即就不一样了。这些年轻人心里都憋着一股劲儿，要为祖国的国防勤学苦练。

2000年夏季，全军举行科技练兵成果展示活动，某军防空旅奉命参加这次近年来全军最大规模的军事汇报表演。在亚洲最大的战术训练基地，来自全军的数支防空部队在这里摆兵布阵，迎接挑战：运用国产"红旗-7"地空导弹截击低空快速目标。

这是一场惊心动魄的演习："敌人"的目标来了，凭借其技术性能上的优势，它紧贴着沙丘低空快速飞着，飞着，连续突破数道封锁区，进入防空旅的防区了！

这是最后一道防线，也是"敌人"的葬身之地。跟踪，锁定，发射！没有一点犹豫。刚才还肆无忌惮的"敌人"导弹转瞬间灰飞烟灭。现场直播的消息是：我军首次运用国产某型导弹抗击低空快速目标取得成功！

这次汇报表演中，C^3I数字化野战情报系统与三种导弹"联袂"进行实弹射击，发发命中，标志着防空旅新装备已形成了整体作战能力。一位在现场观看了全军防空部队演习全景的解放军高级将领对防空旅表现的评价是：体现了人的素质与武器的完美结合。

部队官兵高度赞扬“红旗 -7”武器装备，专门给钟山送来了锦旗，上写“红旗塞北磨利剑，四发四中镇草原”。

2. 瞄准“打赢”

20 世纪 90 年代后期到现在，以美国建立国家导弹防御系统为标志，防御技术向着空天一体化方向发展。几十年来全身心投入国防科研第一线的钟山意识到，虽然世界大战打不起来，但天下并不太平。面对国际风云变幻，作为一个发展中的大国，中国决不可熟视无睹，而应该大力研究防御技术和手段，进行关键技术攻关，根据威胁目标的变化，做出及时、相应的反应，更好地保卫自己的国家，维护世界和平。

1999 年 11 月，钟山当选中国工程院院士。他利用院士身份，在不同场合为科技强军鼓与呼：“防御技术研究就是要防患于未然。中国必须全力以赴进行这方面的研究，逐步向更高技术领域发展。按照‘探索一代、预研一代、研制一代、生产一代’形成良性循环。”

他在一篇报告中写道：从反飞机到反导弹、从防空到防天、从空军到天军，防御技术研究总是“防不胜防”，被动地随着空中来袭目标的变化而变化，实现技术跨越相当困难和复杂。

钟山认为，20 世纪 90 年代的几场高科技局部战争，如海湾战争、科索沃战争等都充分说明，空袭和反空袭始终贯穿整个战争。因此可以说，没有空防就没有国防。防空包括两个方面：一方面是空军的航空兵，另一方面就是地面的防空兵。航空兵方面靠战斗机发射空空导弹拦截入侵目标，地面防空部队则以防空导弹辅以高炮来拦截目标。目前，空天正向一体化发展，航空航天的界

钟山应邀到部队为官兵授课

线越来越模糊，而且空天技术与信息技术的结合引起的军事变革，要求空天防御一体化，这就对地面防空提出了更高的要求，而担当重任的就是防空导弹。

钟山在文中以科索沃战争为例，加以说明：

1999 年 3 月 24 日，以美国为首的北约集团对南联盟发动了大规模的空中打击，在历时 78 天的战争中，共出动飞机 1200 架、38000 架次，战舰 55 艘，发射各种类型炸弹、导弹 23000 多发。

这是一场高科技战争。通过这场战争，可得到如下启示：

1）必须高度警惕新的炮舰政策和强权政治。

2）空袭与反空袭已是高科技战争的基本模式和重要模式。

3）反空袭必须走天、空、海一体化，高、中、低多层次拦截，反飞机、反战术弹道导弹、反巡航导弹相结合，并符合中国国情和密切结合实际的道路。

4）在高科技空袭战争中，从飞机、军舰上发射巡航导弹，已成为远距离、精确打击的重要手段，一般都是优先使用、重复使用和大量使用。

5）低空防空导弹在高科技战争形势下必须既能拦截超低空入侵的飞机，也能拦截超低空隐蔽飞行的导弹；要能对付多批次、多方向轮番攻击，并在复杂的电子战环境下、恶劣的气象与地形条件下实施反空袭。

空军地空导弹部队创立 10 多年来，继承了中国人民解放军艰苦奋斗、英勇顽强的光荣传统和机动灵活的战略战术。对于研究现代高技术战争有重要的指导意义。特别要重视以下两点：

一是高技术武器需要有高素质的人来使用并以机动灵活的战术来运用，才能最大限度地发挥其威力。任何先进的高技术武器，没有人来使用，都是死的东西。只有由高素质（包括军事、精神、技术素质）的人在正确战术思想的指导下使用高技术武器，才能在战争中发挥决定作用。

二是要高度重视研究电子战技术和战术。在20世纪90年代发生的海湾战争和科索沃战争中，美国广泛地成功使用电子、信息战手段，使世人震惊。电子战已经成为现代战争的重要手段和作战方式之一。空天地海一体化、数字化的电子战将不可避免地极大地影响战争进程和决定战争胜负。但是，电子战技术也不是神秘莫测的。

他还特别引用老朋友——空军曾领导过与U-2飞机进行电子战的文绶副参谋长的一段话："电子战是一场智力竞赛。科学技术原理都是一样的，关键是谁运用得巧妙、灵活，谁最先使用。对行家里手来说，电子技术就是一层窗户纸，一捅就破。即使使用高速计算机编码，对方也会用更高速的计算机解码。电子战又是一个'魔高一尺，道高一丈'、此长彼消、跳跃式的斗争过程。随着电子、光学、计算机技术的迅猛发展和新兴科技成果的出现，这个斗争过程的发展会更快，每一次变化的周期会更短。"

从地空导弹防空作战的经验看，重视电子战首先要重视培养和使用通晓电子技术的人才，尊重电子工程技术人员的首创精神，充分发挥他们的积极性，并在更大范围内普及电子战的基本知识。

3. 任职空军智库

世纪之交，迅猛发展的世界新军事变革，极大增强了空军指战员发展现代化建设的紧迫感。然而，由于在一些重要专业技术领域缺乏高层次科技人才，直接影响了重大关键性技术难题的攻克，制约了部队建设的发展。2000年3月，空军党委决定与中国科学院、中国工程院开展科技合作，聘请 20 位在中国航空、通信、雷达、导弹、信息等科研领域取得突出成就的两院院士，担任科技发展和人才建设顾问，加速构建高层次科技人才方阵。钟山成为其中之一。

钟山是 1953 年在哈军工空军工程系穿上军装的，毕业后一直到 20 世纪末期都在从事航天领域的科技研究工作。钟山受聘空军顾问后，对空军有关的防空导弹技术、空天防御技术、空军科技人才培养等有着特殊的感情和兴趣。10 余年来，他对空军有关信息化建设和空天防务安全建设，起到了积极的引领和促进作用。

某新型防空武器装备因缺乏相应配套的指挥自动化系统，影响了作战效能的发挥。几年前，空军某研究所开始了配套设备的研制攻关，但由于该系统涉及众多领域的复杂技术问题，仅凭自身的科研力量一时难以突破。困难之时，钟山鼎力相助。在钟山的全力指导、支持下，该所科研人员连续攻克多项重大关键技术难题，圆满完成了研制开发任务。

空军工程大学导弹学院教授、训练部部长李为民与钟山结成帮带对子后，钟山积极为其创造条件开展学术研究和科研工作，多次推荐他参加国际学术会

空军工程大学导弹学院教授、训练部部长李为民

陈志杰（前左一）和战友们一起讨论工作

议、参与重大科研项目的论证、加入国家级学会并担任理事。如今，李为民已成为全军某重点学科带头人、博士生导师、军队学位委员会委员。

1963年出生的陈志杰如今是空军装备研究院某研究所所长、专业技术少将军衔，一等功臣。陈志杰和一批空管人一起先后攻克全国全军航空管制领域的关键技术80余项，填补国内、军内空白10余项，使起步较晚的中国空管在20年间赶上了发达国家用50年走过的路程。2011年，陈志杰当选中国工程院院士。提起钟山对他的教诲，他说："钟山老师对我帮助很大。他让我认识到：要做好任何事，首先必须从整体来考虑。从全局看局部，从历史看发展，从长远看眼前，从事业看岗位，才能为自己、为工作、为科研找到准确定位。"

受聘担任顾问的钟山院士为空军部队留下了许多宝贵的无形资产，为推动部队现代化建设发挥了潜移默化的作用。钟山经常深入部队机关、院校和科研院所，开展考察讲学活动，为官兵们做各类学术报告，参加各种研讨会、论证会、评审会，介绍国内外最新科技发展动态和军事高科技信息，传授各专业领域最前沿的学术思想、理念和成果，大大活跃了部队的科研学术气氛，拓宽了空军官兵的科技视野。

钟山在调查研究、科学论证基础上，10年间先后向空军提出了有关建立"某某级防空（天）作战综合仿真研究"、"加强空军工程大学导弹学院建设"以及"空天防御"、"防空反导"等十几项建议。这些建议成为部队筹划、决策各项建设

钟山（右三）受聘为空军导弹学院兼职教授

项目的重要参考。为此，部队同志将空军与院士们的科技合作对部队长远建设的推动作用，形象地比喻为“立交桥”、“指南针”和“孵化器”。

钟山站在世界军事高技术发展的前沿，从推进中国特色军事变革高度提出的一些重要建议，为进行军事斗争准备起到了方向性、前瞻性、导向性作用。空军在院士们的倾力帮助下，先后诞生了一批适应战略转型和军事斗争准备需要的新学科，使空军的学科建设跃上了一个新高度。

4. 信息化战争

钟山对航天信息技术以及武器的信息化问题进行了潜心研究，撰写了《试用科学发展观看航天信息技术的发展》《论军民两用航天信息技术及寓军于民》《从信息化战争看空天防御技术》《以信息化带动机械化实现空军装备跨越式发展》《从部分尖端技术的发展看影响科技发展的因素》等学术文章 20 多篇，从航天信息技术的视角来分析未来战争的发展趋势。

钟山在文中写道：信息化战争的脚步伴随着人类科学技术的进步已经悄然而至。当今世界新军事革命的核心内容，就是进行军队信息化。建设一支能够打赢未来信息化战争的强大的现代化、正规化、革命化军队，成为摆在我军面前的迫切任务。

信息技术的发展及其在军事上的应用，使得战争的空间不断扩展，战争的立体性增强，多维化趋势明显。同时，信息技术也使时域向作战两端扩展：一

钟山在成都信息工程学院授课

端是准备和实施战斗的计算时间越来越小，以分、秒、毫秒计算战争进程；另一端则扩大了非接触作战距离和火力实施历程（如战略轰炸机、加油机以及洲际导弹的起始时间，均延长至几十分钟、几十小时）。时域扩展带来了战争的快速性、机动性，时空结合促进了对抗性、瞬间变化性。

钟山将信息技术在高科技战争中的主导作用概括如下：

1）在立体化战争中起尖兵式感知作用；

2）在作战指挥中起神经中枢作用；

3）在攻防武器中起精确打击的拳头作用；

4）充分利用目标及本身的信息进行隐身反隐身、突防反突防的对抗作用；

5）在瞬息万变的信息对抗斗争中起核心作用。

钟山认为，当前是以信息化带动机械化加速跨越式发展的大好时机。当前是新军事革命的起始阶段，我军落后于某些发达国家的军事革命，但可以发挥“后发优势”，抢占军事信息技术的某些制高点。同时，也与国民经济建设以信息化带动工业化的战略步骤相吻合，有利于促进军事实力与经济实力的协调发展。

针对如何实现以信息化带动机械化，钟山以某防空导弹武器系统为例，开出了如下“药方”：

充分利用“后发优势”，以高起点实现以点带面。从大量做过的试验看，该导弹武器系统所具有的主要优势是：对付目标——飞机、导

钟山（前排左二）受聘为华中科技大学兼职教授

弹，多目标、大空域、高精度，高推重比、高机动过载能力、高精度制导，拦截空域大、末端杀伤概率高。可以断定，若将这些技术加以推广应用，并以新带旧、以新改旧、以点带面，就能使这些优势技术发挥更加强大的作用。这样，可将经过多年研制成功的先进的技术成果视为一种源头型创新，并以此为基础，通过集成国内现有的先进的信息技术，派生出改造型、移植型、集成型等不同类型的创新，形成基本型系列化发展，就可以实现装备跨越式发展。这实在不失为一种加强国防建设“多快好省”的捷径。

以信息技术加速重点武器形成战斗力，在打赢高科技战争中发挥作用。首先，以并行工程为手段，加速该型地面防空导弹在战区防空中形成和保持战斗力，考虑到导弹武器系统形成和保持战斗力必须经过“研制 — 定型 — 批生产 — 战斗训练及使用 — 可靠性增长 — 综合保障（维修及备件供应）— 全寿命周期的质量保证 — 战术使用改进”等过程。采用并行工程的思想和方法，就能缩短上述诸过程的时间，使重点武器尽快形成战斗力并最大限度地提高其有效性。其次，充分应用国内已有的仿真平台技术及基础，可整合、提升和集成具有实效的“战区级防空作战综合仿真系统”，为“打赢”未来战争和跨越式发展做出贡献。同时，也对平战结合、战技结合、人机结合、可持续发展起促进作用。再次，建立该型地空导弹的综合保障网络系统，兼顾战区内其他防空武器的保障支援，扩展军民联网，保证信息畅通、供应及时。

钟山指出：要充分发挥跨专业、跨单位的总体人员的综合集成作用，以经济、高效、快速地实现跨越式发展。当代信息化战争已驱使高科技战争发展立体化、一体化、智能化；以信息技术为代表的高科技武器装备是众多专业技术的综合集成；只有依靠众多跨专业、跨单位、跨部门的总体型、战技结合型的骨干人才充分发挥作用，才能有利于打破门户之见，突破专业局限性，实现有创新性的跨越式发展；陆海空诸军兵种之间、防空防天之间、进攻武器与防御武器之间在通信、情报、监视、指挥等方面必将走向作战一体化、部队一体化、战场一体化的共同发展道路。

钟山强调：必须以"解放思想、实事求是"为指导，把现实与发展结合起来，处理好"三合"的历史过程与跨越式发展的关系。从经济上、时间上、现实可行性上看，不管军兵种的编制、武器装备的配备、战术和技术如何发展，必然要增加新的（部门）与原有的（旧的）相混合，共同使用；在混合使用过程中注意新旧武器装备的结合，互相取长补短、互补互利，通过相互结合，提高武器的效率；充分利用新武器的优势和现代化信息技术的优势，以新改旧，以新带旧，以点带面，挖掘潜力，达到更深层次的信息融合，为决策层提供更有效的判断依据；应推行"横向技术一体化"，制定共同的软件、标准、协议，以使"三合"发挥作用，提高系统效益。

钟山认为：应处理好信息化与机械化的关系，以信息化带机械化，以机械化促信息化。以信息化为主导，充分利用现有的高新信息技术改造带动机械化部队的建设，其中包含以新改旧、以点带面；用机械化促进信息化的应用和发展，只有在机械化装备的基础、载体和平台上进行信息化的改造、利用、渗透，才能更好地服务高科技战争；机械化与信息化相辅相成，同时建设，并加快诸兵种、诸装备混合—结合—融合的“三合”过程，实现整体跨越式发展。

钟山还认为：要充分发挥“人民”优势，走军民结合、平战结合、人机结合的发展道路。有力引导，积极促进；安全保密，平战结合；人机合理分工，充分发挥作用。既要发挥计算机在存储、计算、信息查询、模拟、通信等方面人所不能及的能力，同时更要发挥人在爱国、正义激励下的创造性思维和大脑中的科学理性知识，综合分析判断，把立足点放在人这一主体地位上，提供智能化的辅助决策支持系统，促进人机结合；群众参与，人民制胜。在广大人民群众的积极参与和支持下，将会产生在高科技条件下的超常手段和制胜法宝。

钟山总结道：以信息化带动机械化，只要充分利用后发优势，抓住先机（启动之先、成果应用之先），抓住特点（信息化改造和人民战争），注意结合（兵器、战技、人机、平战、军民）大方向，按照与时俱进的精神跟上时代步伐，空军就一定能实现装备的跨越式发展。

5. 武器专家系统

钟山最早知道专家系统的概念，还是在20世纪80年代初，当时，七机部一个代表团赴美报告中提到，在美国观摩了一个专家系统演示。虽然，专家系统演示在国内一直没有得到重视，但是，钟山却印象深刻。30多年过去了，他一直记在心里。

在“红旗-7”研制过程中，钟山就特别注重系统可靠性。他率先在型号研制队伍中推行可靠性工程和管理，建立可靠性设计队伍，制定了规章制度。他强调，任何设备都要进行可靠性设计、评估、批准，才能研制，不仅是对设备，连技术设计也要进行可靠性设计。因为，系统大，出故障多，要使整个系统100小时不出问题，对分系统的要求就会更高。

钟山力推防空导弹武器专家系统研发

但是，一旦部件出问题，如何快速发现问题，如何快速排除故障，就需要从长期的实践中总结经验，提炼固化。因此，在研制“海红旗 -7”时，钟山提出专门设立维修性主任设计师，主要负责维修性设计。但由于当时缺乏自动化测试设备和软硬件结合，致使该武器系统的维修性水平不够理想。

退居二线后，尤其是通过与部队官兵们的接触，广泛调研，钟山越发认识到导弹武器系统维修性的重要。他发现，遇到故障时，如果由老专家排除故障，一周就能完成，但如果派个实践经验不足的年轻人可能要一个月才能完成。由此想到，若充分利用计算机把这些老专家的经验总结、梳理、提炼和固化下来，形成类似“故障字典”的系统，就可供部队参阅、查找和解决问题了。

特别是当钟山看到身边从事导弹研究工作几十年的专家有的生病，有的去世时，为了保住这些专家的丰富经验，他积极倡导建立防空导弹武器专家系统，确保经验传承。

在钟山的号召下，很多退休在家颐养天年的老专家都重新出山，保驾护航。

一次，钟山在 31 号宿舍楼下偶遇老熟人苑林桢，就叫住他谈了谈有关建立防空导弹武器专家系统的问题。钟山说：“老同志们逐渐退休了，有的病，有的去世，经验和知识如何传承下去，是迫在眉睫的事儿。你看老乐身体就不行了……”几句话说得老苑心里热乎乎的，当场就报名参加专家系统。

后来，有切身体会的苑林桢兴致勃勃地完成了年轻“小总师”交给的任务——帮助部队分析五发故障弹。在查看了靶试故障现象后，苑林桢很快就给出了明确结论。这些故障现象对于部队和年轻的“小总师”们可能是新问题，而对他来说，还真不是个问题。

老专家们都感觉到，专家系统的建立势在必行，只是大家担心，这么复杂的事，钟山这么大岁数了，还能不能张罗起来。

专家系统不是简单写本书，而是把专家的知识和逻辑推理计算机化。在一般人心目中，钟山已经功成名就了，没必要冒险挑重担，搞这么庞大的工程。但让大家感到欣慰的是，钟山以一向不服输的劲头，挑头把这项重要的工作张罗起来了。

2005年，由钟山牵头，会同二院的三位院士，根据目前中国防空导弹武器系统在研制和使用过程中存在的问题，提出把首批由工程实践的技术骨干的经验和认知转化为研制导弹实际可用的资源和财富，同时尽快解决有关部队在使用中的实际问题，保证部队快速形成战斗力，迫切需要开发“防空导弹智能专家系统”的建议。该建议得到上级有关部门的积极响应和支持，有了实质性的重大进展。

钟山提出并指导建立的防空导弹智能专家系统（ADMIES）研究课题，分为防空导弹飞行试验专家系统（FTES）和训练维护支持专家系统（ESS）两部分，涵盖了六项关键技术，即专家知识的获取、智能化推理算法与信息融合、事件的形式化调度技术、集成框架与虚拟测试技术、模型技术、仿真平台技术；建立了一网四库两个引擎的仿真技术平台。经过几年的努力研究，已经攻克部分技术关键，获得了有效可用的实际成果，形成了不可再生的宝贵资源（如专家知识库）。目前，该专家系统还在继续完善和发展中。

北京军区某集团军防空旅率先研制出第一套地空导弹发射制导仿真训练系统。钟山非常关心防空旅的信息化建设和仿真训练系统，于是将二院开发的“防空导弹智能专家系统”部分相关技术与防空旅导弹营实际训练结合起来，先后在两个方面发挥作用：一是将仿真训练系统改进应用在“数字化专家系统”中并固化在计算机上，可以提高系统性、可靠性和稳定性；二是将已有部分“专家支持系统”中维修技术应用在导弹营中，由此可提升武器装备的维修性、保障性和战斗力。

6. 桃李满天下

军队建设的关键在于提高战斗力。新时期军事战略方针，把军事斗争的基点放在打赢现代技术特别是高技术条件下的局部战争上，给积极防御的方针赋予了新的时代内涵。全军建立了以新一代训练大纲为标志的训练内容体系、以新的作战条令为标志的战法体系、以新的训练指导法为标志的训法体系、以新的训练法规为标志的正规化管理体系，并探索了以基地化、模拟化、网络化为标志的新型训练形式。

“如果我们必须去打，我们就应从脖子以上做准备，而不是脖子以下。”打赢未来高技术战争，人才建设是“第一要务”。全军各部门把学习高科技知识、

钟山（左二）与空军导弹学院师生座谈

二院与空军工程大学导弹学院联合培养在职博士生，钟山（前排右三）等导师与博士生合影

培养“打赢”人才作为部队建设的“龙头”。

2004年，沈阳军区某防空旅导弹二营主操作手刘高力做了一件令全旅官兵既震惊、又羡慕的事：拜钟山为师。

那年盛夏，该旅配发了新型导弹，官兵们个个喜上眉梢。可是，面对陌生的高科技装备，大家都感到如老虎吃天——不知从何处下手。此时，上级送来了“及时雨”，钟山带领相关专家到该旅进行现场技术指导。

这可是个难得的好机会。专家们一走进训练场，就被官兵们围了起来，问题一个接一个。一眨眼，两个小时过去了。陪同的旅领导看到专家们满脸汗水，便向大家示意到此为止。官兵们渐渐散去了，可是有一名皮肤黝黑的战士站着没动。他舔着干裂的嘴唇，眼睛里流露出渴望的神情。

这一幕被细心的钟山看到了，他微笑着说：“小伙子，你还有什么问题要问吗？”

“有！有！有！……”小伙子连忙回答。

这名战士就是刘高力。他从上衣兜里掏出笔记本，上面写满了提前准备好的问题。钟山不厌其烦地挨个回答。直到中午开饭时间，刘高力才恋恋不舍地离去。

当吃完午饭从帐篷里走出来时，钟山没想到小刘早已等在门口。看着小刘羞涩的表情，钟山知道他还有问题要问，于是先开了口：“小伙子，还有什么问题尽管提吧，咱们继续交流交流。”小刘壮着胆子说：“首长，以后我遇到问题，能不能随时请教您？我的意思是想拜您为师……”听到这，钟山上前拍了拍小刘的肩膀：“好啊，我收你这个学生，有问题可随时问我。”接着，他飞快地写下了自己的联系电话。

从此，小刘一遇到解不开的难题就给钟山打电话。2005年10月底，该旅在某训练基地进行第二次导弹实射。离发射时间只有10分钟时，发射制导车出现故障，不停地报警。面对突如其来的情况，战车内担任主操作手的小刘想起了钟山。他马上拨通电话，请教排除故障的办法。“师傅”听完情况，立即开出“药方”。结果，实弹射击顺利进行，导弹全部命中目标。

在小刘拜院士为师的故事鼓舞下，该防空旅拜师成风。旅长刘鑫向前来取经者介绍：“导弹分队学习新装备能驶入快车道，一条重要的经验是：不但要读千卷书，而且要拜千个师。”

钟山（中）与自己培养的博士生合影

钟山

钟山院士传记

Academician Zhong Shan's Biography

第九章

护航科技安保

作为2008年奥运会安保科技系统总设计师，钟山为北京奥运会的平安举办做出了重要贡献。他积极倡导将经过北京奥运会检验的综合集成创新技术移植到智慧城市和应急救生等领域，形成了颇具市场前景的产业。

1. 请缨科技奥运

2001 年 7 月 13 日，中国北京成功申办第 29 届奥林匹克运动会。

自“慕尼黑惨案”之后，恐怖主义便成为奥运会挥之不去的阴影，“反恐”也成为体育之外的另一个战场。2001 年“9·11 事件 ”后，“反恐”更被列为奥运会的首要问题。2004 年雅典奥运会，希腊在安保方面的投入达到了史无前例的 12 亿美元，在天空、陆地、海洋，实行了全方位的立体防空，把航天信息应用于机场、港口、交通要道、奥运场馆等。

作为参赛国家和运动员最多的一届，2008 年北京奥运会面临各种恐怖威胁，安保任务无疑更为艰巨。美国 FBI 局长罗伯特 · 穆勒认为“北京运动场馆分布广，对于防止恐怖袭击是个不小的难题”。国际刑警组织秘书长罗纳德 · 诺布尔警告“北京奥运会遭恐怖和生化病毒袭击的可能性很大”。

北京奥运会的安保工作应该怎么做，第一次谁都心里没底儿。面对这块诱人的安保大“蛋糕”，各地大大小小的安保公司均铆足了劲儿，展开或明或暗的竞争。国外的相关企业闻风而来，美国、以色列、英国、法国、俄罗斯、澳大利亚和希腊等国家都给了中国许多反恐支持。相比较而言，西方国家在比赛场馆与运动员驻地防范、情报信息、风险评估等方面值得中国借鉴；但是价格极为昂贵，且在技术上完全依赖国外，难免会带来安全隐患。

钟山积极建议有关人员：航天技术与奥运安保技术密切关联，要多做调查研究，抓住机会，主动争取奥运任务，用航天技术服务奥运。

在钟山的密切关注下，一直关注奥运项目的二院长峰科技集团公司进行了详细的调研。他们梳理出：奥运安全威胁主要有恐怖主义、危险事件、自然灾害、突发事件、大面积传染疾病、技术灾害、犯罪事件；奥运安保控制重点是奥运成员、贵宾、奥运城市、竞赛训练场馆、奥运村、交通运输、场馆周界设施、门禁及入口，应用的关键在于将航天技术与信息技术的综合集成。

钟山支持二院长峰科技集团公司向中国航天科工集团公司、国防科工委和北京奥组委等上级部门提出建议。他们在建议中提到：将航天技术应用于奥运公共安全方面，优势明显，可使奥运安全在全局性、实时性、准确性、突发事件应变能力，以及对空中威胁的防范能力、机动能力等方面得到显著提升。

2005 年 3 月，在中国航天科工集团公司奥运领导小组的领导下，科技奥运工程中心成立。该中心以长峰科技集团公司为牵头组建单位和技术依托单位，联合中国航天科工集团公司所属二院、三院、航天信息、061 基地、066 基地等相关单位的技术力量，集中力量为奥运安保排忧解难。

法国总统在访华时向中国政府表达了参与奥运安保项目的愿望。国防科工

为中国航天科工集团公司争取创建奥运安保科技系统的六位院士

委系统一司司长张伟第一时间将这些信息通知一直积极承揽奥运安保项目的二院副院长兼长峰科技集团公司总经理全春来。

全春来与钟山讨论如何应对国内外突如其来的激烈竞争。钟山一听，大嗓门一嚷：让外国人插手中国安保，后患无穷！钟山去找陈德仁院士，两人合计后，找住在二院的黄纬禄、陈敬熊、于本水、李伯虎几位院士商议。

几位院士都认为，安全保卫工作的基石首先是其自身的信息安全，这一基石所包括的奥运场馆的安防系统中信息安全的建设与现有的公安信息系统息息相关，不仅涉及奥运会期间，而且涉及奥运会后公安系统的安全。凡属场馆与公安局指挥控制系统相连接进行信息交换和共享部分的技术方案、体系结构、信息格式与接口等的设计和实施均属涉密的范畴。如果这些信息被敌对方或恶意方获取，就有可能造成泄密和不安全的隐患。奥运安保系统本身和建设过程都属于涉密的范畴。在当时，国内很多人并没有认识到这一点。

2005 年 11 月 15 日，钟山、黄纬禄、陈德仁、陈敬熊、于本水、李伯虎六位院士，给北京奥组委主席、北京市委书记刘淇写了一封建议书，强调奥运的综合安防和信息安全的重要性。

在《关于 2008 年奥运场馆弱电系统建设中确保国家安全等有关问题的建议》中，六位院士提议：奥运安全关系到国土安全，奥运场馆建设的安全是奥运安全的重要组成部分。场馆的弱电系统建设中涉及与北京市公安局指挥控制系统相连接进行信息交换和共享部分的，应当由具有保密资质的中方承建单位在北京市公安局指导、监督下完成技术方案的设计和实施。与信息安全有关的设施设备和软件应采用通过公安部、安全部认证的国内厂商产品。除采用奥运会赞助产品外，如国内产品能够满足要求，不应采用国外产品。

在建议书中，院士们特别强调：目前公安系统信息化程度高，相应地受到干扰、信息泄密和受到破坏的可能性也增大。鉴于公安系统计算机及网络系统中许多基础或支撑技术与产品由国外提供，信息安全工程的建设如由国外厂商承担，外方将完全掌握其体系结构、信息格式、接口协议，会造成严重安全隐患。

建议书引起刘淇书记和北京市奥组委的高度重视。刘淇做出了重要批示，北京市公安局派人到二院，专门听取几位院士的情况介绍，座谈有关情况。钟山等把武器系统的 C^4IRS 系统（指挥、控制、通信、计算机、情报、侦察、监视）和中国航天科工集团公司的实力，深入浅出地讲解了一遍。钟山等院士欣慰地获知，他们的建议书一直上报到中央，引起了国家领导人的热切关注，并责令公安系统高度重视。

2006 年 3 月 16 日深夜，中国航天科工集团公司领导通报了一个好消息——在第 29 届奥运会安全保卫协调小组办公室和北京市 2008 工程建设指挥部办公室共同组织的奥运场馆安保科技系统设计招标中，二院、七院等单位代表集团公司参加投标并最终胜出。

3 月 22 日，奥组委安保部门向中国航天科工集团公司下达《第 29 届奥运会场馆安保科技系统设计委托书》。中国航天科工集团公司为奥运场馆的有关安保科技系统进行统一的设计。设计内容包括奥运安保指挥系统、奥运场馆周界和区域技防及监控系统（门禁、报警、巡更、周界报警等）、视频监控系统、公安专用信息系统、安检系统、通信与网络系统等 6 大系统的分系统设计和集成设计，场馆范围包括竞赛场馆 94 个，周界设施 58 个。

2006 年 4 月 19 日，国防科工委与北京市公安局联合召开了《北京市公安指挥系统总体方案》评审会，审议通过了总体方案。

2. 护航奥运安保

如何确保奥运会安然度过？除了布满奥运场馆周边的警力之外，一套拥有中国自主知识产权的安保科技系统起到了不可替代的作用。在现代社会，对于奥运反恐，比荷枪实弹更重要的是拥有一个高效的奥运安保指挥管理体系。

接到《第29届奥运会场馆安保科技系统设计委托书》，经过周密分析和讨论，中国航天科工集团公司决定：立即召集集团公司所属的二院、三院、七院、九院等单位，共举集团公司之力，各自选派相关专业的技术人员参加奥运场馆安保科技系统的设计工作，并实行集中办公、统一食宿、封闭管理。

2006年5月19日，北京市委副书记强卫听取汇报后在讲话中指出：做好奥运安保工作是成功举办北京奥运会的重要保障，不仅需要公安系统队伍认真、严谨的工作态度，同时还需要航天等高科技大型企业集团在技术方面的有力支持，这是北京奥运会工作的一个突出特点，也是“科技奥运”的一个重要标志。中央领导、奥组委、北京市委、市政府对北京奥运安保工作的要求是，不仅工作水平要高，技术水平也要高，必须达到世界一流水平。

6月3日，奥运安保科技系统设计方案通过评审。钟山作为专家认真细致地参与方案审定。

2006年7月4日，全春来和钟山分别被中国航天科工集团公司聘任为奥运场馆安保科技、指挥控制系统设计项目总指挥和总设计师。钟山又一次出任总

奥运安保科技系统总设计师钟山（左）和总指挥全春来（右）

设计师，这一次，他不再像第一次担任总设计师那么锋芒毕露，而是尽力辅佐全春来总指挥，支持袁茵副总指挥和郭会明等几位年轻的副总师。

8 月 16 日上午，中国航天科工集团公司奥运安保“两总”系统召开第一次会议。钟山在会上发言时连用四个排比句来强调任务的重要性：“奥运安保系统涉及二院长峰的声誉，涉及航天科工的声誉，涉及航天的声誉，涉及国家的声誉。”他指出：要把周总理对国防科技提出的“严肃认真，周到细致，稳妥可靠，万无一失”这 16 个字作为设计奥运安保科技系统的指导原则；要把军品系统的概念转移到奥运安保科技系统里面，从头到尾抓好“安全问题、可靠性问题、抗干扰问题、应急问题”，要尽早，不可亡羊补牢；要建立仿真系统，把它作为方案论证、工程研制、效能评估的唯一的实践检验手段。

北京奥运会的安防、安保工作“只准成功，不许失败”的军令状，给了设计团队莫大的压力。由于中国第一次承办如此重大的国际体育盛会，再加上安防、安保行业的特殊性，不可能从历届奥运会举办国中获取有价值的参考资料。因此，设计和建设如此大型复杂并拥有中国自主知识产权的安保科技系统实属首例。

对于奥运安保工程来说，最难的莫过于时间紧，接到任务就意味着倒计时的开始，第 29 届奥运会 8 月 8 日晚 8 点必须开幕。可是，很多工作又不能提前

建成后的奥运安全保卫指挥中心

做。因为，安保系统工程必须在场馆建设完成、具备“三通”条件以后才能去做。例如设立安保红线，既有铁丝网围栏这种物理围栏，还有在物理围栏几米之外的电子围栏。如果提前安装红外传感器，一旦有人穿越就报警，一报警很多设施就会联动。在94个奥运场馆及设施、58个周界的安保科技系统设计中，要求全部覆盖，无死角，仅场馆的摄像头就有3万多个，一旦出了问题，维修人员要随叫随到，可以想象这项工作的难度。

在奥运安保科技系统的研发和建设过程中，为了确保系统万无一失，钟山经常深入施工现场，在58个周界总长达100多千米的安保警戒线上，很多地方都留有他的足迹。在他的坐镇指挥下，年轻技术人员彻底解决了误报多、漏报多、盲区多、信号失真和电磁干扰等技术难题，实现了周界及区域无缝隙、无漏洞的整体技防监控。某些安防安保实战技术的攻关，较好地解决了长距离、多光束红外幕墙主光轴不易校准的难题，极大地提高了现场调试效率和系统的稳定性、可靠性。为了使设计和建设的奥运场馆安保科技系统万无一失，他组织多方专家和研发人员召开分析会，发挥大家的聪明才智。

工作最辛苦的就是那一段时间，技术人员每天只能睡三四个小时。钟山累得血压一直偏高，他上午去医院输液，下午接着和年轻的“两总”们一起开讨论会。

在随后的调试阶段，安保科技系统经过一次又一次的严酷考验，最终合格。在奥运会期间的日日夜夜，安保科技系统运转良好，完全达到了设计要求，成功地为奥运会、残奥会的顺利举行保驾护航，成为无与伦比的安保科技系统，被国际奥组委誉为“今后奥运会安保的典范和标准”。

3. 筑起“信息长城”

在北京奥运会闭幕式上，国际奥委会主席罗格致辞称，“这是一届真正的无与伦比的奥运会”。这其中当然也包含着对北京安保工作的称赞。

令奥林匹克公园场馆区的许多志愿者感到奇怪的是，当他们绕着场馆周边行走时，每当走在路边的黑色灯柱间，灯柱就会发出一连串“嘀嘀”的响声，躲开灯柱，响声就会消失。他们不知道，当走近灯柱间时，他们已经进入了 C^4I^3SRT 系统的监控之中，这黑色灯柱恰恰就是奥林匹克公园周界的一条“红外幕墙”，绵延近 200 千米。当“嘀嘀”声响起时，安保人员已经知道了这些人的位置，并可利用摄像头对其行踪开始追寻。

所谓 C^4I^3SRT（指挥、控制、通信、协调、情报、信息、集成、探测、监视、处置），就是中国自主研发的奥运安保科技系统，分为安保指挥中心、场馆群、各个场馆三个层次。与雅典奥运会所使用的 C^4I^3 系统相比，它又加入了探测、监视、处置等功能，更为先进。

北京地区有 94 个比赛场馆。除“鸟巢”和“水立方”外，各大专院校体育馆和市属区属体育馆均安排为不同竞技项目的比赛场馆，它们分布在城区和郊区，分布面很广。这些场馆里均配置“场馆安保指挥系统”。北京地区只有一个指挥中心，位置在北五环的仰山桥，称为“仰山桥前沿指挥部”，对应的系统为“仰山桥前沿指挥部安保指挥系统”。94 个“场馆安保指挥系统”通过网络与“仰山桥前沿指挥部安保指挥系统”连接，传输大量的文字信息、语音信息，以及一定数量的视频信息，实现与各场馆之间的音视频通信、各种文件传递，并可与场馆进行协同浏览，观看现场实况，实现可视化指挥。

“场馆安保指挥系统”和“仰山桥前沿指挥部安保指挥系统”的核心设备是以计算机工作站、大屏幕显示为基础的专用指挥系统信息平台。它通过标准接口及局域网络连接以硬设备为主的视频分系统、电子票证分系统、红外检测报警分系统（“红外幕墙”）。除此之外，还有中国航天科工集团公司根据用户需求开发的各种功能软件系统。

钟山介绍说，这套系统之所以如此强大，是因为它高度自动化，不仅能听、

钟山总师（前排右二）
检查奥运安保保障工作

能看、能观察，还能自动分析，并进行相应处理。例如北京奥运会 94 个场馆、103 套安保设备，仅鸟巢就有近千个监控器，如果采用人力监控，每人需要同时负责监控 16 个监视器画面，即使非常熟练的人员也会感到困难。事实上，这些计算机自己就能处理了。

这相当于给所有奥运场馆都装上了“大脑”，实现“不同地域、不同场馆”的信息集成，并有序地向“最高指挥部”——“仰山桥前沿指挥部”发送信息和接收指令，使之同时对数以亿计的指令进行甄别、选择，最终达到零失误。

对于 C^4I^3SRT 系统，北京奥组委安保部部长刘绍武给予了高度评价，称其为奥运会的顺利进行筑起了无懈可击的“信息长城”。

钟山说，对于奥运安保科技系统的研制，航天人遵循的是当年周恩来总理对国防尖端事业定下的 16 字方针：“严肃认真，周到细致，稳妥可靠，万无一失”。尽管对自己的技术充满信心，钟山在奥运会前接受记者采访时还是透露出一丝担忧，“我现在最怕黑客攻击”。

“有没有可能出现美国大片《国家宝藏》里的场景：偷天大盗拿部笔记本电脑，三下两下就把大楼的安全密码系统破解了？”记者问。

“不是没有这种可能。这就是‘道高一尺，魔高一丈’，看谁高过谁了。”钟山说，“现在我们能做的就是把住入口，多几道防火墙，让黑客进不来。万一进来了，我们还会有周期的调整密码、频率等，他跟不上我们的周期，自然就会暴露。”显然，对于电脑黑客，钟山和他的同事们已经做了多种防范部署。

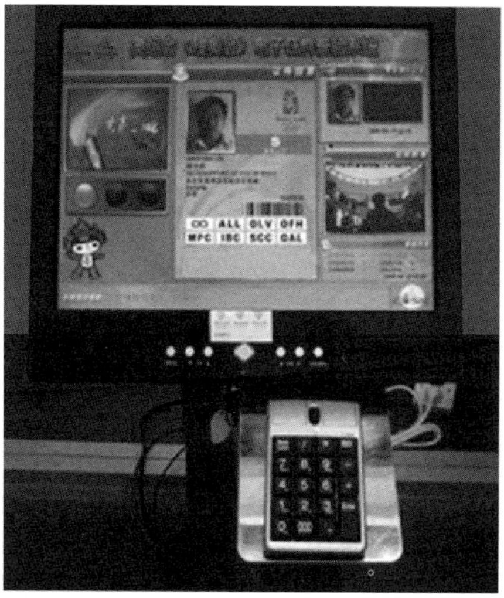

电子票证检验分系统

钟山对 C^4I^3SRT 系统付出了全部心血，从方案制订、设备选型、设备安装、系统集成调试，到评审交付，他都亲力亲为。总指挥全春来回顾那一段工作时说："大的方面，对所有的方案，钟山都会进行把关。在建设过程中，所有的环节钟山都参加，都到场指导。在系统调试期间，钟山每天都到。他的血压高，上午打针，下午来。他一个老同志，和我们年轻人一样工作。"

"奥运安保建设最重要的一个字就是——严，不能有任何的哪怕是一点点的疏漏！"钟山说。然而，要对进入场馆的每一个人进行身份识别，依靠以往的方式显然是行不通的，在对安保科技系统的设计中，钟山和他的同事们一同开创性地使用了新研制的电子票证系统。

4. 天网疏而不漏

"除联合国开大会外，大概找不到第二个场合能聚集全球一半国家元首了"，有媒体如此形容北京奥运会开幕式。届时诸多国家元首齐聚鸟巢，安保必须做到万无一失。

随着北京奥运会开幕的日渐临近，中国政府为确保奥运会顺利举行所采取的各项措施成为外界关注的焦点。尽管"逢奥必扰"的情况难以回避，中国国内的一些恐怖主义、极端主义和分离主义组织也发出了不同程度的威胁信号。

2008 年 6 月底，人们发现，鸟巢附近出现了一批导弹的身影。距鸟巢南部 1000 米处的草坪上，部署了两辆导弹发射车以及雷达系统，这些导弹装备在防

北京奥运会期间，部署在鸟巢附近的“红旗－7”导弹

护网的保护下，周身覆盖着迷彩网罩。军事爱好者们很快认出，这些部署在鸟巢附近的导弹是中国自主研制的“红旗－7”导弹，可有效地保护以鸟巢为中心的禁飞区的空中安全。巧合的是，该型导弹的总设计师，正是奥运安保科技系统的总设计师钟山。

“这是我20年前研制出来的老型号，不过担负防空使命已经足够了。恐怖分子最好别来，否则不管是什么飞机，来一个打一个，都把它打下来！”钟山豪情万丈地说。在自己设计的安保系统里布防自己设计的导弹，这无疑是中国航天人留给奥运安保史的又一段佳话。

在2004年雅典奥运会举办之前，希腊军方就已在雅典机场和奥运村附近，部署了6套美制的“爱国者”PAC-2型导弹防御系统。为了积累奥运会期间部署这些导弹的经验，军方早在2003年的希腊足球联赛中就试用“爱国者”来保驾护航。与此同时，希腊方面还在克里特岛部署了俄制S300防空导弹。此外，希腊空军也派出法制“幻影－2000”和美制F-16战斗机在空中执行巡逻任务，希腊海军也在比雷埃夫斯港部署了装有防空导弹的舰艇，以确保在防空方面没有死角。而有了地空导弹和战斗机这些硬杀伤武器，防空任务的关键在于目标识别。据希腊军方介绍，距离雅典奥运会主体育馆半径150千米内的空域作为监视空域。希腊空军除了使用地面雷达以外，还从瑞典租借了两架S-100B“百眼巨人”预警机，作为空中控制的指挥所。天空的预警机和地面雷达一起构成了监视天空的绵密天网，对任何不怀好意的闯入者都会迅速做出反应。

雅典奥运会开幕之前一个星期，雅典上空就已经成为禁飞区，以防范来自空中的各种威胁。第 29 届奥运会期间，北京上空也设立了禁飞区，并禁止小型飞机、滑翔伞、载人气球、遥控航空模型等一切飞行器在北京上空活动。

2007 年，奥运安保协调小组安保部部长刘绍武带着部分成员单位的同志来二院调研。他们此行最大的目的是想请航天专家帮忙解决对付“低慢小”目标的难题。

所谓“低慢小”就是低空慢速小目标。这种目标威胁不是很大，比如航模散传单，或者撒面粉，但会造成很恶劣的影响。让安保专家头疼的是“低慢小”目标很难拦截，首先是低空飞行，高度只有一二百米，城市中玻璃幕墙、地杂波等反射强烈，雷达很难发现。虽说布防了“红旗 -7”导弹，但也不能用大导弹打航模吧？

如果在举行重大活动的现场，出现可疑的小型飞行器，低空、慢速悄然逼近，成千上万参与者的安全面临威胁。如果使用重武器将其击落，有点像“大炮打蚊子”，在高楼林立、人口密集的繁华都市，将付出不可想象的代价。

看刘部长特别着急，钟山和全春来当时提出：可用便携导弹，只不过要将便携式导弹进行改装，把战斗部换成网，用抛出的网来收拾“低慢小”……

但是，这个方案被高层否决了。领导考虑，城区人群密集，拦截目标时不宜声响过大，更不能砸到人，造成自损伤，希望采用无声、无烟的设施。

这件事就暂时搁了下来……但钟山和技术人员却在心里一直惦记着。

后来，为这个“低慢小”，钟山成天到公司六楼的小会议室，和技术人员开会讨论。钟山还亲自参与计算，他计算完拦截概率，会找小伙子们探讨：“提高拦截率的关键点在哪里？要抓住什么？”钟山把自己几十年型号研制和管理的经验悉心地传授给年轻的技术人员，经常在讨论中点拨年轻人，并为他们进行技术把关。

功夫不负有心人，“天网一号”低空慢速小目标探测与拦截系统的功能和性能顺利通过了综合验证，并于 2010 年 8 月 17 日在“2010 年安保技术与装备展

在钟山关心指导下研制成功的“天网一号”

览会”上亮相。该系统可360度昼夜探测、搜索、跟踪低空慢速小目标并进行软杀伤性拦截，一举填补了国内外该领域的空白，并获得了四项国际发明专利和几十项国内发明专利。

这个号称“民用导弹”的“天网一号”系统成功完成广州亚运会全天候执勤，并在重大活动和建设“平安城市”中推广应用。

5. 安保科技结万果

2008年8月24日晚，北京第29届奥运会圆满落幕。对全世界热爱奥运的人们来说，这是一届“无与伦比”的奥运会。对钟山和奥运安保团队而言，几年的心血没有白费，终于可以欣慰地舒一口气了。钟山高兴地赋诗一首《航天保奥运》，表达欣慰之情：

五秋追梦越后显，
科工举力筑“奥安”。
星弹高悬天罗布，
光电制导地网全。
票证信息严细实，
指控集成快准尖。
航天精炼金睛眼，
蟊独鼠辈影无还。

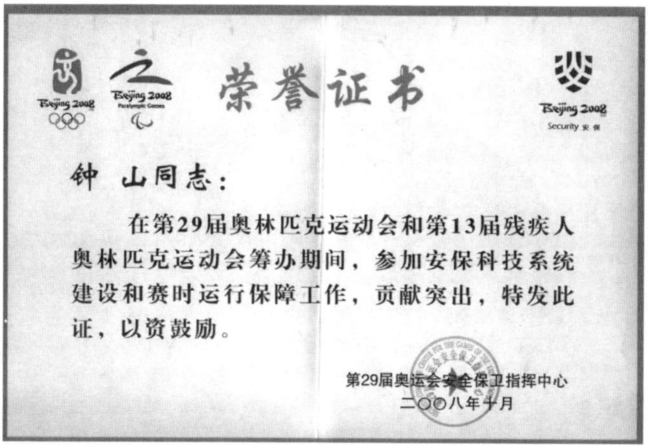
荣誉证书

钟 山同志：

在第29届奥林匹克运动会和第13届残疾人奥林匹克运动会筹办期间，参加安保科技系统建设和赛时运行保障工作，贡献突出，特发此证，以资鼓励。

第29届奥运会安全保卫指挥中心
二○○八年十月

第29届奥运会安全保卫指挥中心为钟山颁发的荣誉证书

当残奥会在鸟巢完美落幕，钟山和他带出的年轻团队并没有因为奥运会的结束而清闲下来，年近八旬的钟山仍然以满腔热情继续投入到发展航天军民融合事业中。他的梦想是让奥运安保经验快速“落地”生根，开花结果。

对二院来说，研发和建设奥运安保系统只是一个起点，奥运安保的成功，带来了新的机遇。新的任务接踵而来：2009 年国庆阅兵、2010 年 5 月上海世博会、2010 年 10 月广州亚运会以及 2011 年 8 月深圳大运会等大型活动，又成了新的炼金场。

2009 年 10 月 1 日，在新中国成立 60 周年的阅兵式上，以新型防空导弹为代表的装备方队惊艳亮相，霎时成为“炫闪”国人和世界的一抹亮光。

此次阅兵，中国航天科工集团公司在展现导弹武器装备强大研制能力的同时，为“平安奥运”立下显赫功勋的安保科技系统，再度光荣地承担起阅兵安全保障的重任。由导弹到导弹与安保科技、应急装备并重，从传统防空到“大防务”，航天技术让广大百姓更近距离地感受到对其生命安全的关爱与呵护。

毕竟年龄不饶人，2010 年 1 月 29 日，钟山因突发脑梗住院。因为大面积脑梗，后遗症影响了钟山的语言表达能力，他经常语无伦次。还好，没影响到他的形象思维。看见跟随他多年的院科技委秘书长侯萍梅，他说不出“小侯”，但会用手做出一个“猴脸”。很多人闻讯去看望他，所有的人都很担心。表面看他乐呵呵的，背地里都替他捏一把汗，这还能恢复吗？

一天，二院老领导王可立书记去医院看钟山。他认出是老上级，可怎么也

以永不服输的精神与病魔抗争

叫不出名字，憋了半天，喊出“女将军”——原来，他想起王书记的父亲是王平将军。大家心领神会，都乐了。乐完后，大家心里还真不是滋味，回想起当年的老钟头多神气，声音多洪亮呀！

让所有人吃惊的是，永不服输的钟山凭借过人的毅力，从认字开始，坚持天天练，逐渐恢复。于是，在公园里，人们会看见这位 79 岁的老人在认真地学认字，看见路边的标牌“注意花草”，他也会请教……有空儿他就在纸上写写，字写得很密。

全春来去看望钟山，发现钟山在纸上密密麻麻写的竟然都是技术问题，心里真是既佩服又心疼。看到全春来送来的方案草稿，钟山拿过来就看，他对全春来说：“这还要修改，我得拿回家去。”这股认真劲儿，让从研制“红旗 -7”起就跟着钟山干的全春来彻底服了。他说：“几年朝夕相处的奋战，整个安保团队都异常敬重钟山。大家都希望钟山身体好，继续带领我们，但是又不能累着他。”

出院后，钟山继续天南地北地做学术报告，宣传令他得意的 C^4I^3SRT 奥运安保系统。有时，他还会把解手称为“下水”，但奇怪的是，讲起技术问题，却从不含糊。也许，这些数据和理论已经渗透到他的血液里了。

经过承担北京奥运会和上海世博会的安保系统建设，中国航天科工集团公司不仅得到中共中央和国务院的表彰，还在国内创造了品牌，形成了一个安保

钟山（中）在奥运安保工程总结表彰会上讲话

产业，走出了一条以 C^4I^3 为中心，以先进光电技术为基础，以不同类型大型活动安保需求为目标，以应对不同模式突发事件快速反应自动化处理为手段的安全保卫系统军民融合式、系列化持续发展的路子。

以航天信息的新技术集成应用创新，保证了奥运安全的高水平，同时，也带动了技术的发展。2009 年 6 月 16 日下午，“中国航天科工集团公司应急救援装备论坛”和“中国航天科工集团公司安保科技系统及装备论坛”在集团公司两个会场分别举办。在论坛举办期间，多种安保装备同时展出，体现出集团公司进军安保产业的胆略和信心。

2010 年 8 月 12 日，中国航天科工集团公司安保技术与装备展览会隆重开幕。此次展览集中展示了由集团公司全新诠释的新一代“平安城市”理念及几年来在安保产业领域取得的丰硕成果，一大批自主研制开发的安保技术与装备集中高调亮相。

此次展览分为城市安全理念、安保技术应用成果、专项安全技术三个部分，集中展示了涉及城市安全理念和专项安全技术等方面的 60 余项安保技术与装备。

观众们惊喜地参观琳琅满目的展品：

城市应急指挥联动系统，旨在建立一个覆盖城市（区、县）管辖范围的、可接入上级应急指挥联动系统的、针对各种现实和潜在的突发事件实现监控及紧急调度的应急指挥平台。

钟山积极倡导“平安城市”理念

监控站，是一种先进的全天候、高分辨视频监控系统，可实现对海上各类船只和低空飞行器等目标的昼夜观察和有效监控，已成功应用于国庆 60 周年北京地区整体防控科技系统、上海世博会安全控制系统以及边海防监控站与指挥系统。

智能仿真安防系统，通过安防设备的功能建模，建立安防设备与空间环境的对应关系，使用户无需直接管理大量的设备，而是通过对业务的关注获取所需的视频和警报信息。

全景视频处理系统，通过 360 度全方位视频监控构建全景摄像机，采集全景视频信号，通过 GPS 系统获取定位信息，能支持车载或移动应用、多幅原始画面显示、单幅全景视频图像显示、3D 模式显示等，应用领域包括平安城市、安全机关、武警部队、边海防等。

高清智能视频监控系统，能够实现高清视频采集、大容量网络传输、智能存储、智能调度、智能分析、高清显示等功能，可广泛应用于特殊场所（包括政府、学校、银行、医院等)、大型活动、赛事、交通要道等。

智能虚拟电子围栏系统，可以跨越多路视频形成连续、闭合的防控区。

单兵便携复合监视装备，可对现场进行近距离、全范围的复合性监视，对目标进行距离测量。

非制冷红外热像仪，可在任何气候及光照条件下正常工作，适合在黑夜、浓雾、烟尘等情况下使用。

城市作战数字化训练环境系统，能实现战术训练过程全数字化仿真显示、现场观摩支持；对每个参训人员和训练教员的训练或教练效果给出客观评价；通过对不同的训练方法的总体评估、评价，不断摸索最佳训练方法，提高训练效率。

居住证管理系统，操作简便，配置灵活，可接入条码扫描、智能卡读写器和照相机等终端设备，可满足多种类型卡片的现场制证和多行业应用全功能制卡需求。

基于 RFID 的实名制控制技术已通过北京奥运会和中超联赛的实践检验。基于 RFID 电子标签技术研发的电子车牌智能管控系统，可有效解决特殊车牌

钟山做题为《北京奥运安保 C^4I^3SRT 系统的集成创新》的报告

发放唯一性问题，实现特殊车牌、车辆的有效管理。

6. 从“平安”到“智慧”

经奥运会一炮打响后，二院不仅被安保行业普遍认可，其集成创新理念也被充分认可。当“智慧城市”的理念兴起时，一向追赶“时髦”的钟山和二院的科技人员，不失时机地将他们创造的C^4I^3SRT 安保系统与“智慧城市”嫁接，从“平安奥运”迈向“智慧城市”。

城市智慧化已成为继工业化、电气化、信息化之后的“第四次浪潮”。在全球信息化趋势下，“智慧城市”发展模式成为世界范围内城市现代化的战略途径。目前全球城市人口已超过 50%，至 2050 年将超过 70%。城市已经成为世界经济、政治和科技的中心。同时，城市面临着管理效率低、环境污染、交通堵塞、能源紧缺、医患矛盾等诸多威胁和挑战。中国所有的一线城市以及 50% 以上的二线城市提出了建设“智慧城市”的目标。北京、常州、南京等 26 个城市将智慧城市建设列入 2012 年的工作计划。

钟山在“智慧城市”研讨会上做报告

2011年10月24日，80高龄的钟山应邀到重庆邮电大学讲学，为来自该校和重庆大学的200余名师生做了题为《倡导军民结合，发展智慧城市》的学术报告。整个报告内容丰富，事例生动，论述深刻，极大地开阔了师生们的视野，赢得了他们的阵阵掌声。

报告会上，钟山结合亲身研发北京奥运会和上海世博会安保科技系统的丰富经历，从军民技术融合、优化综合集成、开发空间网络、突出应用服务四个方面，精辟概述了构建“智慧城市”的技术路线。

他说：“城市信息化发展经历了从网络化到数字化再到智能化的发展过程。现在‘智慧城市’正成为城市信息化深入发展的新方向，新一代信息技术也将在其中发挥更加重要的支撑作用。在构建‘智慧城市’中，要深入贯彻落实科学发展观，高度重视集成创新，重点发展智能服务，并坚持以应用需求为牵引，加快推进技术的系统化、规范化、标准化，以更好地支撑城市转型发展，更好地造福人民大众。”

11月9日上午，钟山和10位中国工程院院士齐聚合肥，共论“城市与公共安全”话题，为城市公共安全献计献策。钟山做了专题报告，他是到场的院士中年龄最大的。

轮到钟山做报告时，坐在台下的中国工程院院士、中国电子科技集团第38研究所所长吴曼青转身向观众介绍："钟山前段时间生病了，一度不能写字，不能顺畅表达自己的想法，他想吃鱼的时候就画一条鱼的样子。但是今天，钟山还是来到这里为大家做报告，依然奋战在科研一线。"

话音刚落，全场掌声雷动。

站在演讲台上的钟山虽然已经不是"总设计师"了，但声音仍旧洪亮，思路清晰，报告不时被掌声打断。

"北京奥运会、上海世博会等大型活动的安保经验完全可以用来建设智慧城市。"钟山介绍，走军民融合道路，可以使城市从"平安"走向"智慧"。他介绍，智慧城市建设与物联网建设虽然具有相似性，但也有着对象不同和区域不同等特点，应该区别对待。智慧城市建设可以先小后大，先点后面，通过构建"感知点、感知线、感知面、感知体、感知网"逐步扩展。

钟山强调：建设智慧城市要注重顶层设计、统筹规划、滚动计划、远近结合、全局整合、合理共享，必须发挥整体优势，全局优于部分；要大力发展创新智能化服务，在创新中促转变，在转变中促创新，更好地推动全面、协调、可持续发展；在经济、社会与自然的循环发展中，发挥物质、能量、信息三流的生态和谐，构建三者循环利用的循环型社会。通过建设智慧城市，形成创新型区域，共同建设我们的创新型国家。

2011年年底，二院成立了国内首个智慧城市建设总指挥和总工程师的"两总队伍"，钟山担任了技术顾问的工作。

武汉作为中国科技部批准的"智慧城市"示范城之一，自2010年起率先启动"智慧城市"建设试点工作。二院与武汉市拟制了国内首个智慧城市建设规划。中国航天科工集团公司还中标承担智慧海淀、智慧杭州、平安贵州等项目的建设工作，探索了以示范点先行、后逐步推广的智慧城市建设模式。

历经一年零八个月的精心编制，2012 年 8 月 27 日，“武汉智慧城市总体规划与设计”通过武汉市政府常务会议审议，至此，该市建设“智慧城市”蓝本正式出炉。据初步统计，武汉“智慧城市”建设总投资超过 817 亿元，按照“基础先行，民生优先”的原则，优先选择与民生息息相关的项目进行先行示范建设。计划用 8 年时间，全面实现城市信息的高效传递和智能响应，这将带动产业增加值达 11200 亿元。

武汉市有关领导形象地描绘未来“智慧武汉”生活蓝图:“‘智慧城市’建设，将使政府办事效率更高、老百姓生活更便捷。利用手机或电脑查询到达目的地的最佳路线，避开拥堵路段；通过自主预约挂号与分时转诊，减少候诊排队时间；使用教育云平台，共享 1000 多所中小学的教育资源……基本可实现‘小事不出社区，大事不出街道’。”

钟山

钟山院士传记

Academician Zhong Shan's Biography

第十章

大爱无形

钟山得过多种癌症，六次从死亡中逃离。但是，他爽朗的笑声透露出对癌症等疾病的蔑视；他的生命是那样顽强、绚丽，就像导弹怒放的熊熊烈焰一样，辉映着他所挚爱的国防事业。

1. 衣带渐宽终不悔

1998 年，在纪念“红旗 -7”导弹武器定型成功 10 周年的大会上，已经退居二线的钟山用“衣带渐宽终不悔”来为自己的导弹型号生涯做注解。

他在发言中深情地说：

“‘衣带渐宽终不悔’是我最喜爱的一句古诗。在国防科技创新之路上奋战了几十年，我常以此自勉。‘衣带渐宽终不悔’体现的是一种百折不挠、矢志不渝的精神，是一种爱国敬业、真诚奉献的精神，应该是每一个科技工作者，特别是献身国防科技事业的科技工作者要在科技创新上有所建树、为国建功立业所应具备的基本品质。

“我至今仍珍藏着某地空导弹武器系统研制成功后获得特等奖的一张奖状。我忘不了为了它的研制成功，有好几个战友倒在了试验场，他们都是责任心强的主任设计师，他们都是积劳成疾、患了癌症后相继去世的。尤其是原地面设备主任设计师叶运通，临终前还拉着我的手，流着泪说：‘真遗憾，我不能参加这个试验了。’当时，我心如刀绞，哽咽着说：‘你的心意我已替你带到靶场了，这不，试验打得很好。’听了这话，他满意地笑了，随之闭上了眼睛。为了祖国

二院党委祝贺钟山入党60周年

的国防科技事业，多少优秀的同志‘生在永定路，死在八宝山’；由于国家保密的需要，又有多少国防科技战士一辈子创新无数、功勋卓著却甘做无名英雄。

“看着手中那闪光的特等奖的奖状，直到今天，作为获奖者，我的心情都激动得不能平静。因为参加研制超低空导弹的科技人员太多了，仅协作单位就有近 30 个，担任设计师的技术骨干有 1000 多名，而且是跨行业的全国大协作。8 年中，他们都是没有休息日地费尽心血拼命干，每个人的目标都是同一个——确保超低空导弹早日研制成功！为此，这么多同志都是忘我工作，锲而不舍。

“作为总设计师，我唯有身先士卒，冲锋陷阵。即使如此，我仍觉得自己干得不够。我深深地感到：国防科研工作靠一个人的力量实在是太渺小了，一个型号的研制成功，是整个科研大军尽心尽力、团结协作、协同作战取得的，是集体的胜利，我自己仅仅是他们当中的一个代表而已。

“精神的力量是无穷的。对一个科研工作者亦是如此。我深信，人只要有了一股无坚不摧的精神力量，他所从事的事业是无往不胜的。”

2008 年，在“红旗 -7”导弹武器系统研制成功 20 周年之际，钟山在题为《尊重实践、协同攻关、坚韧不拔、高峰可攀》的讲话中，畅谈了从型号研制中获得的人生感悟：

“什么是幸福？当你多年梦寐以求、日夜努力所追求的东西和期望变成现实，当你获得付出没有白费、艰辛没有耗散的实际回报时，一种值得回忆、留恋、惬意的感觉，这就是心旷神怡的幸福吧！”

钟山在成都信息工程学院授课

2. 心有伏兵千千万

长期以来，钟山对航天学子的成长和发展非常关心。2006年10月8日，在中国航天事业创建50周年之际，他抽出时间为二院研究生院的硕士、博士做了一场精彩的讲座，向即将进入航天队伍的年轻人传授航天型号研制中的经验和体会。赵龙波和刘婷两位研究生感觉意犹未尽，又客串记者对钟山做了进一步的采访。下面是他们的精彩对话：

记者：在航天系统内，流传着这样一段话："跟着钟山干，都是穷光蛋；就是穷光蛋，也要拼命干；跟着钟山干，年年有改善；跟着钟山干，个个是好汉。"您能给我们讲讲这些话背后所蕴涵的故事吗？

钟山：我1980年开始当总师，主持某型号导弹的研制工作。80年代刚开始改革开放，的确是"搞导弹的不如卖茶叶蛋的"，我们科技人员都是穷光蛋。但是，大家却都认定"就是穷光蛋，也要拼命干"。因为大家都热爱导弹事业，憋足了一股劲儿，要干好国家急需的这个新型号。大家每天晚上加班3小时，加上周日加班，相当于8年干了10年的活儿。1988年导弹定型以后，陆军装备了，也开始出口到国外，大家的生活开始有了改善。1992年，国家科技进步奖特等奖颁布以后，大家都感到无上光荣，更重要的是有了这个集体，副总设计师六七人，主任设计师几十人，加上主管设计师几百人，全国技术人员有两三千人。这是大家共同努力创造出来的，不是一个人做出来的，所以有人就提出“跟着钟山干，个个是好汉”。

记者：您曾经说过：“我们要长三个脑袋，一个是欧美人的脑袋，一个是苏联人的脑袋，还有一个是中国人的脑袋。把前两个脑袋加在一起，形成引进、消化、吸收、再创新的中国人脑袋。”能不能结合您的工作经历，谈谈自主创新在工作中的重要性？

钟山：在20世纪80年代初，我们仔细研究了西欧的几种导弹，并与苏联的导弹武器系统做了比较，发现苏联的导弹武器系统安全性能比较好，设计的余量比较大，而西欧的导弹小型化、元器件微型化比较好。所以，我们既分析掌握了俄罗斯导弹的长处，也掌握了西欧导弹的长处。这样“东方的脑袋”和“西方的脑袋”都有了，但是更主要的是要有“自己的脑袋”，要分析比较别人的长处，自己加以综合吸收并创新。

我们也称为“三个脑袋两条腿”，在系统设计上坚持“三个脑袋”，在元器件生产上坚持“两条腿走路”。一条腿是指从国外引进先进技术，另一条腿是指自力更生，建立自己的国防工业技术体系，这样就解决了自主创新与从国外引进之间的关系。不能一条腿走路，光自主创新，起点太低，永远跟不上人家；光从国外引进也不行，一旦人家停止出售，就彻底中断了。起点高，同时加快自主创新的速度，才能跟得上国外的发展。所以说“三个脑袋两条腿”是我们摸索出来的一条比较有效的途径，保证了国防事业的快速发展。

记者：您认为我们应该如何定位和规划，才能在研究生期间取得更大的收获？

钟山：首先作为研究生，国家教委对你们都有共性的要求，但是，作为航天系统的研究生，就要注重特殊性的培养。你们将来从事的工作主要是工程，更精确一点是系统工程。航天事业是尖端事业，是靠各种技术、学科的综合发展来完成的。在学好本专业的同时，要关注、了解其他学科的知识和发展，做好规划，远近结合，从自己专业的长远发展做好论文的选题，做好航天系统的研究生。

记者：两年后，我们即将走上神圣的航天工作岗位，成为一名工程技术人员，您认为在工作中应该具备什么样的素质，才能把航天工作做好，做得出色？

钟山：我总结了四句话：善于钻研，勇于实践；敢于创新，善于继承；贵在多谋，重在善断；志在鸿鹄，心在百川。要不断地向更远、更高的目标前进。同时要有宽广的胸怀，容天下难容之事。做人做事都是这样的。

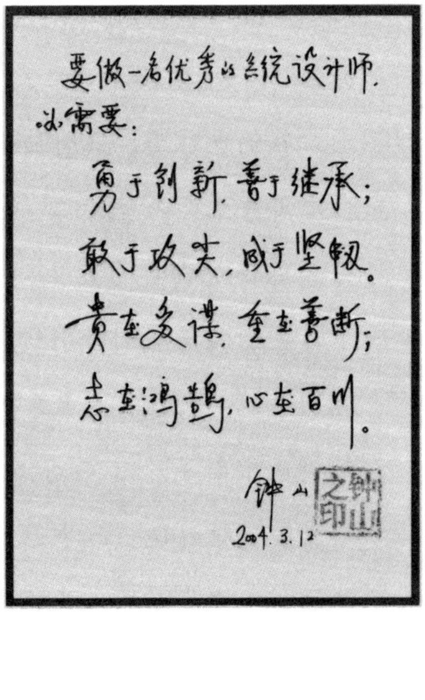

钟山为年轻设计师题字

记者：航天事业是一项高尖端的科学研究工作，很多难题需要攻关，在我们工作中如果遇到类似的问题，我们应该如何面对？如何解决？

钟山：将来你们在工作中遇到技术难题时，或者需要创新的时候，要做好充分的准备，迎接困难，克服困难，准备失败，宽容失败，要经得起失败与挫折，要善于从失败之中找出前进的方向，找出克服困难的办法。失败的代价往往很大，不要犯大错误，要尽量减少犯错误的次数。聪明人不是不犯错误，而是善于从人家的失败中总结教训。

记者：您作为五种导弹武器系统型号的总设计师，能否谈谈防空导弹未来的发展趋势及二院在该方面的发展前景？

钟山：防空导弹武器系统未来的发展趋势，概括起来就是一体化、信息化、网络化和智能化。攻防一体化、陆海空天一体化，防御的目的是为了更有效的攻击。中国应该建立信息化和网络化的反导系统。智能化很重要，比如航天领域有很多老专家，他们的经验都很宝贵，把他们的经验变成程序化的软件系统，可以为决策提供辅助的参考。

记者：对于立志奉献祖国航天事业的年轻人，您有哪些建议？

钟山：学好辩证法。在技术上、管理上以及各个方面都体现了辩证法的哲学道理。前面提到的“四点三十二个字”就是我总结的辩证法在航天中的具体体现。继承并发扬航天精神、“两弹一星”精神和载人航天精神。

我认为才子分为四种：专才、人才、将才、帅才。要各尽其能，人尽其才。衷心祝福你们早日成才，根据自己的特点，都在自己的工作岗位，为航天事业做出卓越的贡献。

3. 甘当科普大使

“有人问我是干什么的？我这样回答：有句话叫‘身经百战’，但我不是，我是‘身经百弹’！”两句简单的话语诙谐幽默，还不忘高举右手摆出一个酷酷的造型，引得台下 270 余名听众笑声满堂、掌声雷动。

2005 年 5 月 15 日，钟山荣归故里，在成都图书馆进行公开演讲。74 岁高龄的钟山讲话声音洪亮，一口四川口音的“椒盐普通话”，不时冒出几句时尚名词，使人完全不能把这位风趣善谈的“老顽童”与资深的导弹专家相提并论。在长达两个小时的专题演讲中，会场上响起了三次热烈的掌声。

这位生在成都，长在成都的游子回到成都是那样地开心。17 岁从成都石室中学毕业后，钟山就离开家乡到外求学、参军、工作……这一走就阔别家乡 57 年。

站在成都图书馆的演讲台上，头发大部分“荒芜”的钟山感慨地说：“算一算，我这个游子离家已经有 57 年了。今天我又回到家乡！我今天的心情是开心！很开心！非常开心！”

钟山一席发自肺腑的大实话引来第一浪高潮，听众用雷鸣般的掌声欢迎钟山回家。

钟山在母校做报告

钟山与母校同学合影留念

离开家乡多年，今天能够和200多名老乡共处一室，钟山显得颇为激动。不急着进行演讲，而是继续操着“椒盐普通话”和大家拉起了家常：“我这个普通话啊，南腔北调，在北京，我怕别人听不太懂，从不讲我们四川方言！今天就不一样了，四川人都听得懂我的‘椒盐普通话’。”一席话，又引起台下一阵“理解”的笑声。

站在台上，钟山念道：“少小离家老大回，乡音“半”改鬓毛衰……”钟山满脸笑容，指着自己“荒芜”的头顶自嘲：“我的鬓毛都没了！老了！”如此坦白自己的“缺点”，足见四川人的耿直。台下掌声、笑声一片。

老乡们饶有兴趣地听他摆起了“龙门阵”，钟山开始抖落他身经百“弹”的故事。

有一次在国外，六级大风中，两架靶机升空失败，第三架靶机摇摇晃晃上了天。钟山下达指令，只见导弹“噌”地朝靶机直飞过去，距离目标还有几米时，突遇狂风，导弹急速向地面下沉。

听到危急处，台下的听众不禁握紧拳头，一个个都为钟山捏了把冷汗。

起！精确的制导系统又把导弹拉起。眼看就要接近目标，靶机却又突然向上飞行，导弹跟着吃力地爬高，整个阵地情不自禁地为导弹高喊“加油”。在“加油”声中，导弹仿佛通了人性，居然真的扶摇直上，追上了逃跑的靶机，准确地命中靶机！

从事了几十年的防空导弹事业，钟山有一肚子惊险刺激的故事和人生感悟，他也乐于和人分享。钟山不知疲倦地做了大量的科普宣传活动。

2007年6月8日，北京老科学技术工作者总会与二院联合举办了“千人科普大会”，钟山在大会上做了题为《空天防御武器的现状与未来》的报告，就信息化战争的特征与空天防御、国外防空反导武器发展及现状、对防空反导系统的评估和思考等问题，向在座的广大听众做了详细精彩的讲解。钟山的报告，使与会者增加了许多新知识，开阔了眼界，增强了国防意识，更为中国航天技术的快速发展，以及几代航天人的创业精神而欢欣鼓舞。

在一次题为《试论航天信息技术的发展》的演讲中，钟山从原始社会到工业社会，一步步为听众讲解了信息化是未来社会发展的必然趋势。

“古代兵法三十六计，计计都与信息有关。比如，打草惊蛇、隔岸观火等。现在我们使用的手机、QQ、网上购物……件件都与信息有关。”

有听众提问，中国的航天信息技术与美国等强国相比，有多大差距？钟山展颜一笑：“大家放心，虽然我们和别人有一定差距，但差距不大，完全可以迎头赶上。要想当老大、老二，就要看你们这些年轻人的啦！”

钟山（右）与张履谦院士（左）在瑞安安阳实验小学

2008 年 6 月，听说中国工程院院士钟山到浙江瑞安安阳实验小学考察。一位当地的学生家长抱着试试看的心理，想让孩子单独见见院士。让这位家长没想到的是，钟山欣然答应见面。事后，这位家长将与钟山的奇遇写成了一篇报道，公开发表。

这位家长的记述如下：

晚上，我带着两个孩子如约到了国际大酒店。钟山院士了解了孩子勤奋好学的情况后说："要成功，关键要做到四点。一要有信仰。只要有信仰，就不怕失败，失败是成功之母。二要勤奋好学。不好学的人，不会有积累，就不会有创新。三要创新。创新有原始创新、集成创新和再创新。集成创新是把许多复杂的原始创新聚集到一起，如航天科学，需要力学、化学、生物学等综合科学才能实现创新。四要做人。一个人只有人品好，才可以做学问，才会有朋友，才可能有成就。"当钟院士说到牛顿的运动定律后来被爱因斯坦完善时，儿子接了一句"爱因斯坦也会被后人超越的"，儿子的话得到了钟院士的夸奖。

当钟院士得知俩孩子自学能力较强时，便鼓励孩子们说，自己快 80 岁了，60 多年来都是靠自学。现在中国本土还没有人获诺贝尔奖，这个重任就靠你们了。

女儿看到钟院士特别兴奋。她一连问了好几个问题：有没有可能造一种有吸引力的飞船，使航天员在太空中也会感受到重力？能不能用一种比较轻的磁性材料，使航天员不会失重？宇宙飞船上都有太阳能电池，能不能推广到人类的日常生活中？院士都给予了分析。

女儿还提了一个问题："能不能把地震的能量用来发电而为人类造福呢？"钟院士笑了，说："问得好。地震的能量太大了，如果能加以利用，就了不得啊！不过，现在对地震的原理研究还非常浅显。"这时儿子插话说，日本能在地震前5秒钟进行预报，算是全世界最先进的技术。钟院士表扬了儿子，接着说："人类对地球内部的构造了解得太少，就像看人只看到皮肤一样。科学研究需要把握规律，才能趋利避害，进而化害为利，为全人类造福。"

道别钟院士，俩孩子激动不已，一路讨论着与钟院士见面的感受。儿子说，一定要学好科学，如果有机会，选择学地球物理。女儿也说，要当科学家。

2013年10月10日上午，浙江平湖市航天国防教育"五进活动"启动仪式在市体育场举行。伴随"五进活动"的启动，钟山、张履谦等10多位远道而来的院士专家再次来到平湖市的中小学，与学生们面对面交流，传递航天与国防知识。这已是钟山第五次到这片"爱科星"的热土上传播航天精神和科学知识。

"同学们，这次来学校我给你们带来了一件礼物，你们看，这是"红旗-7B"防空导弹，接下来我就向大家介绍一下这一最新的武器系统。"10月10日下午，在黄姑中学的教室里，钟山正在向学生们讲述"红旗-7B"防空导弹在研发过程中发生的一些故事。台下，学生们个个竖起了耳朵，仔细聆听着钟山的讲解。钟山还结合当年求学的经历，鼓励同学们要热爱科学，把宝贵的时间投入到学

钟山为同学们签名留念

习中，而不是花在玩游戏上。要志存高远，通过勤奋和刻苦努力将自己变成祖国有用的人才。

听了院士生动的航天与国防教育课，学生们纷纷向这位院士爷爷郑重承诺“要努力学习，立志报国”。

全国不断有小朋友给钟山写信，看到一行行稚嫩的笔迹，字里行间透出的爱国情怀、自信与美好的理想，钟山感到异常欣慰。

4. 家人眼中的钟山

在哥哥眼里，钟山是最棒的人，也是一辈子永远牵挂的人。自从离开四川老家，钟山很少回家。可是，不管千山万水，隔不开哥俩的情谊。老哥俩都年过八旬，经常打电话互致问候。

在四川老家，不管是钟家的晚辈，还是钟山的同乡好友，都对钟山为国家做出的成就深感敬佩。对国家，对国防，钟山功不可没。对故乡的家园，钟山

钟山与年迈的哥哥

钟山与夫人陆惠德

更多的是一种精神上的护佑和激励。就像钟山哥哥所说："弟弟是国家的人，革命军属的牌匾在我们家挂了好久。"

在丈母娘眼中，钟山是个事业心强、孝顺的好女婿。有一段时间，老太太住在钟山家，帮着照顾孩子。钟山虽然忙得顾不上陪老太太聊天，但每个月一发工资就把烟和食物等买好，送到老人家屋里。老太太常常背地里夸钟山："我这个女婿虽然嘴不甜，但心眼儿好，实在。"每次出差，钟山都会顺道看望夫人陆惠德的弟弟妹妹，家人都特别感动。

陆惠德嫁给钟山，意味着寂寞和劳累。钟山一心扑在工作上，在学校当教师的陆惠德只能把家务活全包了。20 世纪 80 年代，有一次，设计人员去钟山家汇报工作，在楼道里见到一位穿着蓝褂子的中年妇女正费劲地往楼上搬煤球，一打听，大家都惊呆了，原来她就是是钟副院长夫人。

这是典型的"男主外女主内"的家庭模式，钟山为导弹型号操劳了几十年，成天不是出差在外，就是连夜加班，在家时也只把家当成餐馆、旅店，陆惠德独自撑起家庭重担，应付各种琐事。钟山提起这些，心里总是充满歉疚和感激。他由衷地说："我的军功章也有她的一半。"

对于孩子，钟山永远是个"护犊子"的人，对儿孙体现出无尽的爱和袒护。在孩子们淘气时，夫妇俩"一个唱红脸，一个唱白脸"，唱红脸的往往是这个经常不在家的父亲。即使工作再忙，钟山仍是一个心细的父亲。20 世纪 90 年代，流行机织毛衣，钟山在长达几个月的打靶试验间隙，也赶时髦地张罗着为两个儿子各织了一件毛衣。

钟山与孙女雅茹

对成年的儿子来说，长期以来与父亲的关系又是生疏的。直到 2010 年 1 月 29 日，钟山因突发脑梗引起失语症后，两个儿子几乎一夜成人。他们看着往日风风火火的父亲，病得连儿子的名字都叫不出，心里很不是滋味。两人轮流照顾父亲，帮助父亲康复。儿媳妇也特别孝顺，每天按照糖尿病病人的食谱给钟山准备餐饮。如今，两个儿子每天陪年迈的父亲散步、聊天。看着亲密的父子，陆老师觉得仿佛又回到了几十年前，不一样的是，现在两个儿子是大人，钟山变成了牙牙学语的“小孩”……

在孙女钟雅茹眼中，钟山则是“一根筋”的可爱老人。小雅茹在题为《我的爷爷》的作文中写道：

平时家中的爷爷，与一个普通的老人没有什么区别，有着与儿孙说笑的快乐，也有着因疾病带来的困扰。随着我逐渐长大，课业繁多，现在每周只能去看他一次，因此，我常常怀念上学前在爷爷家长住的时光。那时的我，最喜欢做的“家务”就是帮他“分药”。

奶奶常开玩笑说，爷爷身上的零件几乎都有了毛病，只有一种病没有得过，那就是“妇科病”。大概是因为年轻时过于辛苦的缘故吧，爷爷早已身患多种疾病，常要将不同种类、不同时间吃的药，分成几个小瓶来装，以便按时服药。这项“工作”并不怎么难，但却需要聚精会神的态度。也许是我太小了，也许我根本就不是一个非常细致的人，虽然我尽力认真去做了，但还是会出现一些小纰漏。这样的纰漏，让我担心会不会使爷爷的健康受到影响…… 毕竟他是一个身患多种疾病的老人。

我永远记得，爷爷用他那犀利的眼睛透过老花镜乐呵呵地看我用小手扒拉药片，再温和地指出错的地方。

除了细致与严谨，爷爷做事的条理性和计划性总是让我由衷地敬佩。他很少休息，就是一年偶有的几天假日，在家里也是考虑工作上的事。我常常看他随身带着一个小本，时常记录下工作思路，并一一计划好时间安排：几点开会、开会讨论什么、要求什么；几点吃药、吃什么药。无论生活还是工作，计划得清清楚楚，一应俱全，一目了然。

在家里，爷爷对我永远是慈祥、和蔼、可亲的，我从没有听过他在家里说谁的不是，不论是工作中的同事，还是家里的亲戚。虽然有时候拿我们的短处或者糗事开开玩笑，也都是善意的打趣。每当我不懂事儿时，奶奶嘴上会叨叨，妈妈更会严厉地批评我，但爷爷总是为我开脱，说我是因为实心眼儿才会这样。我想，我的实心眼儿也许就是遗传了他的基因：只知道一根筋地做事，却往往忽略了别人的感受，无意中让别人不爽。

爷爷偶尔会因为家里的什么事情嚷嚷几句，但是，嚷完了就没事了，对人还是一如既往地疼爱，从不“记仇”。我不知道这是因为他“实心眼儿”，还是因为他的爱与众不同——对人只有爱，对事总爱分出对与错，而且又直言不讳。所谓的“爱之深，责之切”吧！

爷爷也有从不嚷嚷、一味溺爱的对象，那就是他的几只猫。他喜欢猫，猫也喜欢他。那几只猫每日陪他工作、休息，真是给了他不少的安慰，也替我尽了不少孝心。当然，爷爷也拿出照顾小孩的劲头来照顾它们，每当我看到他卖力地蹲下身去为猫喂食、梳理毛时，总感觉他既平凡，又温暖。

全家福

5. “麻辣”总师

作为二院副院长和型号总设计师，钟山非常平易近人，从不以领导自居，每每到科室和实验室，经常是独自前往，最多带一两个人，和大家一起攻克难题，一干就是一个通宵。在他的头脑中，没有节假日和 8 小时工作制的概念。整个研制队伍养成了“不计报酬，不讲条件，有条件要上，没有条件创造条件也要上”的攻坚克难的锐气。

在基层设计师的心目中，钟山是研制团队中的普通一员，是年长一代设计师诚挚、可信赖的兄长，是年轻一代设计师可亲、可敬的前辈。谁有问题，都可以直接去找钟山。因为，钟山会认真倾听每个人的意见，指导、帮助他们解决问题。

原“红旗 -7”副总指挥李善春长期在钟山领导下工作。在 25 所时，李善春第一次写所里的年终总结，尽管有文件大全的惯用格式，仍感觉无从下手，他请示钟山所长有什么具体要求。

钟山指导李善春：写一个单位的总结或一个型号的总结，不同的领导有不同的要求，不同的写法有不同的效果。年终总结有通用格式，但不同的写法有不同的效果。总结写一年做了什么，取得了哪些成绩，但切记写流水账，因为那样写，大家听了提不起精神，没有感染力和说服力。

钟山的业余生活

钟山说：你可以试着这样写，在掌握材料的基础上，进行归纳，用最小的篇幅，概述一年来的工作成绩，然后提出几个论点或问题，进行分析或回答。比方说，一年来所里为什么会取得可喜的成绩呢？你就可以用所里提出了什么政策、规定，采取了什么措施来回答这个问题。比方说，今年的工作业绩与往年有什么不同呢？你就可以从今年进步和创新的角度来回答这个问题……对好人好事，可以在回答问题中借以叙述，听起来更有感染力。

李善春听了如获至宝，此后二三十年，不管什么样的总结，基本上按钟山的思路来写，效果都比较好。

无论是严寒还是酷暑，无论是配套单位还是元器件生产单位，只要需要，钟山都积极深入下去，到第一线了解情况。他的足迹踏遍祖国的大江南北，如湘潭电机厂、第二汽车制造厂、大连造船厂、沈阳重型机械厂、沈阳铸造所等。

钟山下去主要解决两类性质的问题，一类是协调处理技术问题，参加有关试验；一类是研制工作遇到困难、进度受到影响等需要协调或调整部署的问题。当然这两类问题也有交叉，同时存在时，需要一并协调解决。

每次下基层检查工作，特别是检查研制进度时，钟山总要带上二院有关部门的领导和助理员一块去听取情况汇报。基层领导汇报的内容一般涉及研制进展情况、存在问题和急需机关协调解决的问题。

汇报完后，钟山发表意见时，一般先让机关有关助理员、处长、部领导发表意见，然后他再总结发言。他认为机关人员说得对的，不再重复，会说某某问题按张三的意见去办，某某问题按李四的意见去处理，某某问题请王五去处理，然后作为院领导发表指导性意见。这样做，一方面树立了机关工作人员在基层的威信，有利于锻炼和提高机关工作人员的工作能力，另一方面也增强了机关工作人员的亲和力。

钟山是一个好学、自信心强、处事光明磊落的人。他心胸坦荡，敢于发表自己的意见，有时不自觉地会“越权”。

有一次，钟山和机关工作人员一起到四川692厂出差。他是总师，本是只负责技术协调的，但在未跟机关通气的情况下，便临时将院机关下达的计划更改了。陪同出差的机关小王很生气，便当面顶撞他：“钟副院长，要是这样，你取消我们机关算了。”

钟山这才意识到自己越权不合适，就一声不吭。小王干脆也不搭理他。到第二天吃早饭时，钟山只好主动搭话：“小王，吃这盘香肠，麻辣味特浓。”一时，大家都笑了。

久而久之，大家都习惯了钟山这些“霸道”的行为，了解他是性情中人，从心里不把他当外人看。研制团队就像一家人，虽然锅碗瓢盆难免磕磕碰碰，但气氛一直是其乐融融。为如何安排研制工作、解决发现的问题，不论是院机关还是厂所机关的领导、调度、设计师，都可以与钟山平等地讨论问题，提出意见和建议。讨论问题时，钟山并不计较说话人的地位和提意见的方式，甚至在几十人的会上一个研究所的调度站起来当面与钟山争论发表不同意见，在小范围讨论问题时也发生过拍桌子的情况，但只要对工作有利，谁说得对，就按照谁的意见办。

二部负责导弹测试的老邢有一门绝技——在测试导弹过程中，根据其声响，凭耳朵就能听出弹的好坏来。为了学到秘诀，钟山经常向她讨教。钟山也异常欣赏她，对这个工程组长关怀备至。

一天，钟山在路上碰到老邢，特别提醒她："老邢，你要复习英语，准备评职称。"老邢听了不以为然，心想：那么多领导、专家还没评上研究员，哪轮得上我呀。没想到，几天后，院里就让人来催她交报名费，写技术报告。老邢只好赶紧撰写报告，准备答辩材料。等到院里通知答辩时，正赶上测试，老邢只好托人把答辩材料交了上去。最后，在总师们的积极推荐下，老邢顺利地评上了研究员。

而就是这位老邢，有一次闹得钟山差点下不了台。在定型试验现场，因为210所的两个开关问题，有人误解了老邢，并向钟山反映：老邢在交代问题时模棱两可，容易造成误解。钟山在一次大会上把这件事当典型，不点名地批评老邢技术上不严肃。

受了委屈的老邢不干了，冲到钟山办公室去讲理，逼着钟副院长在大会上给她"平反"。钟山在了解了前因后果后连忙道歉，并表示："我可以给你'平反'，但用不着专门开大会吧。这样吧，你去请全体女队员吃冷饮，我买单。"老邢也不客气，当天就请客，把基地最贵的雪糕抢购一空！

为啥大家跟着钟山当穷光蛋，还要拼命干，就是因为有了这么一个有人情味的领导，有宽松的工作氛围，大家才能甘于清贫、无私奉献。这是个让大家非常怀念的集体，因为"跟着钟山干，人人成好汉"。

二院有多位领导这样评价钟山："他总能感染身边的人，是个很真诚的性情中人，对同事的感情特别真挚，吵归吵，大家都很光明磊落。"

6. 叱咤云天会有期

钟山为中国防空导弹事业拼搏、奋斗一生，像他所景仰的良师益友钱学森一样，成为一个颇具人格魅力、受到航天人爱戴的总设计师。

2011年1月15日，钟山80寿辰，二院举办了盛大的庆祝活动，原中国航

祝贺钟山院士80寿辰暨《钟山院士文集》发布仪式

中国航天科工集团公司领导和二院领导祝贺钟山80寿辰

天工业总公司、原国防科工委领导，陆、海、空军和中国航天科工集团公司以及二院的主要领导都到场祝寿。

在祝寿中，人们传颂着钟山的功绩。二院的有关领导在发言中总结道：50多年来，钟山始终工作在科研第一线，先后开发出多种低空型号，历任型号总设计师，共进行打靶试验28次，打弹120余发，编写技术报告、文件资料110余篇，为国家培养出一支上千人的设计师队伍。迄今为止，该系列导弹已装备了国内陆、海、空三军和外军，他为国防事业做出了突出贡献。

钟山除了是型号总设计师外，还是国际宇航科学院通讯院士，是有突出贡献、享受国务院政府特殊津贴的专家，曾荣获“全国优秀科技工作者称号”、“五一劳动奖章”、航天工业部劳动模范等荣誉称号，先后受聘于哈尔滨工业大学等几所院校、空军和中国航天机电集团公司（后改为中国航天科工集团公司），担任博士生导师和兼职教授、顾问，1999 年当选中国工程院院士。

某集团军防空旅领导代表全旅为钟山院士（右）祝寿

某集团军防空旅为钟山祝寿贺词

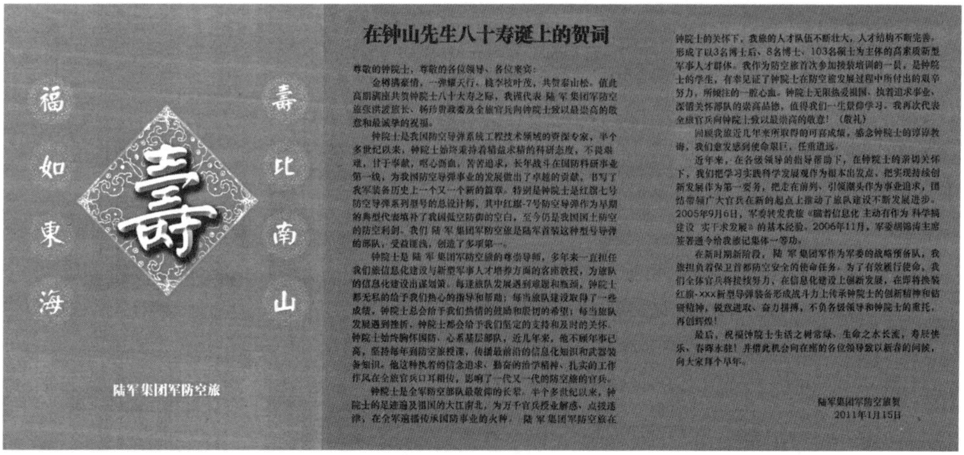

在钟山先生八十寿诞上的贺词

尊敬的钟院士，尊敬的各位领导、各位来宾：

金樽满豪情，一弹耀天行。桃李枝叶茂，共贺泰山松。值此高朋满座共贺钟院士八十大寿之际，我谨代表陆军集团军防空旅张洪波旅长、杨玢贵政委及全旅官兵向钟院士致以最崇高的敬意和最诚挚的祝福。

钟院士是我国防空导弹系统工程技术领域的资深专家，半个多世纪以来，钟院士始终秉持着精益求精的科研态度，不畏艰难，甘于奉献，呕心沥血，苦苦追求，长年战斗在国防科研事业第一线，为我国防空导弹事业的发展做出了卓越的贡献，书写了我军装备历史上一个又一个新的篇章。特别是钟院士是红旗七号防空导弹系列型号的总设计师，其中红旗-7号防空导弹作为早期的典型代表填补了我国低空防御的空白，至今仍是我国国土防空的防空利剑。我们陆军集团军防空旅是陆军首装这种型号导弹的部队，受益匪浅，创造了多项第一。

钟院士是陆军集团军防空旅的尊崇导师，多年来一直担任我们旅信息化建设与新型军事人才培养方面的客座教授，为旅队的信息化建设出谋划策。每逢旅队发展遇到难题和瓶颈，钟院士都无私的给予我们热心的指导和帮助；每当旅队建设取得了一些成绩，钟院士总会给予我们热情的鼓励和殷切的希望；每当旅队发展遇到挫折，钟院士都会给予我们坚定的支持和及时的关怀。钟院士始终胸怀国防、心系基层部队，近几年来，他不顾年事已高，坚持每年到防空旅授课，传播最前沿的信息化知识和武器装备知识。他这种执着的信念追求、勤奋的治学精神、扎实的工作作风在全旅官兵口耳相传，影响了一代又一代的防空旅的官兵。

钟院士是全军防空部队最敬仰的长辈。半个多世纪以来，钟院士的足迹遍及祖国的大江南北，为万千官兵授业解惑、点拨迷津，在全军遍播传承国防事业的火种。陆军集团军防空旅在钟院士的关怀下，我旅的人才队伍不断壮大，人才结构不断完善，形成了以3名博士后、8名博士、103名硕士为主体的高素质新型军事人才群体。我作为防空旅首次参加换装培训的一员，是钟院士的学生，有幸见证了钟院士在防空旅发展过程中所付出的艰辛努力，所倾注的一腔心血。钟院士无限热爱祖国、执着追求事业、深情关怀部队的崇高品德，值得我们一生景仰学习。我再次代表全旅官兵向钟院士致以最崇高的敬意！（敬礼）

回顾我旅近几年来所取得的可喜成绩，感念钟院士的谆谆教诲，我们愈发感到使命艰巨，任重道远。

近年来，在各级领导的指导帮助下，在钟院士的亲切关怀下，我们把学习实践科学发展观作为根本出发点，把实现持续创新发展作为第一要务，把走在前列、引领潮头作为事业追求，团结带领广大官兵在新的起点上推动了旅队建设不断发展进步。2005年9月6日，军委转发我旅《瞄着信息化 主动有作为 科学搞建设 实干求发展》的基本经验。2006年11月，军委胡锦涛主席签署通令给我旅记集体一等功。

在新时期新阶段，陆军集团军作为军委的战略预备队，我旅担负着保卫首都防空安全的使命任务。为了有效履行使命，我们全体官兵将持续努力，在信息化建设上创新发展，在即将换装红旗-XXX新型导弹装备形成战斗力上传承钟院士的创新精神和钻研精神，锐意进取、奋力拼搏，不负各级领导和钟院士的重托，再创辉煌！

最后，祝福钟院士生活之树常绿、生命之水长流，寿比天乐，青春永驻！并借此机会向在座的各位领导致以新春的问候，向大家拜个早年。

陆军集团军防空旅贺
2011年1月15日

钟山之所以能取得如此巨大的成就，是与他高度的敬业精神和一丝不苟的科学态度分不开的。他经常用“衣带渐宽终不悔，一生奋斗献国防”的格言来鞭策自己，为航天事业奉献了一辈子。正是这种信念，鼓励他在科研战线上从胜利走向新的胜利。

钟山也是防空旅官兵们最敬仰的长辈。几十年来，钟山的足迹遍布祖国的大江南北，为万千官兵授业、解惑、指点迷津，在全军遍播传承国防科学试验的火种。在钟山 80 大寿之际，某集团军防空旅专门给钟山送来了贺词，一位副旅长代表全旅在寿宴现场朗读了贺词。

贺词中写道：“金樽满豪情，一弹耀天行。桃李枝叶茂，共贺泰山松。值此高朋满座共贺钟山 80 大寿之际，我谨代表陆军集团军防空旅张洪波旅长、杨珍贵政委及全旅官兵，向钟院士致以最崇高的敬意和最诚挚的祝福。”

贺信中高度评价了钟山对防空导弹武器系统的贡献，特别指出“‘红旗 -7’号导弹作为早期的典型代表填补了中国地空防御的空白，至今仍是中国国土防空的利剑”。

钟山（中）的学生们为导师祝寿

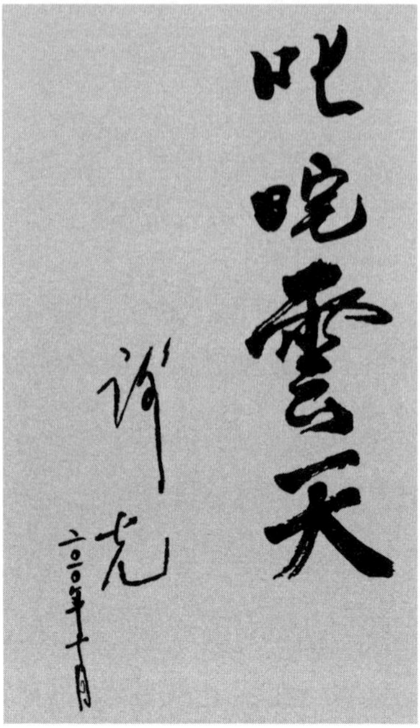

原国防科工委副主任谢光为《钟山院士文集》题词

某集团军防空旅是陆军首装“红旗 -7”导弹武器系统的部队，钟山受到了全体官兵的爱戴。该防空旅在贺词中称赞钟山是该旅的尊崇导师，为该旅信息化建设与新型军事人才培养做出了重大贡献。钟山执着的信念追求、勤奋的治学精神、扎实的工作作风，在全旅官兵中口耳相传，影响了一代又一代的防空旅官兵。

长期以来，钟山不断为防空旅的信息化建设出谋划策。每逢防空旅遇到难题和瓶颈，钟山都无私地给予热心的指导和帮助；每当防空旅建设取得了一些成绩，钟山总会给予热情的鼓励和殷切的希望；每当防空旅发展遇到挫折，钟山都会给予坚定的支持和及时的关怀。

钟山始终胸怀国防，心系基层部队。近几年来，他不顾年事已高，坚持每年到防空旅授课，传播最前沿的信息化知识和武器装备知识。防空旅在钟山的关怀下，人才结构不断完善，形成了一批高素质新型军事人才群体。

钟山的哈军工同届同学、原国防科工委副主任谢光特为《钟山院士文集》题写了“叱咤云天”四个大字。这四个字高度浓缩了钟山作为一位航天科技尖兵的功绩，也寄托了国防战线老兵们的厚望。

附　录　钟山谈防空导弹武器系统

钟山就像二院防空导弹武器系统的一张名片，他的科普讲座广受欢迎，各路记者也乐于采访他，因为他的访谈总是那么生动有趣，让记者们文思涌动，妙笔生花。下面摘录他在一次采访中的精彩回答。

记者：防空导弹是怎样发现和识别目标的？

钟山：是由空中或地面的预警系统，在相应的主体空间范围内发现有进入防御空域内的可疑目标，即向地面指挥系统报告，尔后防空导弹的目标指示雷达对目标进行跟踪测量。怎样识别目标呢？首先靠雷达敌我识别器，自己的飞机都有编码，可以通过编码进行识别。

记者：发现、识别后就该实施拦截了吧？

钟山：识别后的信息传给指挥控制中心，指挥控制中心给防空导弹下达拦截命令。防空导弹武器系统本身配有跟踪制导雷达，用以引导导弹拦截目标。防空导弹有远、中、近程之分，可分层拦截。

记者：高、中、低防空导弹是如何配置的？

钟山：这是一个费效比的问题。一般来说，高空导弹比较贵，低空导弹比较便宜。但高空来袭的目标价值很大，所以一般打高价值目标用高价值的地空导弹，打低价值目标用低价值的地空导弹。

记者：要想准确拦截，离不开制导，现代防空导弹末制导是不是用雷达导引头多一些？

钟山：导弹的末制导可以用红外，分长波、中波、短波等，也可以用雷达，以后甚至可能使用激光。目前用得最多的还是红外和雷达或两者复合。一种是不同波长的复合，长波的、中波的；另一种就是只有一种波长，重点是提高精度和抗干扰，频率也可以变。

记者：防空导弹未来会向哪些方向发展?

钟山：首先还是谈谈发动机，对发动机来说，未来的发展方向就是增大推力，提高总冲，增大推重比，力求发动机减轻重量，如壳体材料采用复合材料制作；其次是改进设计，充分利用空气动力，其发展方向是提高速度，减小阻力；再就是发展信息技术，特别是航天信息技术；还有就是战斗部的技术改进，应不断适应目标的技术特点；此外，现在在激光、能量束等方面，人们也一直在尝试，但要实际应用还得有一个过程。

记者：拦截巡航导弹难在哪里？

钟山：首先就是不容易发现，巡航导弹飞得低，低空区域雷达有盲区；其次是不容易打，巡航导弹的速度一般约为200米/秒，10千米也就50来秒，拦截时要提前发射。一般来说，对付巡航导弹用低空导弹比较好，而射程远的导弹打高空、中空的飞机比较合适。因为低空目标有严重地面杂波干扰，雷达精度很差，使用光学、红外制导等效果反而比较好，可以克服地面的干扰。

记者：拦截弹道导弹呢？

钟山：弹道导弹弹头小，一般飞机的雷达散射截面积有2平方米，而弹头的只有0.1平方米，而且速度比较快；飞机的最大马赫数是3，而弹头的马赫数会达到十几。因此发现、拦截都很困难，摧毁更困难。应该说S-300和“爱国者”拦截弹道导弹的概率都很低。

记者：防空导弹拦截弹道导弹是不是有个时机问题，什么时候拦截最好？

钟山：目前分析认为，中段最好，但发现很困难。美国的NMD（国家导弹防御系统）在大力研究中段拦截，但目前还没有成功。从理论上讲，拦截远程导弹可根据其飞行弹道，即初始（起飞）段、中段、末段（再入）分段拦截：初始段必须由卫星发现导弹发射，目标显著，但拦截武器要由空中发射实施拦截，难度大；中段时间长，拦截机会多一些，可以有多种手段实施拦截；末段再入时速度大，再加上真假弹头、机动弹头等，目标识别难度大，但拦截器的距离相应比前者要短一些，对地面雷达的指标要求更现实一些。

记者：为什么二三百千米的近程弹道导弹好拦截？

钟山：因为二三百千米肯定弹道低嘛，弹道越低，末端速度越小，自然就好拦截。

记者：现在飞机上的干扰、电子对抗能力很强，导弹该怎么对付它？

钟山：现在防空导弹也在增强抗干扰的能力，而且在不断地发展和变化。防空导弹的制导雷达和导弹都相应采用光学、红外、雷达等各种手段进行制导，同时每一种手段的设备上都相应有多种抗干扰措施。实际上干扰与抗干扰，是矛盾的对立统一关系，“道高一尺，魔高一丈”，就看谁能抢先开展有针对性的应用，并取得效果。

记者：像 S-300V 为了追求高杀伤性，有时连射两发，这样做划算吗？

钟山：这样杀伤的成功率要高一些，一发导弹命中概率是 80%，有 20% 的可能性命中不了。假如两发的话，第二发就会打那 20%，总的命中率就可以达到 96%。

记者：美军善于用反辐射导弹攻击对方的防空基地，防空导弹怎样对付反辐射导弹？

钟山：对付反辐射导弹有很多办法，像被动式的，我不发射，它就发现不了；也可以用诱骗方式，在几千米外做一个假的雷达站，就是一个小的发射机，让反辐射导弹摸不清真假目标。

记者：在打别人的同时还必须防着被别人打，这应该是一对矛盾，如何解决？

钟山：应该说这两个方面要求的指标都要达到，但重要的是拦截，如拦不住，机动性再好也没有用。不过，根据伊拉克战争和科索沃战争的经验，空袭一方第一个波次打的就是防空导弹部队。防空导弹一旦发射，对方通过空中侦察，马上就知道你的位置，你一打弹又是光又是电，很容易被人发现。这时对方就会集中火力打掉你的防空阵地，而且第二波数量大，很难全部拦截，所以自身的生存力也很重要，要打一枪换一个地方。其实机动性和拦截性并不矛盾，不管是轮式还是履带式，停下来调平精度不受影响。不是说有了机动性，就一定会牺牲拦截性。这两个方面都很重要，但关键是拦截性。

记者：那移动后重新装填是否会被敌人抓住空隙？

钟山：不会的，就像我有八发防空弹，前一批打了四发就移动，一转移就是几千米，然后再打四发，我不可能一下子把所有的弹全打出去。再说，防空导弹是编队作战的，不可能只有一辆发射车，这就存在一个战术配合作战的问题。第一辆发射车打完弹后迅速转移，第二辆发射车可接着再打，然后是第三辆车发射——尔后第一辆发射车转移进入战备后可接着再打，周而复始，不存在空隙。

记者：要把目标打下来，不但要打得准，还要打得狠，把它打得粉身碎骨，这就要靠战斗部的威力了。能否谈谈防空导弹的战斗部？

钟山：战斗部最早用的是TNT炸药，后来改进了配方；再就是考虑到了战斗部的破片，像破片的大小、飞散角和速度，可穿透多少毫米的钢板等；再往后的发展就是链条杀伤，战斗部的壳体预制成一条一条的，一炸开就形成了链条，美国的“响尾蛇”就是这样的，炸开后切割来袭的飞机；后来又发展出了杀伤效果更好的聚焦式，就是在战斗部的外壳上把方位预制好，链条按预制方向飞出去，形成一个带子，过去是360度散开，现在知道飞机的方位，就可以把能量聚集在某一个方向上，这叫定向式，特别是对付战术弹道导弹常用这种方式。因为如果不能把它彻底毁灭掉，它掉下来后仍会造成伤亡。

记者：战斗部威力的发挥离不开引信，引信主要有哪几种类型？

钟山：防空导弹的引信一般都是近炸式的，主要有激光近炸引信、红外近炸引信、无线电近炸引信三种。偶见触发引信，特别是小的导弹，战斗部威力小，只能选择触发引信。现在用得最多的是无线电引信，用多普勒信息判断目标的速度和距离，在距目标最近时启动战斗部。因为引信启动后，还要延时多少毫秒，所以要有一个最佳时间（延时短了，离目标远；延时长了，又过了），还要考虑引信启动的时间和战斗部的角度配合，使其产生的效果最好。战斗部聚焦到某个方向，引信的波束就要在这个方向超前一点。引信还要能定好位置，知道目标是从哪个方向来的，从哪边来的就向哪边炸，这就是引信和战斗部的配合。它们的方向要一致起来，也就是它们的空间、时间和相对位置都有一个配合问题。

记者：防空导弹在飞行距离上有两个指标，一个是射程，一个是射高，两者之间有什么关系？

钟山：射高是指导弹的垂直运动高度，射程是指导弹的实际飞行距离。对于地地导弹而言，目标是100千米，射程就是100千米，尽管它实际飞行的距离远一点；但防空导弹的射程是随着目标速度变化的，目标速度快，射程就远。比方说，目标在30千米外被跟踪，如果其来袭速度慢的话，要求防空导弹的射程20千米就足够了；如果来袭目标的速度相当快，那就要求防空导弹的射程相应地增加，以便在更远的距离上及时进行拦截。射高与目标入侵的高度有关系，因为高度不同，空气压力不同，阻力就不—样，这样导弹控制的修正系数不同，需要用气动参数来调节，所以要多大的攻角，应该怎样运动，和弹道有关系。因此，防空导弹的射高，即可拦截目标的高度与导弹的过载能力、引战配合以及制导精度密切相关。

记者：有很多防空导弹，陆上可以用，舰上也可以用，它们有差别吗？

钟山：一般来说是可以互通的，差别也是发射架的不同。陆地上是可移动的，舰上则是固定的，由于是固定的，它的供弹系统比较麻烦，因此总希望装得多一些，不像陆地上装得少，而且，舰上装弹也是自动化的；但这两型导弹本身的制导方式、战斗部都差不多。舰上的装填系统在甲板下面，打完了再重新装填。垂直发射的可以垂直存放也可以水平存放，打的时候再竖起来，但倾斜发射的一般不垂直存放。

钟山大事年表

1931 年

1 月 15 日，出生于四川省成都市。

1936 年　5 岁

9 月，就读于华阳县县立第三小学。

1938 年　7 岁

父亲病逝。

1939 年　8 岁

因日本飞机轰炸成都，随家迁往舅父家，入新繁县县立小学校读书。

1942 年　11 岁

迁回成都，就读于四川省成都市协进中学初中部。

1945 年　14 岁

考入成都市石室中学高中部。连续两年获得最高奖学金。

1948 年　17 岁

9 月，考入重庆大学理学院数学系。参加地下党组织的反内战运动。

1949 年　18 岁

12 月 21 日，参加中国人民解放军，在 11 军军政大学学习。

1950 年　19 岁

3 月，在军政大学提前肄业，被选拔到宣传队任宣传员。

9 月，加入新民主主义青年团。

1951年　20岁

3月，随部队由四川开赴河北廊坊，准备参加抗美援朝。

10月，赴东北辽宁凤城。

11月，转驻山东潍坊。文工团撤销后，留在军直属文化学校担任教员。

1953年　22岁

2月，考入中国人民解放军军事工程学院。后被分在空军工程系无线电工程科。

9月1日，加入中国共产党。

1957年　26岁

11月，从中国人民解放军军事工程学院毕业，留校参加整风运动。

1958年　27岁

3月，分配到国防部第五研究院二分院工作。

1959年　28岁

担任工程组组长，从事“543”地空导弹弹上设备研究。

1960年　29岁

在成都719厂担任“543”地空导弹系统弹上设备总设计师代表。

1961年　30岁

任国防部第五研究院二分院三支队二分队副主任，并晋升为工程师。

1962年　31岁

5月1日，与陆惠德女士结婚。

6月，任国防部第五研究院二分院二部四室副主任。

1963年　32岁

任国防部第五研究院二分院二部四室主任。

1965 年　34 岁

参与组建第七机械工业部二院 25 所，任副所长、党委委员。

1966 年　35 岁

带队赴靶场参加“红旗 -61”模型弹飞行试验。

3 月，大儿子钟预出生。

1969 年　38 岁

12 月，全家迁到河南正阳县二院干部农场劳动锻炼。

1970 年　39 岁

5 月，从农场回到 25 所参与某工程项目研制。

12 月，小儿子钟放出生。

1971 年　40 岁

重新进入 25 所核心小组，主管科研生产。

1973 年　42 岁

提出 25 所专业技术发展规划建议。

1974 年　43 岁

7 月，拟写《关于 25 所承担战略导弹末制导研制任务的建议》，受到上级领导的高度重视。

1976 年　45 岁

4 月，带队赴试验基地进行某工程制导雷达和无线电控制仪校飞试验。

1977 年　46 岁

3 月，提出将 25 所建设成“专业化、系列化、攻防结合、一机多用”的专业化设备研究所的发展目标。

1978年　47岁

3月，作为团长，率领国防科委代表团赴法国图卢兹参加国际遥感技术会议。

4月，被任命为第七机械工业部二院25所所长。

10月，当选为中国宇航学会理事。

1980年　49岁

3月，带队赴意大利罗马参加国际遥感会议。

3月，被任命为第七机械工业部二院副院长。

5月，被任命为“红旗-7”导弹武器系统总设计师。

8月，晋升为高级工程师。

1981年　50岁

4月，代表二院向七机部党组、国防科委汇报“红旗-7”总体方案和研制进展情况。

1982年　51岁

7月，带队在工程兵靶场指挥“红旗-7”模型遥测弹首发飞行试验。

8月，在国家靶场成功进行“红旗-7”01批模型遥测弹飞行试验。

1983年　52岁

5月，带队在国家靶场进行中外联合打靶飞行试验。

11月，指导“红旗-7”独立回路遥测弹动态协调飞行试验。

1984年　53岁

6月，带队在工程兵靶场主持“红旗-7”独立回路遥测弹验证飞行试验。

7月，在国家靶场主持进行“红旗-7”第二批独立回路遥测弹飞行试验。

9月，荣获航天工业部二院“三抓”任务二等功。

1985年　54岁

5月，在地炮靶场进行“红旗-7”闭合回路遥测弹定轴发射飞行试验。

8月，带队在国家靶场成功进行“红旗-7”导弹武器系统闭合回路试验。

9月，带队在国家靶场成功主持中外联合打靶飞行试验。

1986年　55岁

7月，在地炮靶场主持“红旗-7”系统鉴定性摸底飞行试验。

1987年　56岁

3月至4月，带队在国家靶场进行“红旗-7”导弹武器系统鉴定性飞行试验。

5月，晋升为研究员。

1988年　57岁

2月，被航天工业部任命为“海红旗-7”技术总负责人。

4月，荣获“首都劳动奖章”和“五一劳动奖章”。

5月，带队在国家靶场进行“红旗-7”导弹武器系统定型试验。

10月，在中南海参加国防科学技术专家座谈会，受到赵紫阳、杨尚昆等党和国家领导人接见。

1989年　58岁

10月，被国防科工委任命为“海红旗-7”总设计师。

11月，被评为二院知名科技专家。

1990年　59岁

10月，带队在地炮靶场完成“飞獴-80”导弹武器系统实弹拦截目标摸底性飞行试验。

1991 年　60 岁

5 月至 8 月，带队在陕西靶场同场进行“海红旗 -7”和“飞獴 -80”飞行试验，达到摸底试验目的。

7 月，享受国务院政府特殊津贴。

9 月，荣获航空航天工业部“有突出贡献专家”称号。

11 月，“红旗 -7”导弹武器系统荣获航空航天工业部科学技术进步奖一等奖。

1992 年　61 岁

1 月，被航空航天工业部任命为“飞獴 -80”和“海红旗 -7”总设计师。

11 月，“红旗 -7”导弹武器系统荣获国家科技进步奖特等奖（钟山在获奖者名单中位列第一，受到江泽民总书记等党和国家领导人接见）。

1993 年　62 岁

3 月，在人民大会堂参加“红旗 -7”导弹武器系统获国家科技进步奖特等奖颁奖庆祝大会并做报告。

9 月，被授予“航天工业质量工作先进个人”称号。

10 月，成功主持“飞獴 -80”在国外靶场打靶。

12 月，荣获中国航天工业总公司创业荣誉证书。

1994 年　63 岁

1 月 6 日，二院任命钟山为“红旗 -7”、“海红旗 -7”和“飞獴 -80”系列总设计师。

4 月，被聘为中国宇航学会第三届质量可靠性专业委员会副主任委员。

1995 年　64 岁

5 月，荣获“1994 年度航天奖”。

6 月至 12 月，两次带队在海军试验基地执行“海红旗 -7”海上闭合回路飞行试验任务。

1996 年　65 岁

10 月，第二次主持“海红旗 -7”海上闭合回路飞行试验。

1997 年　66 岁

1 月，国防科工委下发任免文件，免去钟山“海红旗 -7”总设计师职务。

3 月，领队在国外成功进行“飞獴 -80”打靶试验。

1998 年　67 岁

5 月，主持召开固体发动机、“海红旗 -7”红外跟踪器应用模式等课题研讨会。

1999 年　68 岁

8 月，被聘任为中国航天机电集团公司第一届科学技术委员会顾问。

10 月，荣获“9901”工程突出贡献奖及个人一等功。

11 月，当选中国工程院院士。

12 月，某导弹驱逐舰荣获国家科技进步奖特等奖（钟山在获奖者名单中位列第五）。

2000 年　69 岁

3 月，被空军聘为科技发展和人才建设顾问。

6 月，被聘为某集团军防空旅科技人才培养顾问。应邀到中央电视台录制《世纪兵戈》节目。

2001 年　70 岁

6 月，应邀参加中国科协第六次全国代表大会。

11 月，被特聘为上海交通大学兼职教授。

12 月，“海红旗 -7”导弹武器系统荣获国防科学技术进步奖一等奖（钟山在获奖者名单中位列第三）。

2003年　72岁

6月，被聘为北京军区军地共育军事人才协作区高级顾问。

8月，赴哈尔滨工程大学参加哈军工50周年校庆。

2004年　73岁

4月，被聘为重庆大学教授。

5月，被聘为中国航天科工集团公司第二届科学技术委员会顾问。

5月，参加国家科技部组织的国家中长期发展规划评审。

10月，被聘为第二炮兵工程学院控制理论与控制工程学科兼职教授。

2005年　74岁

5月，被聘为成都信息工程学院名誉教授。

11月，与黄纬禄、陈德仁、陈敬熊、于本水和李伯虎五位院士联名上书北京市政府，强调奥运综合安防和信息安全的重要性，引起奥组委及国家领导人的高度重视。

2006年　75岁

3月，被聘为沈阳军区装备部顾问。

7月，被任命为北京奥运会安保科技系统总设计师。

10月，荣获“中国航天事业五十年杰出贡献奖”。

2007年　76岁

6月，应北京老科学技术工作者总会邀请，做题为《空天防御武器的现状与未来》的学术报告。

11月，荣获“航天二院建院五十周年突出贡献奖”。

2008年　77岁

10月，荣获第29届奥运会安全保卫指挥中心颁发的荣誉证书。

2009年　78岁

4月，被聘为中国航天科工集团公司第三届科学技术委员会顾问。

5月，被聘为北京仿真中心仿真专家委员会委员。

11月，被空军聘为预警中心顾问。

2010年　79岁

1月29日，因突发脑梗住院。

12月，提出的“防空导弹智能专家系统数字化平台”在国防科工局正式立项。

2011年　80岁

1月，二院主办“祝贺钟山院士八十寿辰暨《钟山院士文集》发布仪式”。

2月，荣获2008年北京奥运会安保科技系统北京市科学技术奖二等奖。

参考文献

[1] 滕叙兖 . 哈军工传 . 长沙 : 湖南科学技术出版社，2003.

[2] 魏巍 . 聂荣臻传 . 北京 : 当代中国出版社，2006.

[3] 陈辉亭 . 飞鸣镝 . 北京 : 解放军文艺出版社，2005.

[4] 钟轫 . 挑战蓝天 . 北京： 中国宇航出版社，2011.

[5] 钟山 . 钟山院士文集 . 北京： 中国宇航出版社，2011.

[6] 石磊，等 . 钱学森的航天岁月 . 北京： 中国宇航出版社，2011.

后 记

“跟着钟山干，都是穷光蛋；就是穷光蛋，也要拼命干；跟着钟山干，年年有改善；跟着钟山干，人人是好汉。”

这是一段在二院流传甚广的顺口溜，生动反映了钟山和他的战友们奋战“红旗－7”的光辉岁月。钟山院士以勇于实践、不怕挫折的“笃行”精神，发扬民主、严慎细实的工作作风，率领研制“红旗－7”低空超低空系列的众多志士，在充分汲取国外先进技术的基础上，大胆自主创新，研制成功了我国第二代防空导弹武器系统，为国家筑起了一道铜墙铁壁。他博采众长、多谋善断的胆识，“咬定青山不放松”的坚韧品格，以及与人为善的高尚情操，赢得了国防科技战线各级领导、同事和社会各界的普遍尊敬。

从海湾战争到科索沃战争，再到阿富汗战争和伊拉克战争，美军为什么能肆无忌惮地实施空袭，原因之一就在于这些国家缺少必要的防空能力。正如钟山所说，“没有空防就没有国防，没有国防就没有强国”。古诗云“但使龙城飞将在，不教胡马度阴山”，早就诠释了这个道理。

本书主要记录了钟山院士献身导弹和航天工程实践的奋斗经历。钟山先后出任国家急需的五种防空导弹武器系统总设计师，“红旗－7”和“海红旗－7”导弹武器系统的成功研制，填补了我国低空和超低空导弹武器装备的空白，建立和完善了二院研制、生产和售后的防空武器配套体系，为第三代防空导弹武器系统的研制奠定了人才、技术和物资等坚实基础。从型号研制一线退下来后，钟山不顾年老体弱，将满腔心血倾注在培养军民两地人才和科普育人事业上。在喜寿之年，他受命出任奥运安保科技系统总设计师，留下了一段与自己设计的导弹共同守护奥运平安的佳话。

在回眸钟山一生和采访他的领导和战友的过程中，我们不仅折服于钟山院士襟怀坦荡的品格、多谋善断的胆识和锲而不舍的精神，也深深地体会到：像中国这样的大国，没有强大的国防，就如同没有挺直胸膛的脊梁。正是因为有像钟山这样的国防科技战线上杰出代表的长期顽强拼搏、不懈努力和几代航天人的薪火相传，为富国强军做出了突出贡献，我国才会有今日繁荣富强的景象。

在此，祝愿我们的祖国利箭擎天，让任何入侵之敌有来无回。希望读者朋友看完本书以后，能对导弹和航天领域产生浓厚的兴趣，萌生深入了解航天科技方方面面，甚至投身防空武器装备和航天事业的美好愿望。

《中国航天院士传记丛书》是在中国航天科技集团公司和中国航天科工集团公司统一领导下编写出版的，航天二院负责《钟山院士传记》等9个分卷的组织编写工作，二院院士传记丛书编审委员会办公室负责传记编撰的具体组织工作。在此，对为保证此书出版而付出辛勤工作的领导和同志们表示衷心的感谢。

本书编写组成员都在航天系统工作了几十年，李善春、李路和侯萍梅长期跟随钟山工作。在长达两年多的时间里，在编写组组长侯萍梅的组织下，全组按照确定的创作思路和主题，始终坚持既发挥各自特色又通力协作，为顺利成书奠定了基础。其中，周武作为全书的主笔，在全书的架构、人物性格展现和细节描写，以及文学化处理上发挥了主要作用。侯萍梅为全书提供了大部分图片以及大量的写作线索和素材，组织了采访和征文，并对部分章节进行了修改。李路和李善春为全书深化技术特色、突出系统工程的规律，对书稿进行了订正和修改。李路还对全书的配图进行了优化处理。

本书是集体智慧的结晶。在编写过程中，我们得到了众多领导、专家和朋友的帮助，王可立、孙庚臣、全春来、杨存富、黄槐、李孝昌、朱美娴、陈国新、石德平、魏焕旨、李伯权、姜东波、徐兆林、邢士琴、郭群芳和柯晓雯等接受了采访；杨松荣、苑林桢、王少秀、马翰秋、张久泉、杨世东、李双启、王锚、徐睿、黄刚强、钟雅茹等提供了大量素材；二院及情报所等有关同志提供了相关资料和精美图片；二院研究生院的王一格、彭义林、贺丹、陆源参与了采访和录音整理，在此表示诚挚的感谢。

感谢钟山院士和其家人给我们提供的大量帮助。

特别感谢中国航天科工集团公司科技委和二院的大力资助，以及中国宇航出版社的指导和帮助。

编写组

2015年6月